기타의 기술
저절로 배우는 고급 기타 연주

김형운 지음

삶과지식

Contents

들어가는 글 • 5

1장 암기는 없다. • 7

01. 암기는 없다.

2장 지판(Fretboard) • 13

01. 지판(Fretboard)의 이해

02. 지판을 익히는 방법

03. White Key(흰 건반)이 Key(열쇠)이다!

04. 기타 지판을 흰 건반과 검은 건반으로 나누자.

3장 포지션(Position) • 27

01. 포지션의 정의

02. 포지션의 의미

03. 포지션 길들이기

4장 스케일(Scales) • 49

01. 스케일 연습 방법

02. 스케일 연습 순서

5장 리딩(Readings) • 61

01. 리딩이란?

02. 리딩 초급 과정(Level 1)

6장 코드(Chords) · 81

01. 코드란?
02. 메이저 트라이어드(장 3화음) – close voicing
02. 마이너 트라이어드(단 3화음) – close voicing

7장 체인지(Changes) · 97

01. 체인지란?
02. 장조(Major Key)
03. 단조(Minor Key)

8장 리딩(Readings) – Level II · 117

9장 스케일(Scales) – Level II · 139

01. 교회선법(Church Modes)
02. 교회선법(Church Modes)의 연습 방법

10장 코드(Chords) – Level II (트라이어드의 응용) · 177

01. 메이저 트라이어드의 변형
02. 마이너 트라이어드의 변형

11장 연습곡 · 187

01. 월광 소나타(Moonlight Sonata)

◆ 준비물

기타(어쿠스틱 기타 또는 일렉트릭 기타)
음악 노트
메트로놈
피아노 또는 키보드
다이어그램 용지 세 가지(백지, 개방현 음정 표시, 전체 White Keys 표시)

들어가는 글

　기타를 쉬운 악기로 착각하고 가벼운 취미 연주에 맞춰 임기응변식으로 기타를 가르치는 것이 기타를 쉽게 배우지 못하고, 제대로 배우지 못하는 이유이다.

　기타는 가장 대중적인 악기이다. 연주하는 사람도 많고 다들 쉬운 악기라고 생각한다. 피아노나 바이올린은 적어도 2~3년 동안 꾸준히 레슨을 받아야 어느 정도 수준의 연주를 할 수 있을 것으로 생각하면서 기타는 몇 개월만 배우면 된다고 생각한다.

　이런 생각이 완전히 잘못된 것은 아니다. 어느 정도는 사실이다. 코드 몇 개 외우고 스트로크나 아르페지오 같은 기초적인 기법(Technique)만 익히면 쉬운 대중가요 반주 정도는 할 수 있다. 하지만 이런 임기응변적 암기식 교습법으로는 더는 실력을 기를 수 없다. 암기식 교습법에 길들었을 때 선택하는 것이 타브(Tablature) 악보와 모양으로 스케일과 코드를 외우는 것이다. 하지만 이것이 실력 향상을 가로막는 가장 큰 걸림돌이다.

기존 교습법과 책의 문제점은 이렇다.

　기타를 배우는 것도 다른 악기처럼 오선보를 읽고 스케일을 연습하는 것에서 출발해야 한다. 하지만 오늘날 한국에서 기타를 가르치는 방법은 오선보를 읽고 스케일을 연습하는 것을 당연한 듯이 생략한다.

　글자가 없는 컴퓨터 키보드를 생각해보자. '안녕하세요.'라는 글자를 입력하려면 자음 'ㅇ'의 위치, 모음 'ㅏ'의 위치 등을 알아야 한다. 자음과 모음의 위치를 익히면 간단한 일을 이 위치를 외우지 않으려고 자음 'ㅇ'에서 몇 번째 행, 몇 번째 열이 모음 'ㅏ' 하는 식으로 좌표를 숫자로 표기한 것이 타브 악보이다. '안녕하세요.'를 구성하는 모든 자음과 모음의 위치를 연결하여 그림을 만들고 이것을 보고 타자하면 당장 '안녕하세요.'를 입력하기는 쉽겠지만, '반갑습니다.'를 입력하려면 이 작업을 다시 해야 한다. 매우 불합리하고 경제적이지 못하다.

　오늘날 한국에서 대부분의 기타 연주자가 지판의 음을 조합하여 스케일과 코드를 연주하지 않고 각각의 스케일과 코드를 그림으로 외워서 익히는 불합리하고 비경제적인 방법을 쓴다. 그 결과 기타를 공부할수록 외울 것이 기하급수적으로 늘어나고, 암기 부담으로 기타 연주를 멀리하게 된다.

이 책은 어떻게 해야 기타를 쉽게 배우는지, 어떻게 연습해야 전문 기타 연주자가 되는지를 말한다.

악보를 좌표로 읽고 스케일과 코드를 모양으로 암기하는 잘못된 교습법을 쓰는 악기는 기타가 유일하다. 지판 위의 음을 익히고 각 음을 조합하여 스케일과 코드를 연주하는 것이 처음에는 시간이 더 걸린다고 생각할 수 있다. 하지만 오히려 훨씬 빠른 지름길이다. 단지 출발이 조금 더딜 뿐이다. 이 책은 기타를 처음 접하는 초보자부터 전문 기타 연주자가 되려는 사람까지 폭넓은 층을 대상으로 올바른 기타 교습법을 소개한다. 이 책에 실린 예제를 따라가다 보면 자신도 모르게 지판 위의 음을 익히고 각 음을 조합하여 스케일과 코드를 연주하게 될 것이다. 이 방법이 각각의 스케일과 코드를 그림으로 외우는 방법보다 훨씬 쉽다는 것을 실감할 것이다. 또 기초가 탄탄하니 이후에도 기타 연주 실력이 빠른 속도로 향상된다.

최근에는 TV에서 방영된 오디션 프로그램의 영향으로 모든 연령대에서 기타에 관한 관심이 높아졌다. 기초적인 노래 반주를 넘어 밴드 연주나 핑거스타일 같은 수준 높은 연주를 하려는 사람이나 실용음악과를 지원하는 입시생이 크게 늘었다. 이들은 반드시 응용력이 있어야 한다. 남의 연주를 흉내 내는 것이 아니라 자신의 연주를 펼쳐야 한다. 오선보를 읽고 연주해야 하고, 여러 형태의 코드를 찾아야 하고, 코드와 음의 관계를 이해하며 멜로디와 즉흥 연주를 펼쳐야 한다.

이 책이 다루는 것

이 책은 포지션과 스케일, 리딩, 코드, 체인지를 주로 다룬다. 이 책은 포지션, 스케일, 리딩, 코드, 체인지 가운데 한 가지 주제를 택하여 초급 과정부터 고급 과정까지 모두 실은 일반적인 방식을 따르지 않았다. 이 책은 포지션과 스케일, 리딩, 코드, 체인지 같은 여러 주제에서 초급과 중급에 해당하는 내용만 묶어 한 권의 책으로 만들었다. 이것은 학교에서 학년이 올라가며 과목의 난이도가 올라가도록 교과 과정(curriculum)을 짜는 것과 같다. 각 주제를 따로 연습하는 것보다 훨씬 효과적이다. 이 책에 싣지 않은 고급 과정은 후속편에서 다룬다.

이 책은 암기 위주의 교습법에 길든 사람도 응용력을 기를 수 있도록 고안한 단계적 연습 방법을 담은 교재이다. 이것은 필자가 해외 거장의 가르침과 저서를 참고하여 오랫동안 수많은 학생을 가르치며 검증한 효과적인 방법이다. 필자는 이런 교습법을 쓰면 기타를 얼마나 쉽게 배우고 기타 연주 실력이 얼마나 향상되는지 직접 경험하였다. 이 책을 통하여 모든 기타 연주자가 단순히 '손가락을 움직이는 기술'이 아닌 자기 음악을 자유롭게 펼치는 진정한 '기타의 기술'을 얻기 바란다. 이 책의 예제를 따라가다 보면 이런 희망이 어느새 현실이 되어있을 것이다.

마지막으로 이 책이 세상에 나오기까지 선한 손길로 출판의 모든 과정을 도우신 하나님께 감사드립니다.

2014년 1월 1일 김 형운

1장
암기는 없다.

① 암기는 없다.

Ⅰ. 핵심 포인트: 필자의 교습법에 암기는 없다.

필자가 운영하는 '재즈기타 연구소'라는 네이버 카페에 기타를 연주하고 연습할 때 무엇이 가장 어렵냐고 물은 적이 있다. 많은 사람이 답을 하였는데 '외울 것이 너무 많다.'라는 의견이 가장 많았다. 필자가 가르치는 학생에게 물어도 마찬가지로 암기가 부담스럽다고 한다.

필자도 외우는 것이 싫다. 아마 세상에 외우기를 좋아하는 사람은 없을 것이다. 군대에 다녀온 남자라면 군대에서 암기할 것이 얼마나 많고 얼마나 하기 싫은지 잘 알 것이다. 학생이 공부하기 싫은 이유도 성적과 암기에 대한 부담 때문이다. 잠시 학창 시절의 기억을 되살려 보자. 새 학년이 시작되는 첫 시간, 교실에 학생이 사오십 명가량 있지만 대부분 낯설고 이름을 모른다. 하지만 한 학기만 지나면 그 가운데 한 명이라도 이름을 모르는 친구가 있을까? 그것은 불가능하다. 외우고 싶어 외운 것이 아니다. 외우기 싫어도 자신도 모르게 외우게 된다. 이름뿐만 아니라 성격과 습관, 목소리 같은 사소한 것까지 자연스럽게 외워진다.

같은 반 친구 이름을 자연스럽게 외우듯 지판, 이론, 스케일, 코드 톤(Chord Tones), 보이싱 등도 반복해서 연습하면 설령 외우기 싫더라도 자신도 모르게 자연스럽게 외워진다. 따라서 의도적으로 외우려 말고 '자연스럽게 외워질 때까지 반복'하는 것이 중요하다. 스트레스를 받으려고 음악 하는 사람은 없다. 새 학년 첫날에 같은 반 친구 이름을 스트레스받으며 암기하는 학생을 보면 어떤 생각이 들겠는가?

Ⅱ. '원리'를 이해하고 직접 '계산'하자.

필자의 핵심 교습 원리는 절대로 암기하지 말고 핵심 원리를 이해한 다음 매번 직접 계산하는 것이다. '지판, 스케일, 코드'는 기타리스트뿐만 아니라 모든 음악가가 반드시 넘어야 할 산이다. 하지만 이 산을 '암기'로 넘겠다는 것은 무모한 시도이다. 좀비가 소재인 '워킹 데드'라는 미국 드라마를 보면 좀비를 죽여도 좀비가 끝없이 나타난다. 오히려 그 수가 많아진다. 지판, 스케일, 코드도 마찬가지이다. 외우면 외울수록 외울 것이 곱절로 쌓여 암기에 대한 부담감만 안게 된다. 소중한 인생에 음악이란 커다란 즐거움을 얻으려고 시작한 기타 연주이다. 그런데 평생을 모래알처럼 많은 스케일 좀비, 코드 좀비와 싸우며 보내면 되겠는가?

Ⅲ. '원리'를 이해하고 직접 '계산'하는 것이 과연 어려울까?

암기와 계산, 과연 어느 것이 더 쉬울까? 이것은 한자나 이집트어와 같은 상형문자(象形文字)와 한글과 같은 음소문자(音素文字)를 비교하는 것과 같다. 한자는 사물의 모양을 본떠 만든 문자라 외워야 할 것이 많다. 반면에 한글은 입 모양을 본떠 만든 문자라 자음과 모음, 받침의 원리만 익히면 소리 나는 대로 글자를 자유롭게 조합할 수 있다. 기타 연주도 마찬가지이다. 처음에는 원리를 이해하고 학습하는 것이 어려워 보일 수도 있다. 하지만 시간이 조금만 지나면 암기보다 계산이 훨씬 효율적이고 경제적이라는 것을 깨닫게 된다.

계산은 암기보다 훨씬 배우기 쉽고 효율적인 방법이다.

Ⅳ. 지금까지의 학습이 단순 암기였는가?

이 책을 읽는 독자가 기타 연주를 시작한 지 한 달이 지났으면 지금까지 배우고 연습하여 습득한 것을 잠시 되짚어 보자. 아마 기타를 처음 배울 때 다음 코드를 암기하는 것부터 시작했을 것이다.

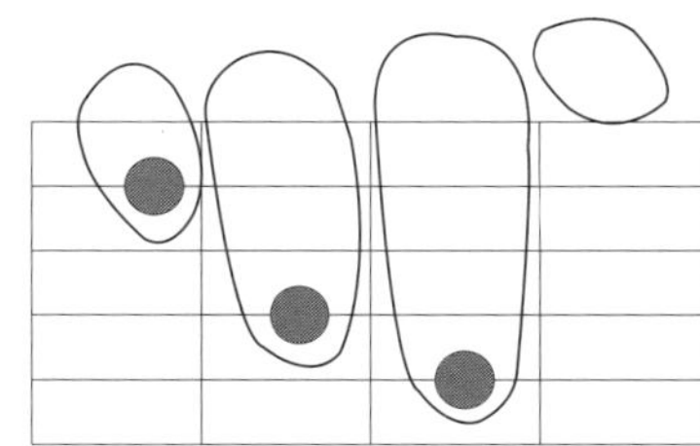

왼쪽 그림은 C 메이저 코드이다. 왜 이것이 C 코드일까 하고 생각한 적이 있는가? 왜 C 코드부터 암기하는 것일까 하고 반문한 적이 있는가? 그렇다면 악보에 C라고 쓰여있으면 무조건 이 코드를 연주하면 되나? 여러 악보를 보니 Csus, C7, C9, Cadd9, CM7, C7(b9) 등 외계어 같은 말이 나와 머릿속을 뒤집어놓는데 이런 코드를 만날 때마다 책이나 인터넷을 뒤져 외워야 하나?

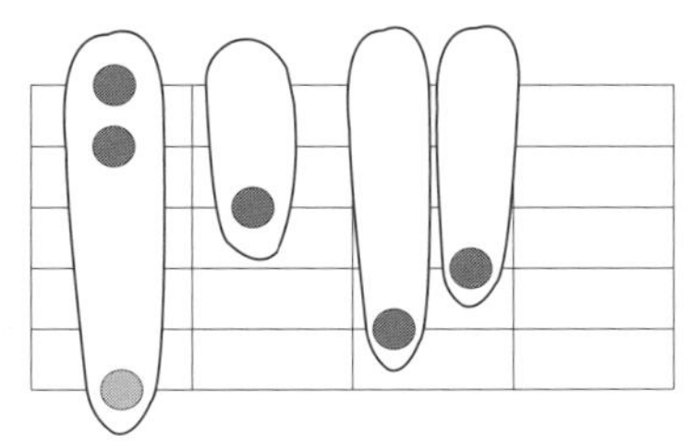

왼쪽 그림은 F 메이저 코드이다. F 코드란 무엇인가? 라는 의문을 가진 적이 있는가? 왜 이것이 F 코드일까 하고 생각한 적이 있는가? 학교 음악 시간에 음이름을 도, 레, 미, 파, 솔, 라, 시, 도로 외웠는데 코드는 왜 알파벳을 사용할까? F 코드는 다음 악보처럼 쌓은 것인데…….

왼쪽 악보는 아래부터 F – C – F – A – C – F 순서로 쌓은 코드이다. 그렇다면 이 코드가 근음인 F를 세 개, 완전 5도인 C를 두 개 사용하였지만 밝은색을 만드는 장 3도인 A를 한 개밖에 쓰지 않은 균형이 치우친 보이싱이라는 것을 아는가? 그 결과 다른 메이저 코드폼보다 메이저 코드의 밝은 느낌이 다소 작지만 파워 코드적인 '힘'이 강하게 느껴지는 보이싱이라는 것을 아는가?

이것들 말고도 지금까지 원리를 이해하고 연습했는지 아니면 단순히 암기만 하였는지 생각해 보자.

Ⅴ. 굳이 계산을 피할 까닭이 있는가?

요즘에는 취미 수준을 넘어 프로페셔널 기타리스트가 되려는 학생이 부쩍 늘었다. 실용음악과에 입학하려는 학생도 많아지고 대학의 문턱도 높아졌다. 당연히 경쟁이 치열해졌으며 학생이 공부하고 연습할 것이 많아지고 수준도 높아졌다. 반드시 익혀야 하는 코드 하나를 예로 들겠다. 입시생이나 프로페셔널 기타리스트를 지향하는 사람에게 해당하는 예이므로 당장 이해되지 않아도 걱정할 필요가 없다.

악보에 A7(b9, b13)이라는 코드가 표기되었으면 어떻게 지판에서 찾을 것인가? 가장 일반적인 방법은 지판의 대칭성을 이용하여 음정을 '거리'로 외우는 것이다. 5도를 생략할 경우에 이 코드를 소리내기 위해 필요한 음은 최소한 다섯 개로 근음, 장 3도, 단 7도, 단 9도(b9), 단 13도(b13)이다.

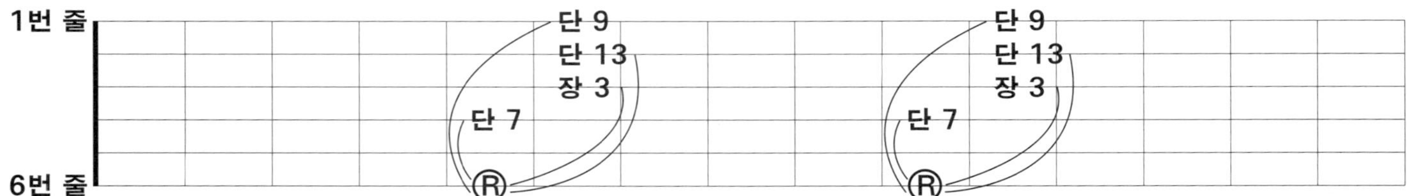

위 다이어그램과 같이 6번 줄에 근음이 있으면 다음과 같은 방법으로 좌표를 만들 수 있다.
   1. 단 7도는 근음 R에서 2줄 아래에 있다. 6번 줄 어느 위치에도 마찬가지이다.
   2. 장 3도는 근음 R에서 아래로 3줄, 우측 1칸에 있다. 6번 줄 어느 위치에도 마찬가지이다.
   3. 단 13도는 근음 R에서 아래로 4줄, 우측 1칸에 있다. 6번 줄 어느 위치에도 마찬가지이다.
   4. 단 9도는 근음 R에서 아래로 5줄, 우측 1칸에 있다. 6번 줄 어느 위치에도 마찬가지이다.
   ※5번 줄이나 4번 줄에 근음이 있어도 같은 방법으로 좌표를 만들 수 있다.

이것이 기타 지판의 대칭성을 이용하여 음정을 외우는 방법이다. 즉 5, 6번 줄 또는 4번 줄의 특정 위치를 기준으로 삼아 아래에 있는 음정의 위치를 암기하는 방법이다. 이는 장기나 체스 게임에서 말이 정해진 길로 움직이는 것과 비슷하다.

하지만 과연 이런 방법이 정말로 필요할까? 한번 생각해 볼 필요가 있다. 이렇게 하는 까닭은 음정을 계산하여 지판에서 찾는 귀찮은 과정을 피하고 싶기 때문이다.

VI. 그냥 단순하게 계산하면 된다.

A7(b9, b13) 코드를 그냥 단순하게 계산하여 지판에서 찾자. 시간이 오래 걸려도 괜찮다. 먼저 음정을 계산하자. 필요한 음정은 근음, 장 3도, 단 7도, 단 9도, 단 13도이다.
   1. A가 근음일 때 장 3도는 C#이다.
   2. A가 근음일 때 단 7도는 G이다.
   3. A가 근음일 때 단 9도는 Bb이다.
   4. A가 근음일 때 단 13도는 F이다.
   ※이 음정 계산 방법은 네이버 '재즈기타 연구소' 카페 강좌 게시판을 참고하라.

다섯 개의 노트를 알았으니 이제 지판에서 찾기만 하면 된다. 다음 네 가지 사항만 알면 쉽게 찾을 수 있다. 이것마저도 외울 필요가 없다.
   1. 기타의 튜닝은 6번 줄부터 E, A, D, G, B, E 순이다.
   2. 피아노 건반의 반음은 기타 지판에서 1프렛이고 온음은 2프렛이다.

3. 피아노의 흰 건반(White Keys)은 C, D, E, F, G, A, B 순이다.

4. 흰 건반에서 E-F와 B-C만 반음이고 나머지는 온음이다.

다이어그램 용지에 피아노 흰 건반에 해당하는 음을 다음과 같이 표기하자. E-F와 B-C는 반음이므로 한 칸을 떼고 나머지는 두 칸씩 떼어 적으면 된다. 너무 간단하다.

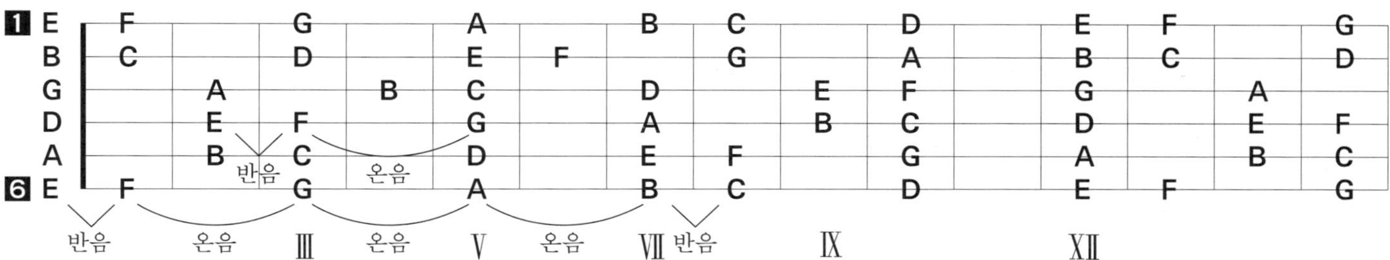

6번 줄의 개방현은 E이므로 E에서 시작하여 F, G, A, B, C, D, E, F, G…… 순으로 적는다. E-F와 B-C는 반음이므로 한 칸을 떼고, 나머지는 두 칸씩 떼어서 적는다. 나머지 줄도 마찬가지이다.

이제 다이어그램 위에서 찾으려는 음만 찾으면 된다.

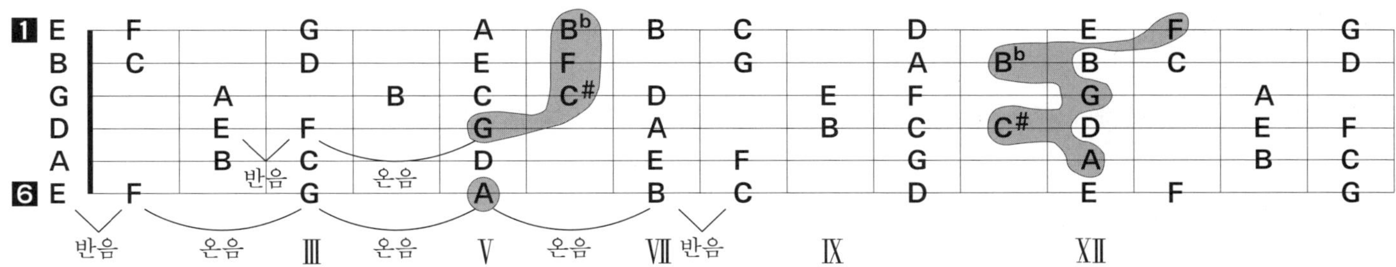

위에 표기한 것처럼 두 가지로 잡을 수 있다. 부지런히 찾으면 몇 가지를 더 찾을 수도 있다. 필요한 음만 따로 표기하면 다음과 같다.

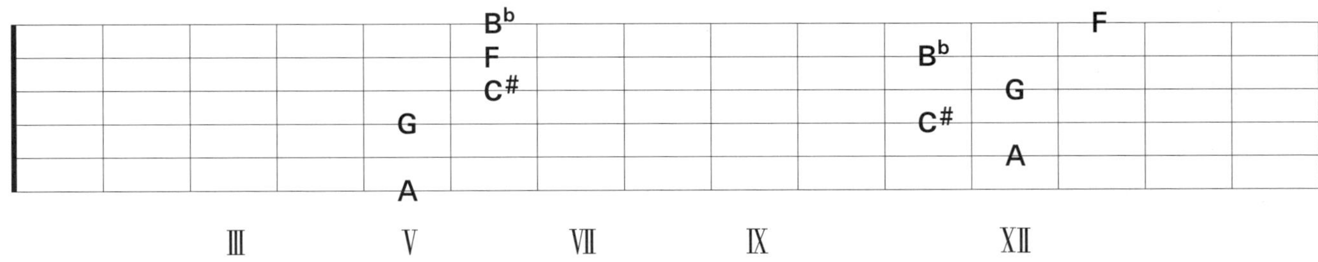

코드를 찾았으니 이제 다음 문장을 읽고 생각해 보자.
- 이렇게 계산하여 찾는 방법이 정말로 어려울까?
- 일부러 이런 계산을 피할 필요가 있을까?

- 대칭성을 이용한 방법이 계산하여 찾는 방법보다 효율적이라고 생각하는가?
- 나는 취미로 기타를 치므로 이런 계산을 안 해도 된다고 생각하는가?

코드나 스케일을 계산하여 찾는 방법은 처음에는 시간이 오래 걸린다. 하지만 반복하면 계산하는 과정이 필요하지 않은 단계로 올라간다. 한글을 한 번 익히면 다음부터 한글 공부가 필요 없는 것과 마찬가지이다. 하지만 코드나 스케일을 암기하기 시작하면 결코 암기의 고리를 끊을 수 없다.

지금까지 내용을 요약하면 다음과 같다.
- 절대로 암기하지 마라.
- 외운 것으로 연주하지 마라.
- 필요한 코드나 스케일 등은 매번 계산으로 찾아 연주한다.
- 필요한 음을 찾을 때는 다이어그램을 이용한다.
- 반복하면 자연스럽게 다이어그램이 필요하지 않게 된다.
- 계산하여 찾은 코드나 스케일도 암기하지 마라.
- 계산하여 찾은 코드나 스케일을 잊어도 괜찮다.
- 잊은 코드나 스케일은 다시 계산하여 찾는다.

Ⅳ. 연습 방법

이 책에서 소개하는 예제는 다음과 같이 두 가지 방법을 병행하여 연습할 것을 권한다.

1. 생각하는 연습 (비실시간 연습)

- 메트로놈을 켜지 않고 연습한다.
- 답답할 정도로 느리게 생각하며 연습한다.
- 음 이름을 부르며 연습한다.
- 스케일과 코드의 구성음을 계산하며 연습한다.
- 적당히 연습했다면 2번 연습으로 넘어간다.

2. 실전 대비 연습 (실시간 연습)

- 메트로놈을 켜고 연습한다.
- 매우 쉬운 템포와 약간 어려운 템포 사이에서 연습하는 것이 좋다.
- 음 이름을 부르거나 스케일과 코드의 구성음을 계산하지 않는다.
- 머리속에 기억된 스케일과 코드의 모양을 따라 연주해도 괜찮다.
- 오직 메트로놈에 맞춰 실수 없이 연주하는 것에만 집중한다.
- 실수가 많이 나온다면 1번 연습으로 되돌아간다.

2장
지판(Fretboard)

① 지판(Fret Board)의 이해

 기타는 여섯 개의 스트링과 열두 개의 프렛으로 구성된다. 개방현에서 열두 칸 위에 있는 12프렛(Fret)까지가 한 옥타브(Octave)이고 12프렛부터 다시 똑같은 모양이 반복된다.

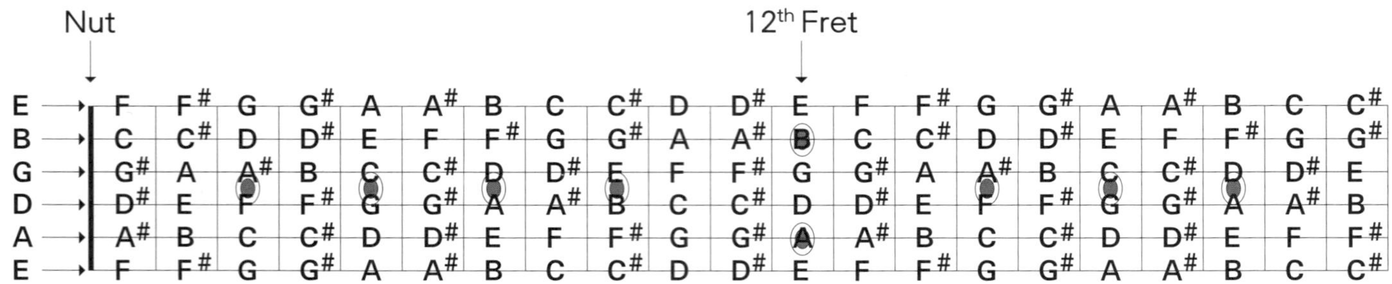

 위 그림에서 보듯이 개방현에서 11프렛까지의 음정이 12프렛부터 똑같이 반복된다. 즉 6 곱하기 12는 72이므로 기타를 72칸의 바둑판이나 자판에 글자가 새겨지지 않은 컴퓨터 키보드로 생각할 수 있다. 24프렛 기타는 72칸 짜리 덩어리가 두 개 붙은 셈이다.

 지금까지는 기타 지판의 구조에 관한 설명이다. 하지만 중요한 문제는 이제부터이다. 기타 연주를 시작한 사람 이라면 누구나 위에서 말한 72개의 음을 외워서 연주해야 하는가? 라는 의문을 품게 된다.

지판을 익히는 방법은 세 가지이다.
1. 다이어그램에 점을 찍어 모양으로 익히는 방법
2. 음정(Interval)의 길이를 다이어그램 위에서 형상화하는 방법
3. 72개의 음을 외우는 방법

필자는 이 책에서 어느 것이 맞고 어느 것이 틀렸다고는 말하지 않겠다. 필자가 첫 번째와 두 번째 방법이 틀렸다고 하면 그것은 첫 번째와 두 번째 방법으로 가르치는 많은 선생님과 교재가 틀렸다는 주장이 되고 여러 가지 논쟁이 일어날 수 있기 때문이다.

하지만 각각의 방법으로 G 도리안 스케일을 지판 위에 나열하겠다. 독자 스스로 판단하기를 바란다. 도리안 스케일은 근음 – 장 2도 – 단 3도 – 완전 4도 – 완전 5도 – 장 6도 – 단 7도로 구성된 스케일이므로 근음인 G를 중심으로 나열하면 G, A, Bb, C, D, E, F가 된다. (※독자 가운데는 도리안 스케일이 무엇인지, 도리안 스케일이 어떻게 구성되었는지 모르는 사람도 있을 것이다. 9장 교회선법에 이것에 관한 자세한 내용이 나온다.)

Ⅰ. 다이어그램에 점을 찍어 모양으로 익히는 방법

G 도리안 스케일을 흔히 사용하는 두 가지 포지션의 다이어그램으로 지판 위에 형상화하면 다음과 같다.

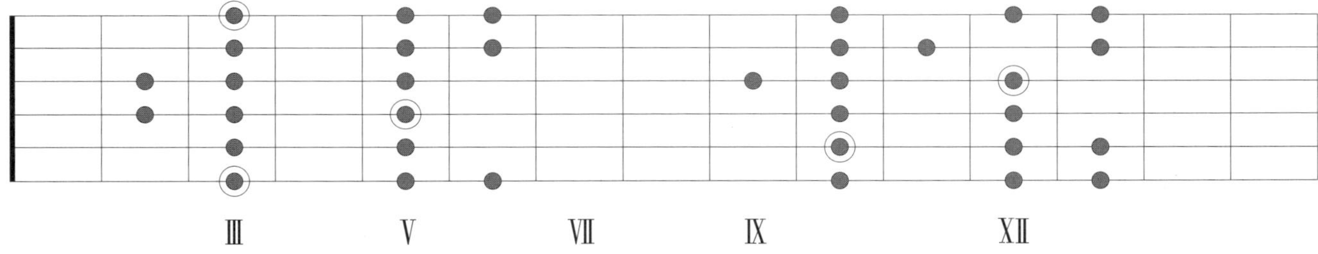

이 방법은 단순히 점이 찍힌 지점을 운지(運指)하며 연주하면 된다. 따라서 스케일 자체를 연주하는 데는 시간이 적게 걸린다. 하지만 이 방법으로 수많은 스케일과 코드를 외우려면 외울 것이 너무 많다. 머릿속이 마치 은하계의 수많은 별자리 같은 형상으로 가득찰 것이다. 필자의 경험으로는 이 방법은 시작이 빠를 것처럼 보이지만 실전에 응용하기에 많은 어려움이 있다.

Ⅱ. 음정(Interval)의 길이를 지판 위에 형상화한 다이어그램

이 방법은 다이어그램에 점을 찍어 모양으로 익히는 첫 번째 방법의 단점을 보완한 것으로 지금까지 가장 널리

쓰였다. G가 근음일 때 단 3도는 Bb이다. 다음에 나오는 세 개의 다이어그램을 보면 쉽게 이해가 될 것이다.

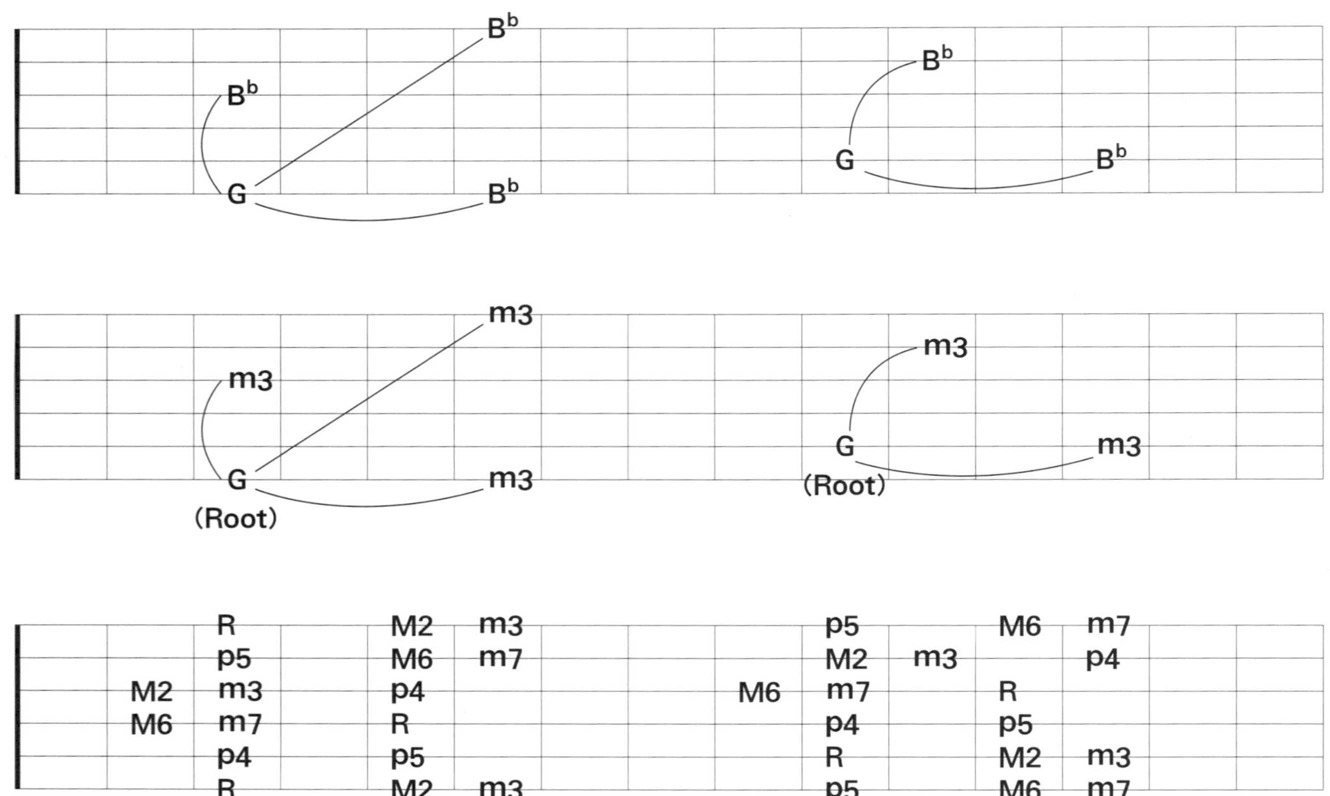

　첫 번째 다이어그램은 근음인 G와 단 3도인 Bb의 위치를 나타낸다. 6번 줄 3프렛의 G에서 우측으로 세 칸을 가면 Bb이 되고, 아래로 세 칸을 가면 한 옥타브 위의 Bb이 된다. 두 번째 다이어그램은 근음인 G만을 떠올리고 단 3도인 Bb은 앞에서 설명한 거리로 좌표를 찾듯이 떠올리는 방법이다. 세 번째 다이어그램은 G 도리안 스케일의 다른 음정을 같은 방법으로 지판 위에 정리한 것이다.

　이 방법도 앞에서 이야기한 1. 다이어그램에 점을 찍어 모양으로 익히는 방법과 마찬가지로 스케일 자체를 연주하는 데는 시간이 적게 든다. 하지만 필자의 경험으로는 코드 변화가 많은 곡과 전조(Modulation)를 연주하는 데 어려움이 많다. 코드나 Key가 바뀌면 그때마다 6번 줄이나 5번 줄에서 근음을 찾고 그 근음을 중심으로 각각의 코드에 해당하는 스케일의 음정을 다시 배치해야 한다. 즉 코드나 Key가 바뀔 때마다 저음현에서 근음의 위치를 찾는 불편한 과정을 거쳐야 한다. 실전 연주에는 생각할 것이 매우 많다. 곡의 형식, 코드 변화, 전체 앙상블과의 조화, 라이브 연주라면 관객 반응과 함께 연주하는 뮤지션과의 대화(눈짓과 수신호) 등도 신경써야 한다. 코드마다 매번 근음의 위치를 찾을 겨를이 없다.

III. 72개의 음을 외우는 방법

　이 방법은 필자가 실제로 사용하는 방법이다. 아래에 있는 그림처럼 지판 위에 있는 음을 원초적으로 외운다. 이렇게 말하면 암기하지 않는 것이 필자의 원칙이 아니냐고 되묻는 독자가 있을 것이다. 그렇다. 필자의 원리는 절대로 암기하지 않는 것이다. 외우려고 하지 않아도 이것들을 자연스럽게 익힐 수 있다.

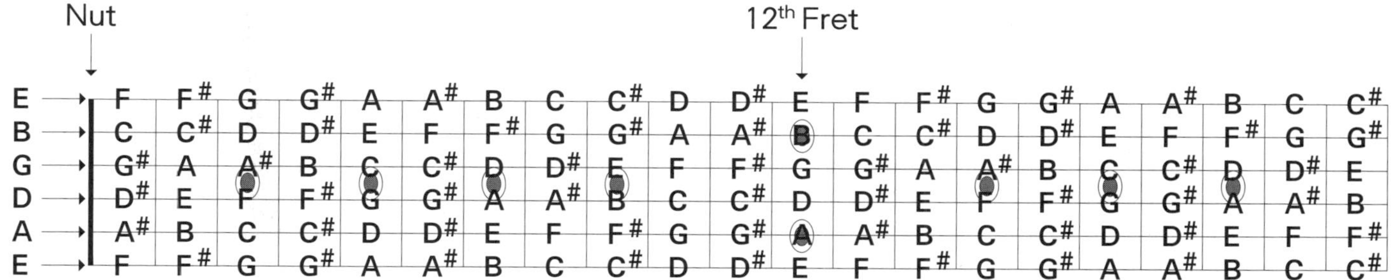

  1. 다이어그램에 점을 찍어 모양으로 익히는 방법과 2. 음정(Interval)의 길이를 다이어그램 위에서 형상화하는 방법을 선택하는 것은 지판의 위치를 외우는 것이 부담스럽거나 어렵다고 생각하기 때문이다. 물론 쉽지 않다. 피아노 건반처럼 같은 패턴이 옥타브마다 반복되지도 않고 어느 곳에도 일정한 규칙을 찾을 수 없다. 하지만 아무런 생각 없이 연습하다 보면 자연스럽게 외우게 된다.

  과연 이것을 익히는 것이 오선보 읽기를 포기하고 타브(Tablature) 악보에 의존할 정도로 어려울까? 지판을 외우기 어렵다는 것은 선입견이다. 이 방법으로 지판을 보는 사람이 있다. 바로 클래식기타 연주자이다. 전공이 아니더라도 취미로 클래식기타를 치는 사람도 많기에 이 방법이 어렵다는 주장은 설득력이 없다. 사실 컴퓨터 키보드 자판도 아무런 규칙 없이 나열된 조합이다. 하지만 타자 연습 프로그램으로 연습하다 보면 어느새 키보드를 보지 않고도 자유자재로 타이핑한다.

IV. 72프렛의 음을 익히는 것은 생각만큼 어렵지 않다.

  앞에서 말했듯이 클래식기타를 치는 사람은 프로든 아마추어든 이 72프렛의 음을 외워서 연주한다. 물론 무작정 외우는 것이 아니라 교본과 연주곡을 연주하며 자연스럽게 익힌다. 그렇다면 같은 현악기인 바이올린과 비올라, 첼로, 콘트라베이스 등은 어떨까? 기타에는 프렛이 있지만 이들 악기에는 프렛이 없다. 아무런 표시가 없는 검은색 나무판일 뿐이다. 기타를 연주하는 우리는 이런 악기를 어떻게 음정을 정확히 맞추며 연주하는지 실감이 안 난다. 트럼펫이나 호른 같은 금관 악기는 밸브가 세 개 있는데 한 개의 포지션에서 여러 개의 음이 배음(倍音, 어떤 원음에 정수배의 진동수를 가진 음)으로 연주된다. 버튼을 눌러 조절하는 것이 아니라 입술의 모양과 힘 조절로 피치를 자유롭게 변형한다. 트롬본은 슬라이드의 길이를 조절하여 음을 만드는데 길이에 따라 일곱 개의 포지션이 있고 입술 모양을 조정하여 음을 만든다.

  클래식 현악기나 금관 악기에 비하면 기타는 그다지 어려운 악기가 아니다. 필자는 취미로 트럼펫을 연주한다. 단언하는데 72개의 음을 외워 기타를 연주하는 것이 금관 악기를 연주하기보다 훨씬 쉽다. 그러므로 타브(Tablature) 악보나 음정 모양에 의지하지 말고 '기타라는 악기 자체에 빠져들어 공부하겠다.'라는 자세로 연습하라. 핵심은 산만하게 나열된 72개의 음을 단순히 외우는 것이 아니라 어떤 방법으로 익히는가이다. 앞으로 구체적인 방법을 설명하겠다.

  72개의 노트를 외우는 방법을 어렵게 생각하는 또 다른 이유는 스케일에서 음정을 도출하는 과정, 즉 앞에 나온 예처럼 G 도리안 스케일의 구성음이 G, A, Bb, C, D, E, F라는 것을 도출하는 과정에 어려움을 느끼기 때문이다.

대부분 기타리스트가 연습할 때 음정을 계산하고 코드와 스케일의 노트를 계산하여 도출하는 과정을 생략한다. 이것은 음악가에게 중요한 부분을 빠뜨리는 안타까운 일이다.

  G 도리안 스케일과 F 도리안 스케일을 악보에 나타내면 다음과 같다. 악보를 보고 실습하자.

〈실습1〉 • 피아노 건반에서 두 스케일 구성음의 자리를 찾는다.
       • 피아노나 키보드가 있으면 직접 연주한다.
       • 피아노나 키보드가 없으면 스마트폰 어플리케이션을 이용하여 연주한다.

〈결과1〉 직접 연주하면 피아노에서는 두 스케일 모두 음을 직접 찾아야 한다는 것을 알게 된다. 피아노에서는 기타처럼 같은 스케일 배열이 평행하게 이동하지 않는다.

〈실습2〉 실습1의 방법으로 A 도리안 스케일을 연주한다.

〈결과2〉 다음 과정을 거쳐 A 도리안 스케일의 구성음을 도출한다.
       1. A 도리안 스케일은 근음, 장 2도, 단 3도, 완전 4도, 완전 5도, 장 6도, 단 7도이므로
       2. 구성음은 A, B, C, D, E, F#, G가 된다.
       3. 피아노에서 위에 있는 일곱 개의 음을 차례차례 연주한다.

〈실습1〉은 악보에 그려진 음을 건반에서 찾아 연주하면 되지만, 〈실습2〉는 A 도리안 스케일의 구성음을 계산하여 도출하는 과정이 필요하다. 하지만 이렇게 해도 〈실습1〉과 마찬가지로 피아노 건반에서 어떤 규칙적인 모양을 찾을 수 없다.

하지만 기타 지판에서는 이야기가 다르다. 두 스케일의 음을 다이어그램에 표기하면 다음과 같다.

F Dorian

G Dorian

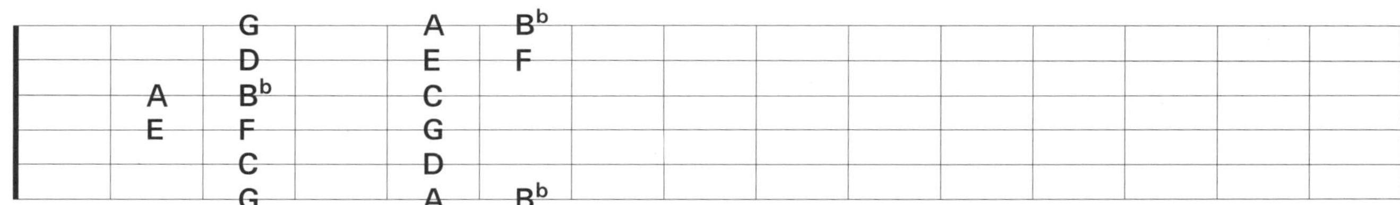

위 그림처럼 두 스케일은 모양이 같다. F 도리안이 오른쪽으로 평행하게 두 칸 이동하면 G 도리안 스케일이 된다. A 도리안도 마찬가지이다. 따라서 스케일과 코드 연주만큼은 기타가 피아노보다 쉽다는 사람도 있을 것이다.

하지만 반대로 생각할 수도 있다. 피아노를 연주하는 사람은 스케일과 코드를 연주할 때마다 음정을 계산하여 스케일의 음을 도출하고, 도출한 음을 피아노 건반에서 찾는 훈련을 할 수밖에 없다. 다른 방법이 없으므로 싫어도 해야 한다. 한편 1. 다이어그램에 점을 찍어 모양으로 익히는 방법과 2. 음정(Interval)의 길이를 다이어그램 위에서 형상화하는 방법으로 기타를 연주하는 사람은 이 평행 이동을 악용(?)하여 스케일의 음을 도출하고 지판 위에서 도출한 음을 찾는 훈련을 생략한 채 연습한다.

피아노 연주자는 연주할 때마다 위에서 말한 과정을 어쩔 수 없이 해야 하므로 코드와 스케일을 연주하는 능력이 자연스럽게 향상된다. 하지만 대부분 기타리스트는 이 과정을 생략하므로 코드와 스케일을 연주하는 실력이 잘 늘지 않는다. 물론 여기서 말하는 실력이란 상황에 따라 지판의 음을 반사적으로 찾는 기본기이지 포괄적인 연주 실력을 뜻하지는 않는다. 정통적인 방법을 쓰지 않더라도 연주를 잘하는 사람이 있을 수 있다. '정석'을 쫓는 것이 실력을 키우는 바람직한 방법이지만, '정석'을 쓰지 않으면 연주를 잘 할 수 없다는 것은 지나치게 단순한 논리이다.

 필자는 다음 장부터 3. 72개의 음을 외우는 방법을 구체적으로 다루겠다. 이 방법은 1. 다이어그램에 점을 찍어 모양으로 익히는 방법과 2. 음정(Interval)의 길이를 다이어그램 위에서 형상화하는 방법보다 필요한 연습량이 많다.

 혹 지금까지 첫 번째와 두 번째 방법을 고수하여 세 번째 방법으로 바꾸기를 주저하거나 늘어날 연습량이 부담스러운 독자가 있다면 이런 말을 해주고 싶다. 한 분야에 전문가가 되려면 많은 노력이 필요하다. 의사가 되려면 의대 6년과 인턴, 레지던트 5년을 합쳐 11년 동안 엄청나게 공부해야 한다. 이것에 비하면 필자가 제시하는 연습 방법과 연습량은 명함도 내밀지 못할 정도이다. 서두르지 않고 책에 나온 방법대로 착실히 연습하면 고생은커녕 순간마다 재미를 느끼며 음악 인생이 더 풍요로워질 것이다.

③ White Key(흰 건반)가 Key(열쇠)이다!

피아노는 흰 건반과 검은 건반으로 이루어져 있다.

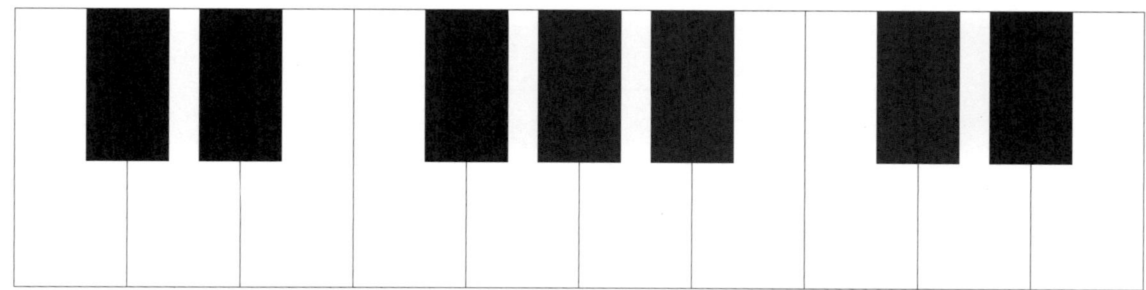

흰 건반은 왼쪽부터 C, D, E, F, G, A, B 순이다. E-F와 B-C를 빼고는 모두 흰 건반 사이에 검은 건반이 있다. 따라서 E-F와 B-C는 반음이고 나머지는 온음이다.

Ⅰ. 기타 지판에서 흰 건반(White Keys)을 찾으면 모든 것이 해결된다!

기타는 다음 두 가지만 알면 모든 것이 해결된다.
1. 기타의 개방현은 저음현부터 E, A, D, G, B, E 순이다.
2. 기타 지판에서 1프렛은 반음이고 2프렛은 온음이다.

이제 다음 설명대로 따라 하자.
1. 다이어그램 용지를 준비한다. (다이어그램 용지는 네이버 카페 재즈 기타 연구소 게시판에서 내려받을 수 있다.)
2. 6번 줄의 개방현은 E이므로 다음과 같이 표기한다. E-F와 B-C는 반음이므로 한 칸을 띄고 나머지는 두 칸 간격으로 C, D, E, F, G, A, B, C...... 순으로 음이름을 적는다.

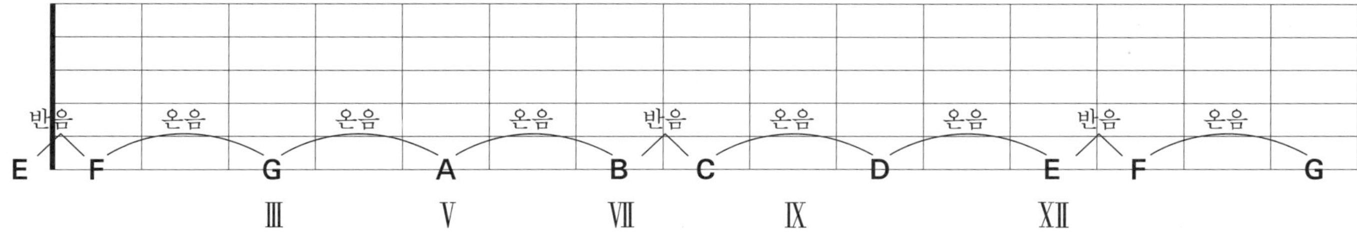

Ⅱ. 피아노에서 음이 잘 보이는 까닭

피아노는 음이 가장 잘 보이는 악기이다. 왜 그럴까? 만약 피아노가 검은 건반과 흰 건반으로 나뉘지 않고 흰 건반 열두 개만 있으면 어떨지 생각해 보자.

위 그림처럼 건반에 음이름이 있다면 음을 파악하기가 쉬울지도 모른다. 하지만 실제 건반은 다음 그림처럼 아무런 표시가 없고 음을 파악하기가 쉽지 않다. 피아노에서 음이 잘 보이는 까닭은 열두 개의 음을 두 개의 그룹, 즉 흰 건반 일곱 개와 검은 건반 다섯 개로 나누어 놓은 탓이다.

위 그림처럼 흰 건반 열두 개만 있는 피아노를 여섯 개 쌓으면 기타 지판이 된다. 기타 지판에서 음이 잘 보이지 않는 까닭이 여기에 있다. 따라서 음을 잘 보려면 기타 지판의 음을 피아노처럼 두 개의 그룹(흰 건반, 검은 건반)으로 나누어 다이어그램에 표기하고, 그것을 연습 장소와 보면대(곡을 연주할 때 악보를 올려놓는 대)에 붙여놓는 것이 좋다.

④ 기타 지판을 흰 건반과 검은 건반으로 나누자.

흰 건반에 해당하는 음만 다음과 같이 표기한다. 아무런 표기가 없는 빈칸은 검은 건반에 해당하는 음이다.

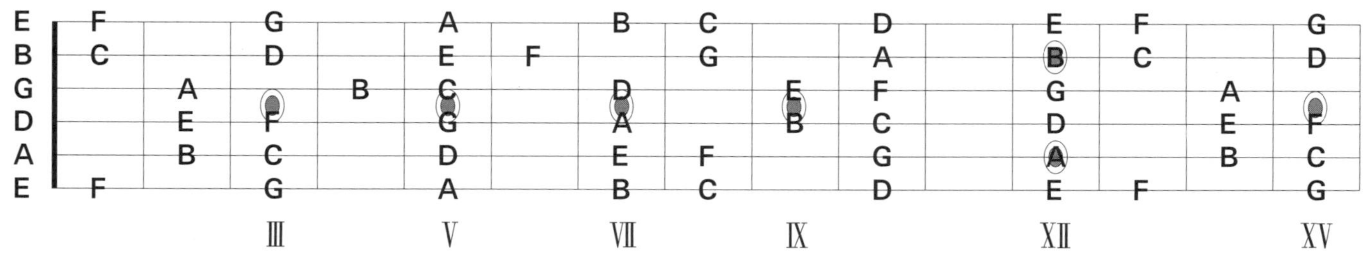

위 다이어그램을 보며 평소에 연습하던 곡을 연주하자. 지금까지는 아무런 생각 없이 손가락만 움직여 연주했겠지만, 위 그림을 보며 연주하면 손가락이 어느 음을 연주하는지 감이 올 것이다.

주의할 점은 흰 건반만 표기하는 것이다. 검은 건반의 음까지 모두 표기하면 다음 그림처럼 복잡해져 보기가 어렵다.

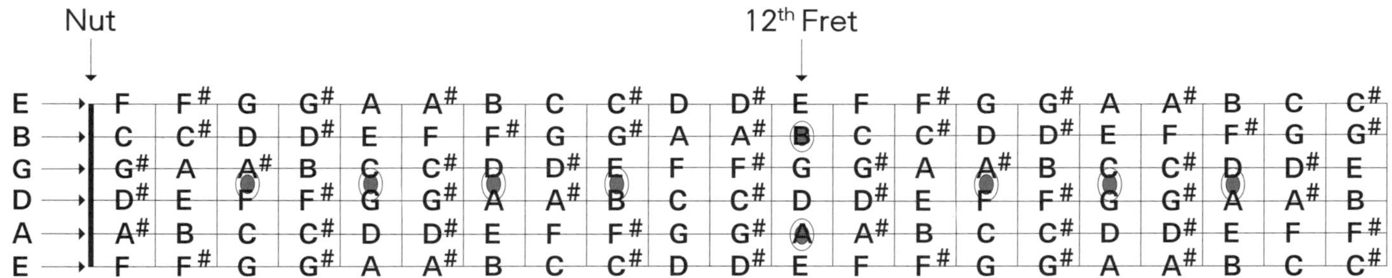

같은 방법으로 5번 줄에서 흰 건반(White Keys)을 찾자.

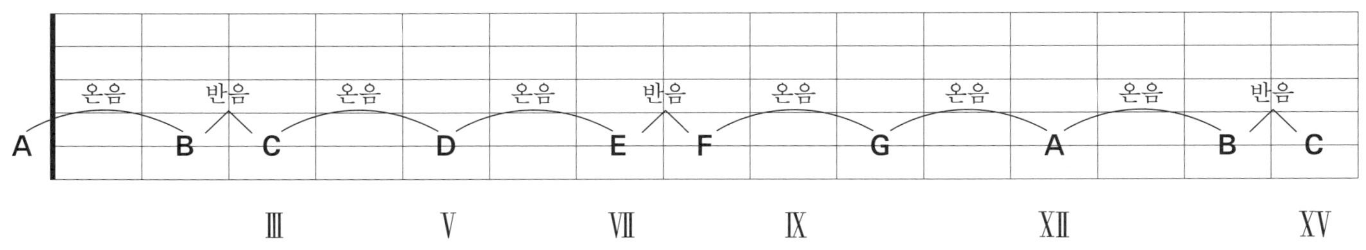

이번에는 여섯 개의 줄을 모두 표기하자. 빈칸은 모두 검은 건반이 된다. 예를 들어 6번 줄 2프렛은 근음이 어디냐에 따라 F#이 될 수도 있고 Gb이 될 수도 있다. 다음 그림처럼 직접 흰 건반(White Keys)을 표기하여 만든 다이어그램은 앞으로 다룰 리딩, 스케일, 코드, 체인지 등을 공부할 때 유용하게 쓰인다. 다시 한 번 당부하지만 이 음을 절대로 암기하지 마라.

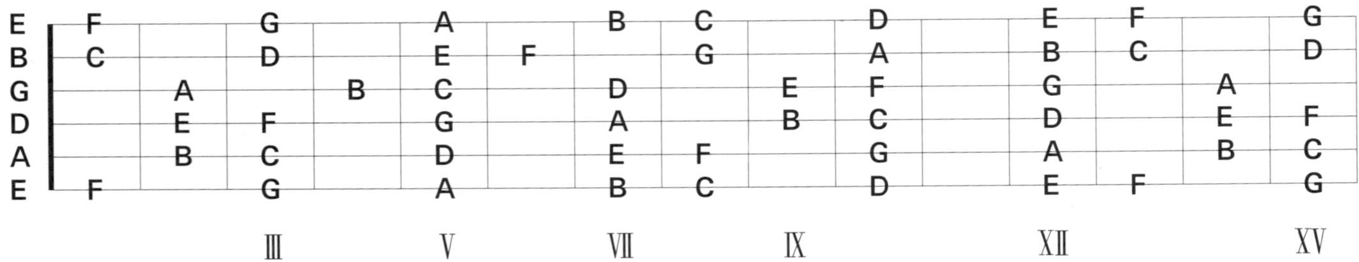

Ⅰ. A Major Scale(장음계)의 음을 다이어그램 위에 표기하는 실습

Major Scale(장음계)의 배열은 피아노 흰 건반과 배열이 같다. 따라서 A Major Scale(장음계)의 음은 A부터 온음, 온음, 반음, 온음, 온음, 온음, 반음 순으로 쌓으면 된다. (만약 구성음을 알면 이 과정을 생략한다.) 또 5번 줄의 개방현이 A이므로 개방현부터 2칸, 2칸, 1칸, 2칸, 2칸, 2칸, 1칸 순으로 노트를 표기한다. 이렇게 하면 다음 다이어그램과 같은 모양이 된다.

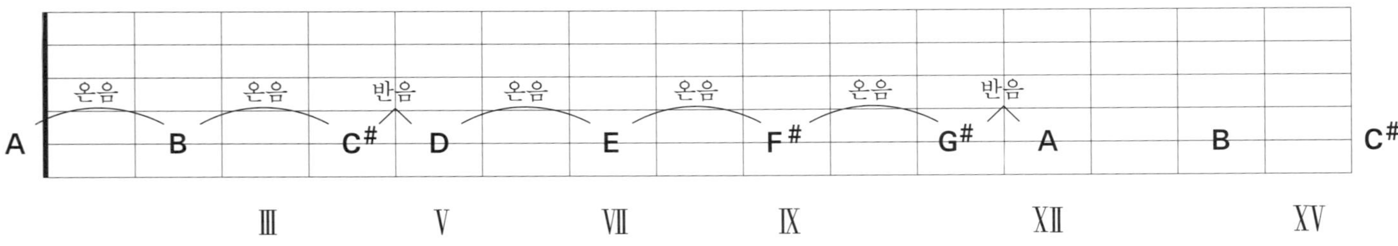

따라서 A Major Scale(장음계)의 구성음이 A, B, C#, D, E, F#, G#이라는 것을 알 수 있다. 흰 건반(White Keys)을 표기한 다이어그램에 위 음을 표기하면 다음과 같다.

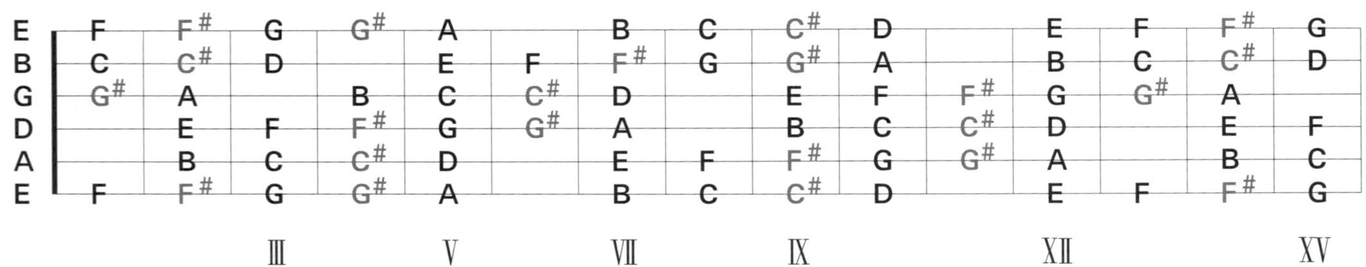

또 3rd 포지션(다음 장에서 설명) 안에 이 음을 표기하면 다음과 같다.

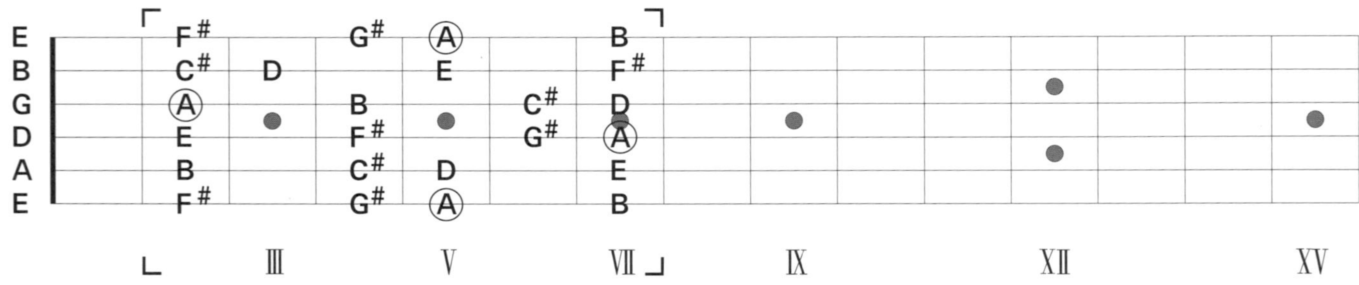

이 과정은 다음에 나올 '스케일' 단원에서 다시 공부할 것이다. 물론 스케일을 연습할 때마다 이와 같은 귀찮은 ⑺ 절차를 거치지는 않는다. 반복하다 보면 어느 순간부터 다이어그램이 필요하지 않게 된다.

이제 나머지 11 Key의 음도 다이어그램 위에 표기하는 실습을 하자. 먼저 각 Key의 근음에서 온음, 온음, 반음, 온음, 온음, 온음, 반음 순으로 계산한다. 기타 지판에서는 2칸, 2칸, 1칸, 2칸, 2칸, 2칸, 1칸 순으로 노트를 표기한다. 이렇게 각 Key의 구성음을 구하면 다음과 같다.

- C Key: C, D, E, F, G, A, B
- F Key: F, G, A, Bb, C, D, E
- Bb Key: Bb, C, D, Eb, F, G, A
- Eb Key: Eb F, G, Ab, Bb, C, D
- Ab Key: Ab, Bb, C, Db, Eb, F, G
- Db Key: Db, Eb, F, Gb, Ab, Bb, C
- Gb Key: Gb, Ab, Bb, Cb(B), Db, Eb, F
- B Key: B, C#, D#, E, F#, G#, A#
- E Key: E, F#, G# A, B, C#, D#
- D Key: D, E, F#, G, A, B, C#
- A Key: A, B, C#, D, E, F#, G#
- G Key: G, A, B, C, D, E, F#

각 Key의 구성음을 24페이지 아래 그림처럼 3rd 포지션(2~7 프렛) 안에 표기하여 연주하자.

II. 도레미 시스템?

다음 장으로 넘어가기 전에 한 가지 설명할 것이 있다. 음이름을 말할 때 우리는 흔히 도, 레, 미, 파, 솔, 라, 시 라는 도레미 시스템을 사용한다. 이것은 알파벳인 C, D, E, F, G, A, B를 사용할 때보다 노래와 함께 발음하기 쉬운 장점이 있다. 예를 들어 알파벳을 사용하면 F#은 '에프샵'이라고 길게 발음해야 하지만 도레미 시스템에서는 '피'라는 한 음절로 발음할 수 있다. 하지만 코드(Chord)를 표기할 때 알파벳을 쓰는 것이 국제 표준이라는 점을 기억해야 한다.

사실 도레미 시스템은 이탈리아 말이다. 한국인인 우리가 어쩌다 이탈리아 말을 음계 이름으로 사용하게 되었을까? 정작 우리 고유의 한국어 음계는 다, 라, 마, 바, 사, 가, 나, 다이다.

C Major Chord를 이 세 가지 언어로 나열하자.
1. 영어: 코드 이름은 C Major Chord이고 구성음은 C, E, G이다.
2. 이탈리아어: 필자는 도레미 시스템으로 코드 이름을 표기하는 방법이 있는지 모른다. 하지만 구성음은 도, 미, 솔(Do, Mi, Sol)이다.
3. 한국어 : 코드 이름은 다장화음이고, 구성음은 다, 마, 사이다.

필자는 코드 이름을 표기할 때 알파벳을 쓰는 것이 국제 표준이므로 음이름도 함께 알파벳을 사용하는 것이 더 편하다고 생각한다. 'C 코드의 구성음은 도, 미, 솔이다.'라고 하면 두 가지 언어를 쓰는 것이다. 굳이 두 가지 언어를 섞어 안 그래도 복잡한 음악 이론을 더 복잡하게 만들 이유가 없다. 'C 코드의 구성음은 C, E, G이고 D 코드의 구성음은 D, F#, A이다.'라고 하는 것이 합리적이다.

한편 독자들이 초등학교와 중학교, 고등학교를 합쳐 무려 12년 동안 음악 시간마다 도, 레, 미를 불렀으니 도레미 시스템을 포기하기가 쉽지 않을 것이다. 하지만 알파벳을 계속 사용하면 알파벳도 익숙해진다. 오히려 도레미 시스템이 생소한 언어가 될 것이다. 따라서 이 책은 음이름을 영문으로 표기한다.

도레미 시스템에 관한 필자의 일화

필자가 네덜란드 헤이그에 있는 왕립음악원에 입학한 다음 첫 번째 화성학 시간에 있었던 일이다. 네덜란드 학교이지만 네덜란드 학생보다 외국 유학생이 훨씬 많은 다국적 학교여서 수업이 영어로 진행되었다. 선생님이 칠판에 코드 구성음을 그리며 마지막에 들어갈 노트 한 개가 무엇인지 학생들에게 물었다. 어느 코드였는지 기억나지 않지만 정답은 F#이었다. 당시에 필자는 영어가 서툴러 짧게 "파샵."이라고 대답하였다. 그러자 선생님과 학생들이 필자를 의아한 표정으로 쳐다보았다. 발음이 정확하지 않았다고 생각하여 기어들어가는 목소리로 "빠 샵?"이라고 말했다. 선생님은 미간을 더 찌푸리며 필자에게 어느 나라에서 왔느냐고 물었다. 필자가 한국이라고 대답하자 선생님은 신기하다는 표정을 지으며 "한국에서 Do Re Mi 시스템을 쓴다고?"라고 물었다. 선생님은 도레미 시스템을 쓰는 나라에서 온 학생은 손을 들어보라고 하였다. 그러자 학생 한두 명이 손을 들었다. 그들도 고등학교 청음 시간에 잠깐 사용한 적이 있으나 널리 쓰이지는 않는다고 하였다. 그들은 유럽권과 영어권에도 잘 사용하지 않는 음계를 지구 반대편에 있는 동양 나라가 사용한다며 신기해하였다.

3장
포지션(Position)

이 책에는 포지션이란 단어가 자주 나온다. 이 말은 위치라는 일반적인 뜻이 아니라 기타나 컴퓨터 자판을 칠 때 사용하는 손가락의 위치를 뜻한다. 컴퓨터 자판으로 타자할 때 기본 포지션은 다음과 같다.

- 왼손: A, S, D, F
- 오른손: J, K, L, ;
- 엄지: Space Bar

이렇게 손가락을 놓으면 기본 포지션이 아닌 글자를 타자한 다음에 다시 기본 포지션으로 돌아올 수 있다.

하지만 기타에는 컴퓨터 자판을 칠 때와 같은 기본 포지션이 존재하지 않는다. 신 나게 연주하다 보면 손가락이 지판 어느 곳에 있을지 모른다. 기타는 컴퓨터 자판처럼 여기저기를 타자하고 다시 기본 포지션으로 돌아오는 방식이 아니다. 기타의 모든 프렛 넘버는 포지션 넘버가 될 수 있다.

필자는 포지션 한 개를 여섯 개의 프렛(Fret)으로 정의한다. 왼손을 위치와 관계없이 지판 위에 가지런히 올려놓자. 검지, 중지, 약지, 소지(새끼손가락)가 각각 한 프렛을 차지하여 네 개의 프렛을 덮을 수 있다. 이렇게 하면 노트가 모두 24개이고 이들 노트는 지금 위치에서 포지션을 이동하지 않고 연주할 수 있는 음이다. 예를 들어 아래 그림처럼 검지를 5프렛에 놓으면 중지는 6프렛, 약지는 7프렛, 소지는 8프렛을 운지하는 포지션이 만들어진다. 필자는 이것을 5th 포지션으로 정의한다.

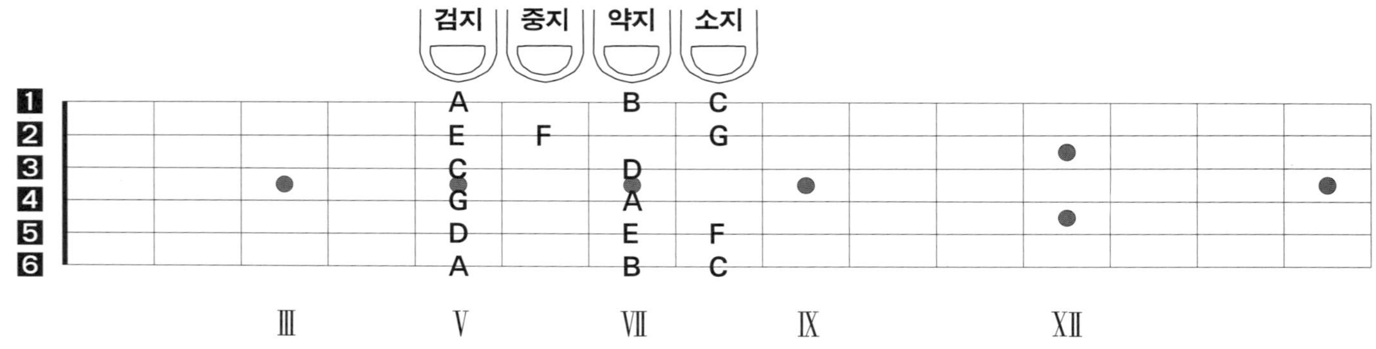

여기에 한 가지 문제가 있다. 위에 있는 다이어그램에는 피아노의 흰 건반에 해당하는 노트, 즉 b이나 #이 붙지 않은 C Major Scale(장음계)의 노트만을 표기하였다. C Major Scale(장음계)의 구성음은 C, D, E, F, G, A, B이다. 그런데 위 다이어그램에는 한 가지 노트가 빠졌다. 찾았는가? 바로 B가 없다.

"무슨 소리인가? 6번 줄과 1번 줄에 B가 있다."라고 말하는 독자가 있을 것이다. 하지만 필자가 말하는 B는 4번 줄 A와 3번 줄 C 사이에 있어야 하는 B이다. 다음 그림처럼 B라는 노트가 A와 C 사이에 있어야 한다. 이런 이유로 포지션 한 개를 여섯 개의 프렛으로 정의한다. 즉 5th 포지션은 4~9 프렛의 범위를 뜻한다.

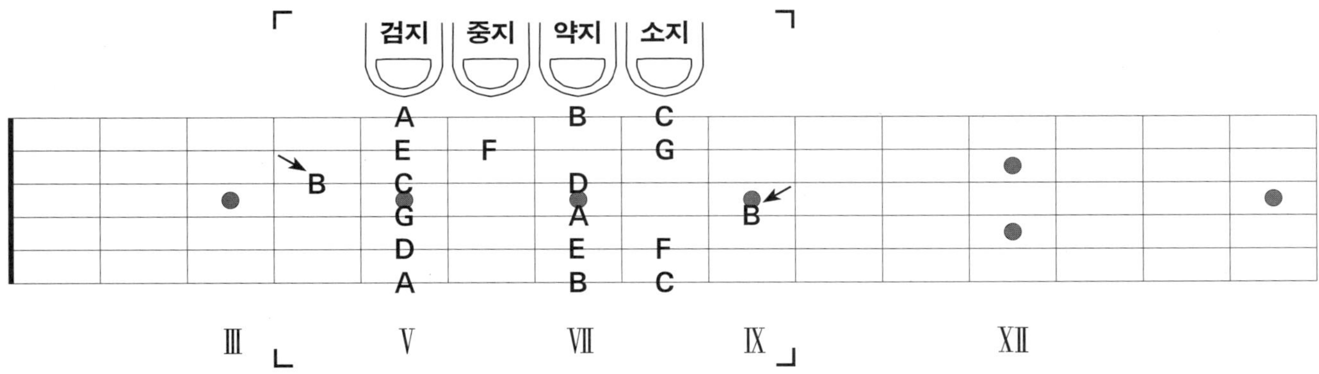

5th Position = 4~9 Fret

5th 포지션이라 하여 항상 검지(둘째 손가락)를 다섯 번째 프렛에 놓고 연주하지는 않는다. 연주하는 곡이나 곡의 Key에 따라 손가락의 포지션이 다음 그림처럼 달라질 수 있다.

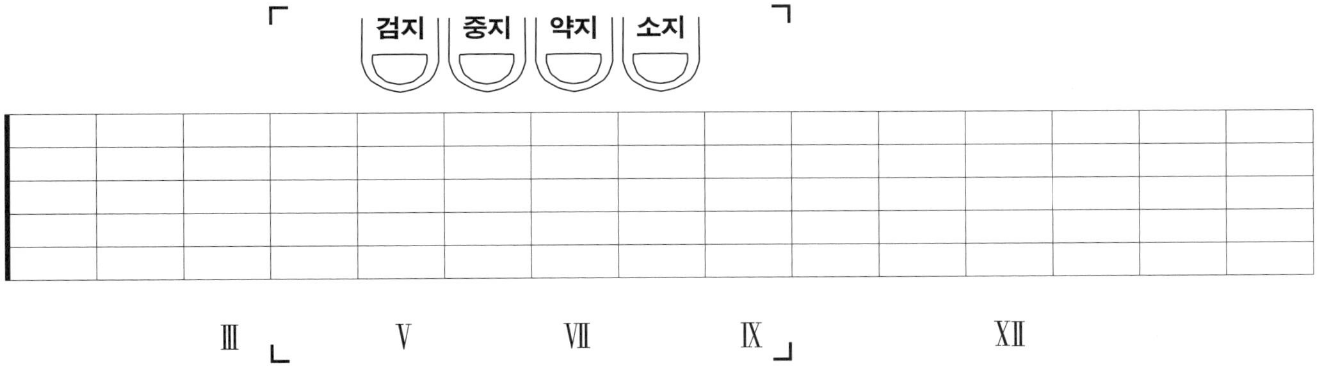

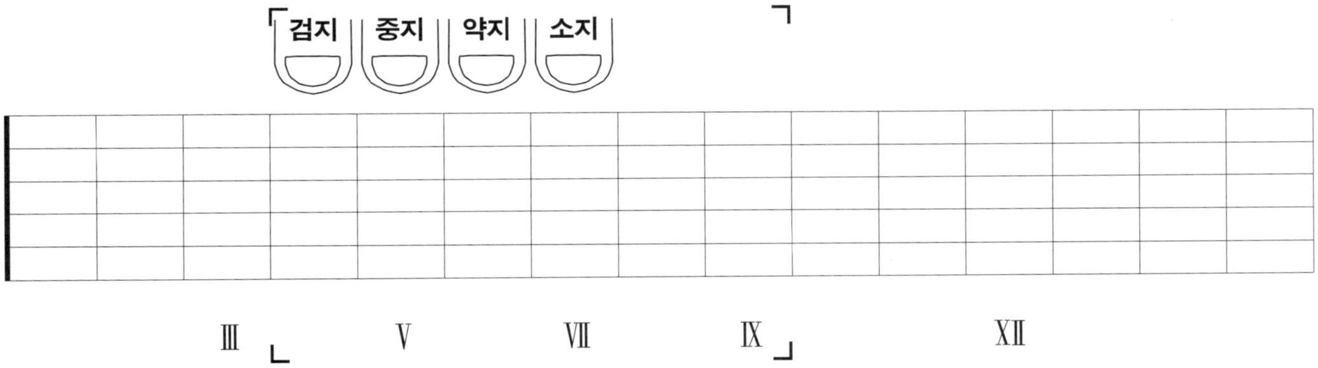

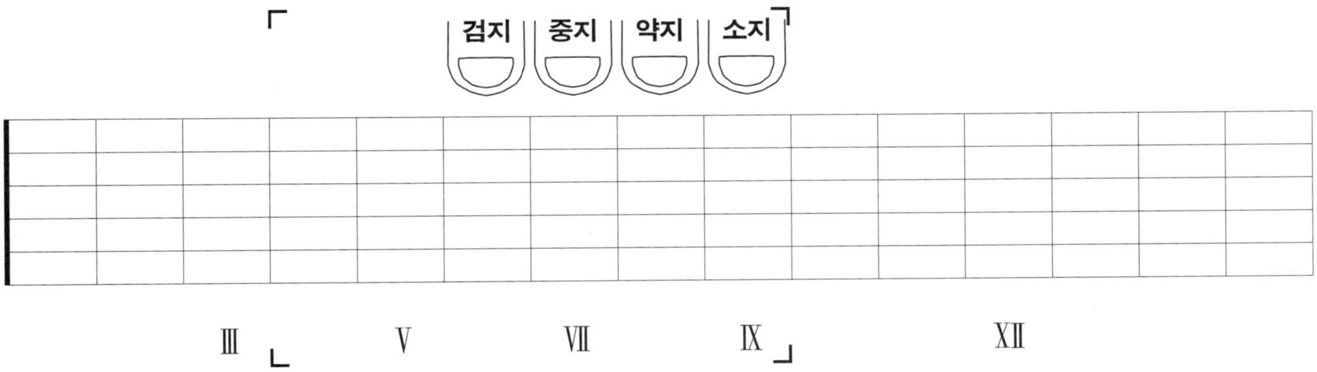

- 첫 번째 다이어그램은 검지(둘째 손가락)가 다섯 번째 프렛에 위치한 경우이다.
- 두 번째 다이어그램은 손가락이 포지션 안에서 왼쪽으로 치우친 경우이다.
- 세 번째 다이어그램은 손가락이 포지션 안에서 오른쪽으로 치우친 경우이다.
- 손가락 위치는 연주하는 곡이나 곡의 Key, 핑거링에 따라 포지션 안에서 자유롭게 바꿀 수 있다.

앞에서 필자가 정의하는 포지션이 무엇인지 살펴보았다. 필자가 포지션을 정의하고 사용하는 이유는 다음과 같다. 악기에 따라 기타 지판의 프렛이 적게는 22프렛에서 많게는 24프렛에 달하므로 연습할 범위가 넓다. 따라서 연습할 범위를 여섯 프렛으로 좁혀 놓고 집중하여 연습하면 도움이 된다.

6×6 = 36이므로 한 포지션 안에 36개의 음이 있다. 이는 다음 그림처럼 두 옥타브 + 완전 4도, 즉 두 옥타브 반에 조금 못 미치는 음역이다. 두 옥타브 반이라는 음역은 어떤 멜로디도 연주할 수 있는 넓은 범위이다. 연습할 때 절대로 좁게 느껴지지 않을 것이다.

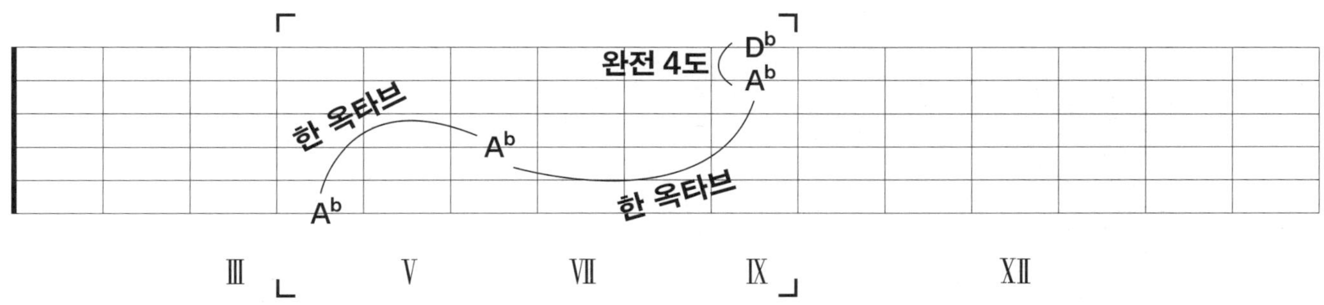

어느 곳이든 지판에서 검지(둘째 손가락)가 위치한 프렛 넘버가 포지션 넘버가 된다. 필자는 연습할 때 포지션을 자유롭게 설정한다. 예를 들어 2nd 포지션(1~6 프렛)에서 연습했다면 다음에는 2nd 포지션에서 어느 정도 떨어진 7th 포지션 이상에서 어떤 숫자를 선택하는 식으로 포지션을 옮긴다. 포지션을 바꾸며 연습하는 이유는 두 가지이다. 첫째는, 앞에서 말했듯이 기타는 컴퓨터 자판처럼 기본 포지션이 없다. 따라서 신 나게 연주하다 보면 지판 어느 곳에도 손이 있을 수 있다. 둘째는, 대체로 기타 초급 과정은 주로 개방현을 포함한 낮은 프렛(저음역)을 연습한다. 하지만 이것은 처음에만 해당한다. 높은음을 연주하려면 높은 프렛을 운지해야 한다.

만약 7th 포지션에서 연습한다면 범위가 다음 그림과 같다. 7th 포지션(6~11프렛)에서 가장 낮은음은 Bb이고 가장 높은음은 Eb이다.

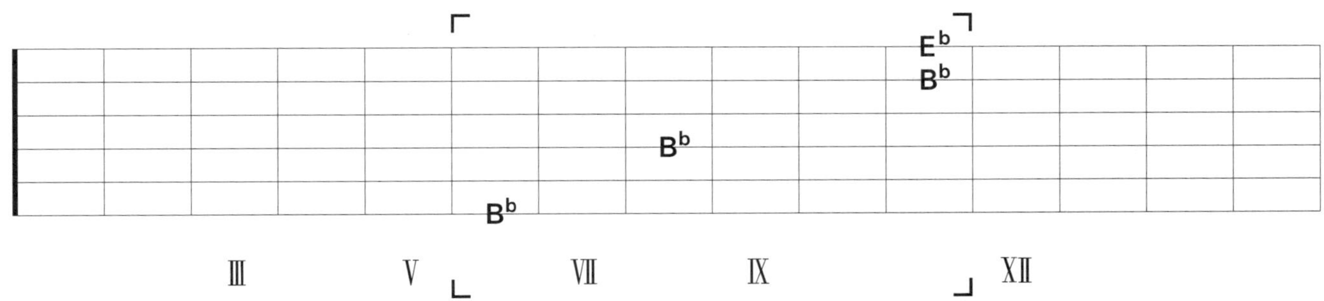

포지션을 정하여 연습할 때는 기타 지판에 프렛이 여섯 개만 있다고 생각하라. 어느 포지션에서 연습할지 결정하기 어려우면 'Random Number Generator'라는 스마트폰 어플을 사용하여 무작위로 정할 수도 있다.

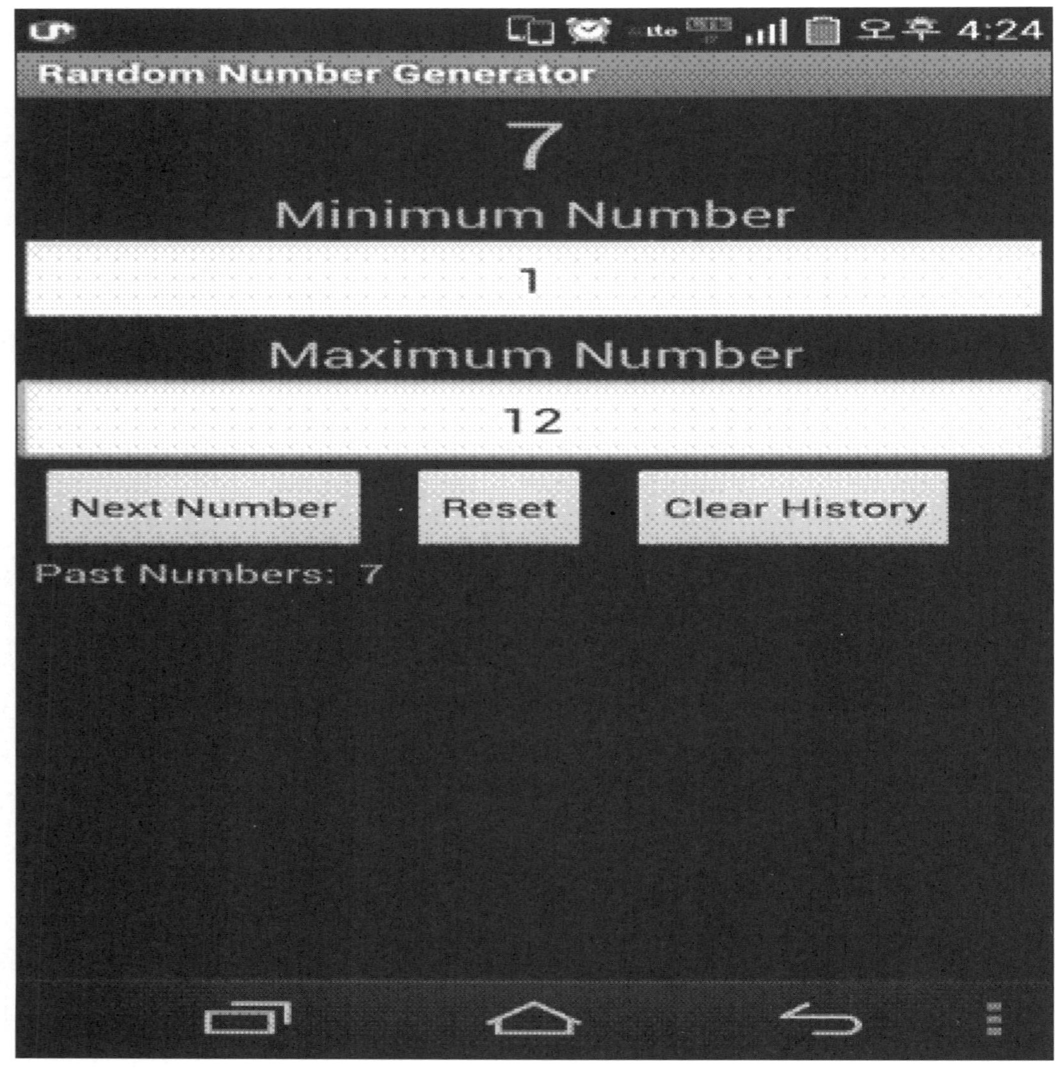

위 그림은 Random Number Generator의 실행 화면이다. Minimum Number에 1을, Maximum Number 에 12를 입력하고 'Next Number'를 누르면 1과 12 사이에서 한 숫자가 선택된다.

일반적으로 일렉트릭 기타의 지판이 22~24개 프렛인데 왜 13 이상의 숫자를 선택하지 않는지 궁금할 수도 있다. 12프렛의 음은 6번 줄에서 1번 줄까지가 E–A–D–G–B–E로 개방현과 동일하다. 즉 1에서 12프렛과 13에서 마지막 프렛은 프렛 간격이 좁아진 것을 빼고는 음의 배열이 같다. 혹시 이해가 되지 않으면 12프렛을 개방현이 라고 생각하고 개방현 근처에서 연주한 멜로디나 코드를 12프렛 위쪽에서 연주하자. 정확히 한 옥타브 위의 소 리가 날 것이다. 12프렛 위쪽의 영역은 프렛 간격이 좁아서 혼동할 수도 있지만 조금만 연습하면 쉽게 적응할 수 있다. 이런 이유로 필자는 연습할 때 13플랫 이상을 제외하지만 13~20th 포지션을 함께 연습하는 것도 좋은 방 법이다.

실제 연습에서 10~12th 포지션이 다른 포지션보다 어려울 수 있다. 이 부분이 기타의 음역 가운데 고음역에 해 당하여 연주하는 빈도가 적은 것도 이유이다. 또 12프렛이 0에서 11프렛과 12프렛에서 마지막 프렛이라는 두 덩 어리가 합쳐진 경계라 12프렛이 중간에 끼어 있는 포지션은 음을 파악하기가 어려울 수 있다. 다음 장부터 각 예 제마다 포지션을 임의로 정하여 실습하겠다.

포지션 길들이기

포지션을 정했으면 포지션 안의 있는 36개 음에 익숙해지는 포지션 길들이기를 시작하자. 포지션을 길들이는 방법은 여러 가지이다.

- 단일 음 암기 또는 지판 암기 게임을 이용한 연습
- 스케일을 통한 연습
- 리딩을 통한 연습
- 아르페지오(분산화음)를 통한 연습

Ⅰ. 5도권(Cycle of 5th)을 이용한 포지션 길들이기

먼저 5도권 순서로 음을 외워야 한다. 5도권이란 완전 5도가 상하 진행을 계속하여 만드는 순환도이다. 어떤 음에서 시작하든 완전 5도가 상행과 하행을 계속하면 열두 개의 음을 한 바퀴 돌아 시작 음으로 돌아온다. 예를 들어 C에서 출발하여 완전 5도 하행을 계속하면 C → F → Bb → Eb → Ab → Db → Gb → B → E → A → D → G→ C로 되돌아오는 아래 그림과 같은 순환도가 만들어진다.

이것을 이해하려면 완전 5도의 뜻과 기능을 알아야 한다. 예를 들어 F와 C는 완전 5도의 음정이지만 F가 C보다 아래(저음)에 있을 때만 그렇다. C가 F보다 아래에 있으면 완전 4도가 된다. 어떤 곡의 Key가 F일 때 완전 5도 위에 있는 C를 근음으로 하는 C 코드나 C7 코드에서 F 코드로 바뀌는 진행을 '도미넌트 모션'이라 한다. 이것은 매우 흔한 코드 진행이다. 코드의 근음이 완전 5도 위에서 완전 5도 아래로 떨어지는 진행을 들을 때 인간은 해결감을 느낀다. 따라서 작곡가가 곡을 쓸 때 5도권 순서로 코드를 배열하는 경우가 많다 이것은 연주자가 항상 만나는 진행이므로 구구단을 외우듯 외워야 한다. (네이버 카페 '재즈기타 연구소'에 5도권에 관한 더 많은 자료가 있다.)

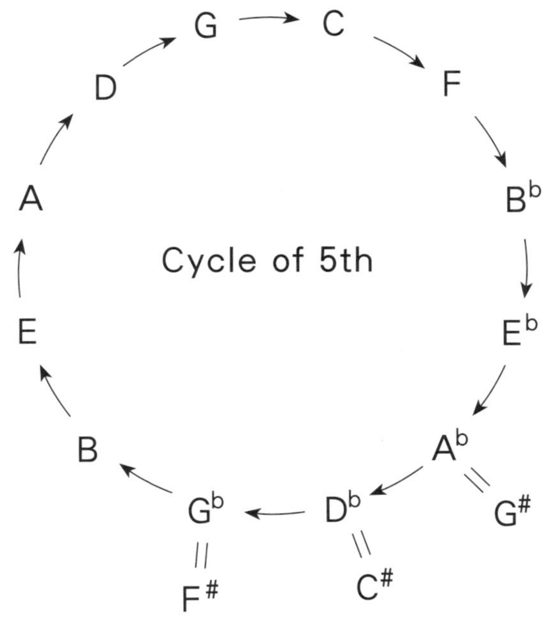

이제 다음 악보를 5th 포지션에서 연주하자. 이 악보는 한 포지션 안에 있는 36개 음을 5도권 순서에 따라 분류하여 만든 예제이다. Eb, Ab, Db, Gb, B, E는 같은 음을 두 번 연주하는데 한 포지션 안에 같은 높이로 중복된 음이 두 곳에 있기 때문이다. 이것은 다음에 나오는 다이어그램에서 눈으로 확인할 수 있다.

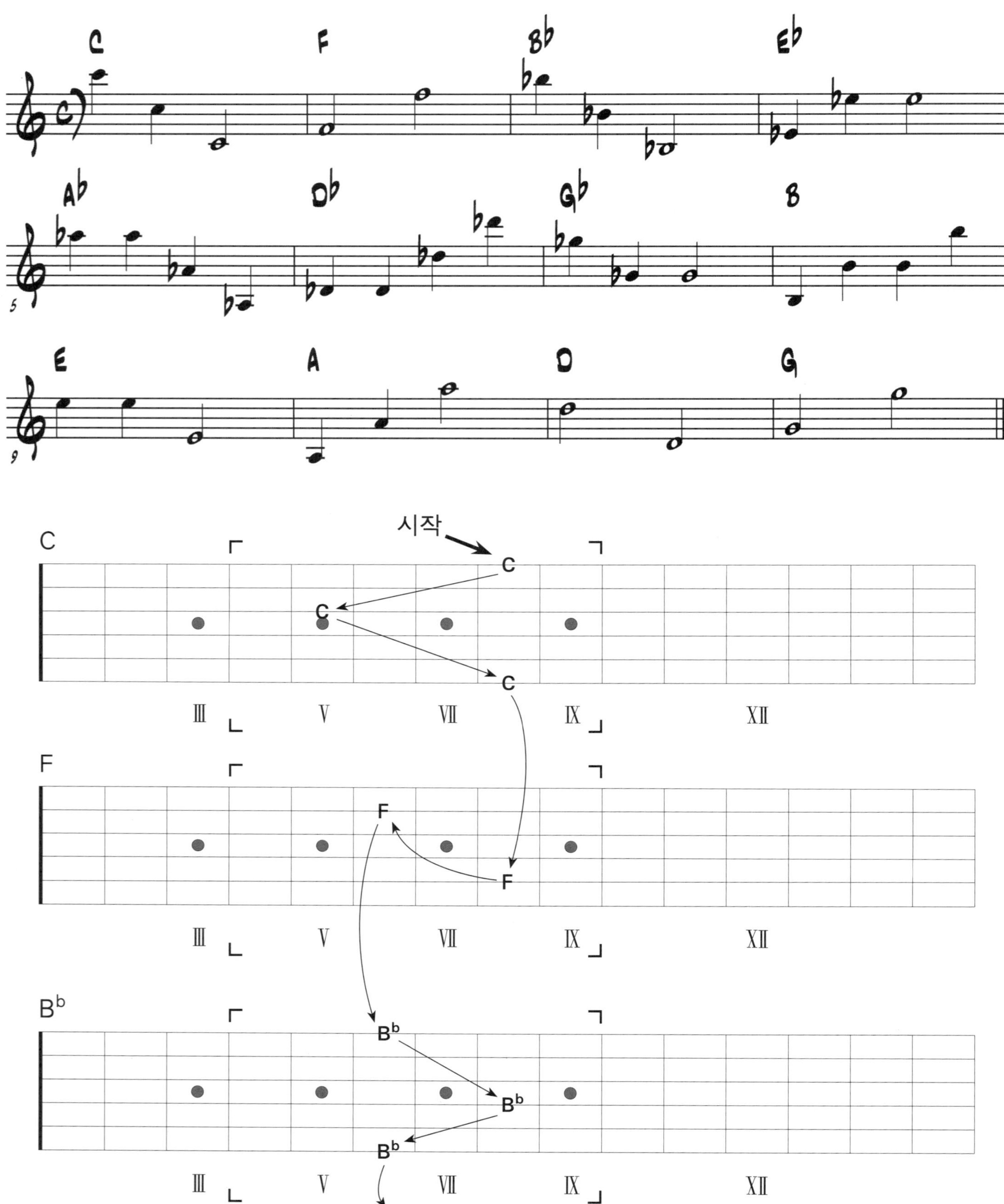

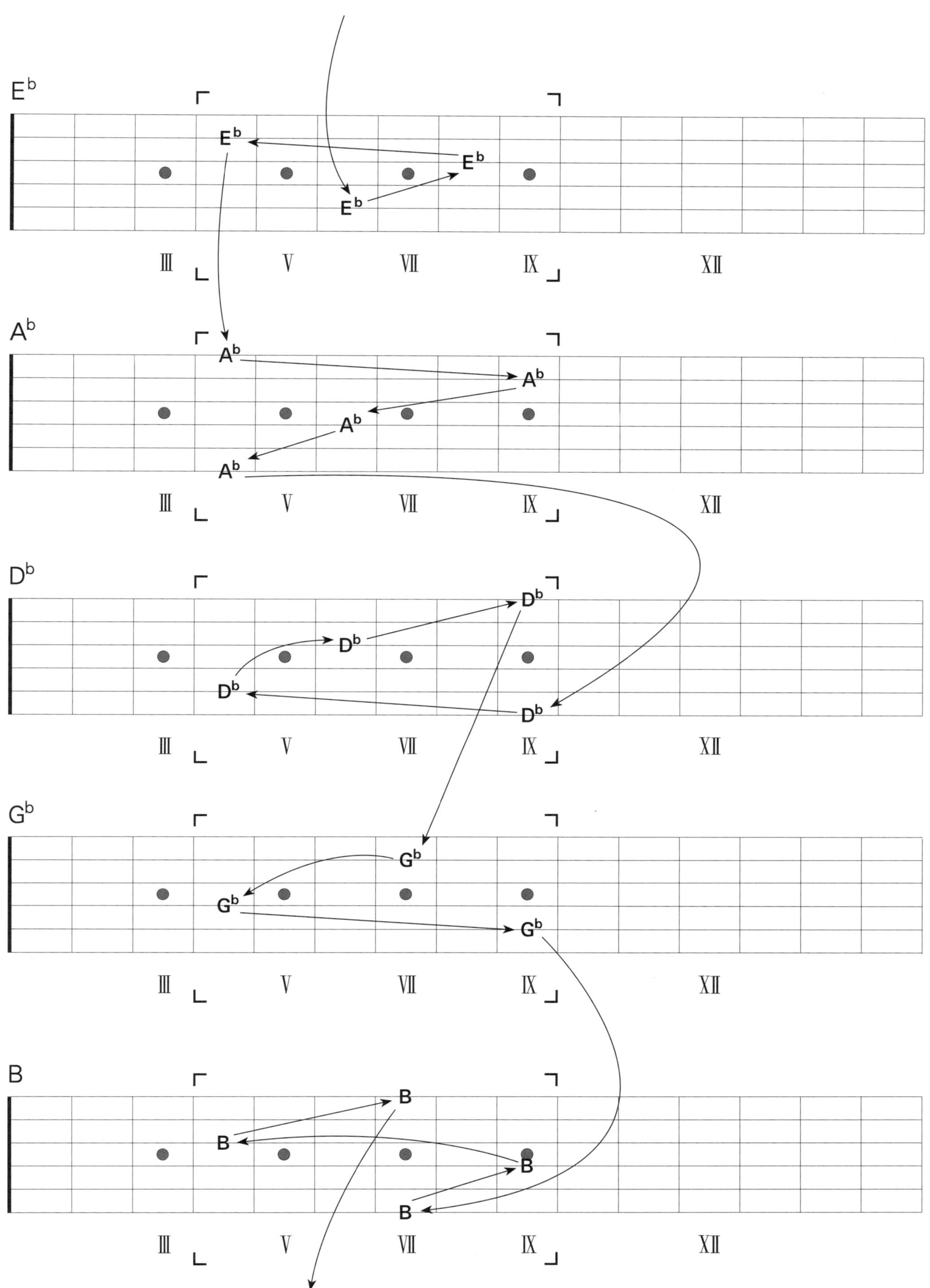
Eb
Eb Eb Eb Eb
III V VII IX XII
Ab
Ab Ab Ab Ab Ab
III V VII IX XII
Db
Db Db Db Db Db
III V VII IX XII
Gb
Gb Gb Gb
III V VII IX XII
B
B B B B
III V VII IX XII

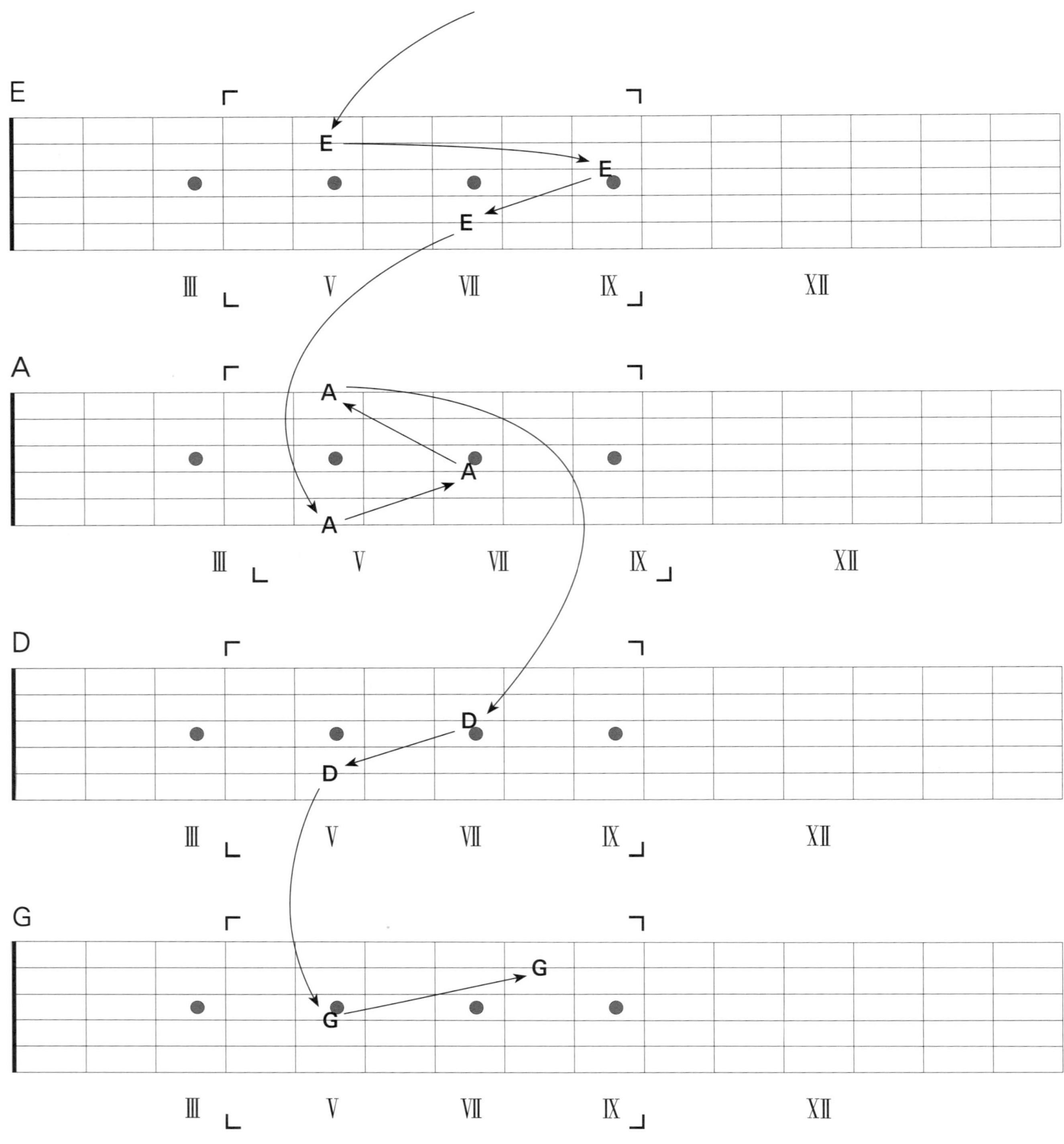

◆ 실습: 다른 포지션 길들이기

• 이번에는 1에서 12 가운데 아무 숫자나 고르자.
• 앞 장에서 5th 포지션을 다뤘으므로 이번에 필자는 약간 멀리 있는 9라는 숫자를 골랐다.
• 먼저 9th 포지션의 흰 건반(White Key) 음을 다이어그램 위에 직접 그리자.
• 그러면 다음과 같다.

<그림1>

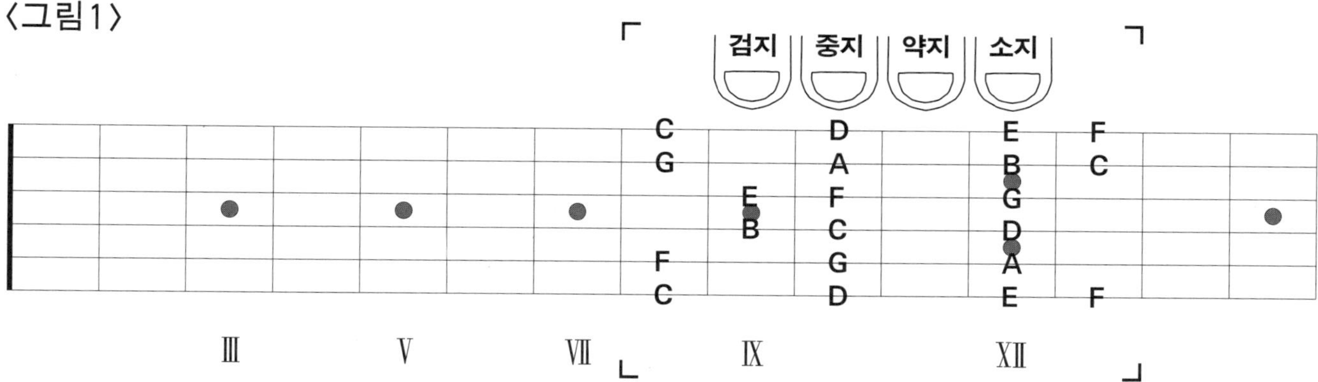

- 5도권(C, F, Bb, Eb, Ab, Db, Gb, B, E, A, D, G) 순서로 지판 위치를 확인한다.
- 검은 건반(Black Keys)을 모두 #으로 바꾸어 찾는다. C, F, A#, D#, G#, C#, F#, B, E, A, D, G.

- 위 악보처럼 피아노의 검은 건반에 해당하는 음은 b과 #으로 읽을 수 있다. 두 가지 모두 사용하므로 익혀야 한다.
- 다음 장에는 위에서 확인한 음을 5도권 순서로 적지만 이번에는 #으로 적는다.
- 악보에 옮기면 다음과 같다. 외울 때까지 충분히 연습하자.

<악보1>

◆ 실습

- 이제 앞 과정을 직접 하자.
- 1에서 12 가운데 아무 숫자나 골라 포지션을 정한다.
- 〈그림1〉처럼 다이어그램 용지에 포지션 영역을 그리고 그 안에 흰 건반(White Keys) 음을 표시한다.
- 〈그림2〉처럼 5도권 순으로 음을 찾아 다이어그램 용지에 그린다.
- 〈악보1〉처럼 오선 노트에 상행과 하행 예제(Exercise)를 직접 만들어 연습한다.
- 음이름을 부르며 연주하면 더 좋다.

〈그림2〉

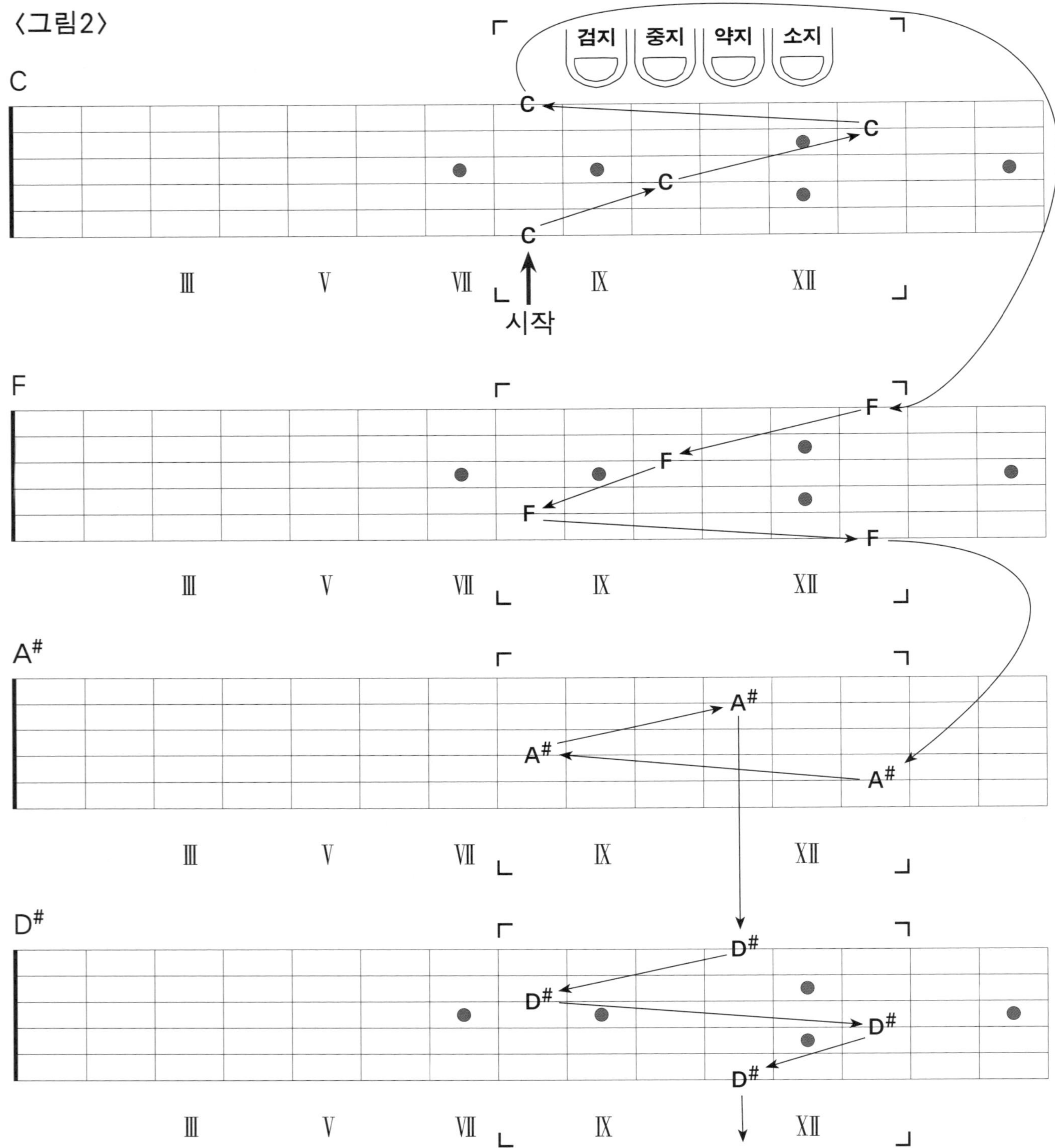

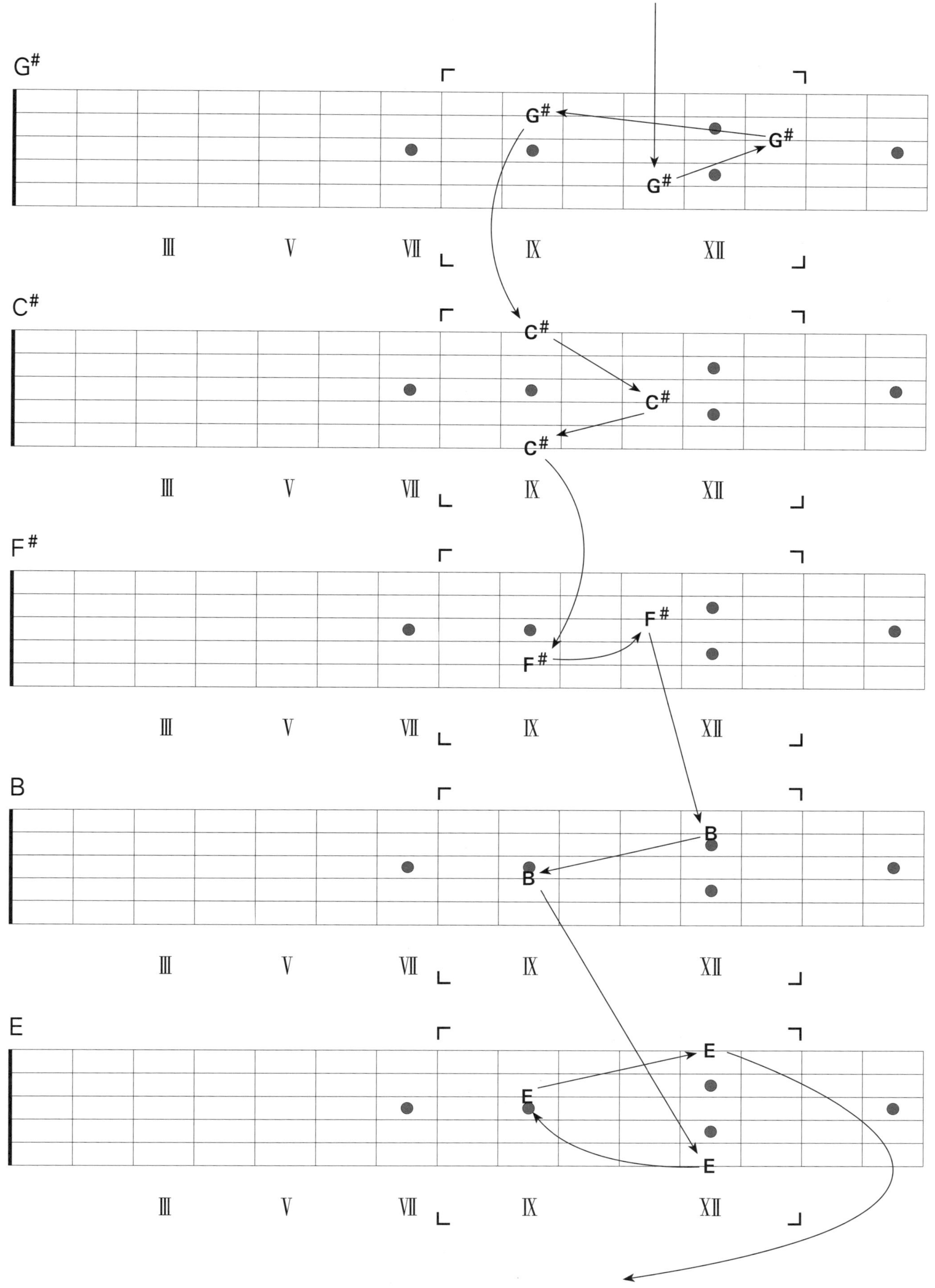

G#
III V VII IX XII
C#
III V VII IX XII
F#
III V VII IX XII
B
III V VII IX XII
E
III V VII IX XII

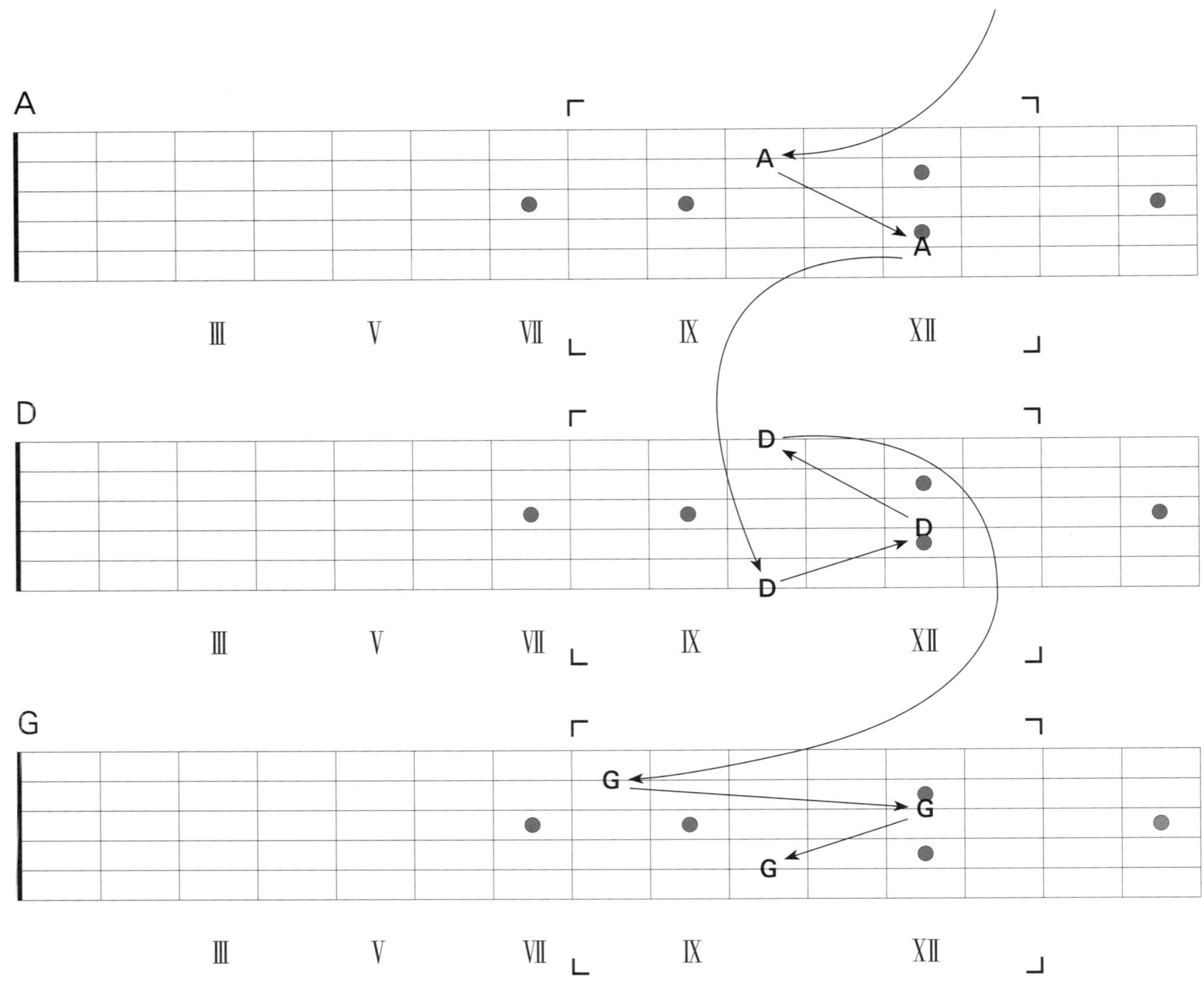

Ⅱ. Major Scale(장음계) 가운데 1~5 음을 이용한 포지션 길들이기

Major Scale(장음계)의 구성음이 일곱 개인데 왜 다섯 개로만 연습하느냐고 묻는 사람이 있을 것이다. 다섯 개 음만 사용하여 연습하는 까닭은 다음과 같다.

Major key의 조성(Tonic)은 1, 3, 5라는 세 개의 음, 즉 근음, 장 3도, 완전 5도라는 세 개의 음정만으로 이루어진다. 조성이 이루어진다는 말은 1음인 근음이 중력의 중심이 되어 '집'처럼 느껴진다는 뜻이다. 다시 말해 세 개의 음만으로 조성이 완벽하게 이루어지므로 이 세 개의 음이 매우 중요하다. 2음과 4음은 1, 3, 5음 사이에서 자연스러운 스케일을 만들려고 넣었을 뿐이다.

Major Scale(장음계)의 1~5 음은 근음, 장 2도, 장 3도, 완전 4도, 완전 5도로 구성되고, 이것을 Key마다 나열하면 다음과 같다.
  • C Key: C, D, E, F, G
  • F Key: F, G, A, Bb, C

- Bb Key: Bb, C, D, Eb, F
- Eb Key: Eb F, G, Ab, Bb
- Ab Key: Ab, Bb, C, Db, Eb
- Db Key: Db, Eb, F, Gb, Ab
- Gb Key: Gb, Ab, Bb, Cb(B), Db
- B Key: B, C#, D#, E, F#
- E Key: E, F#, G# A, B
- A Key: A, B, C#, D, E
- D Key: D, E, F#, G, A
- G Key: G, A, B, C, D

먼저 C Key부터 연주하자. C, D, E, F, G, F, E, D, C, E, G, E, C 순이다. 음이름을 부르며 연주하면 더 좋다.

위 악보를 4th 포지션 안에서 연주할 수 있는 경우가 몇 가지인지 직접 찾자. 위 악보를 연주할 때 다섯 개 음만 필요하므로 이들만 다이어그램에 표시하겠다.

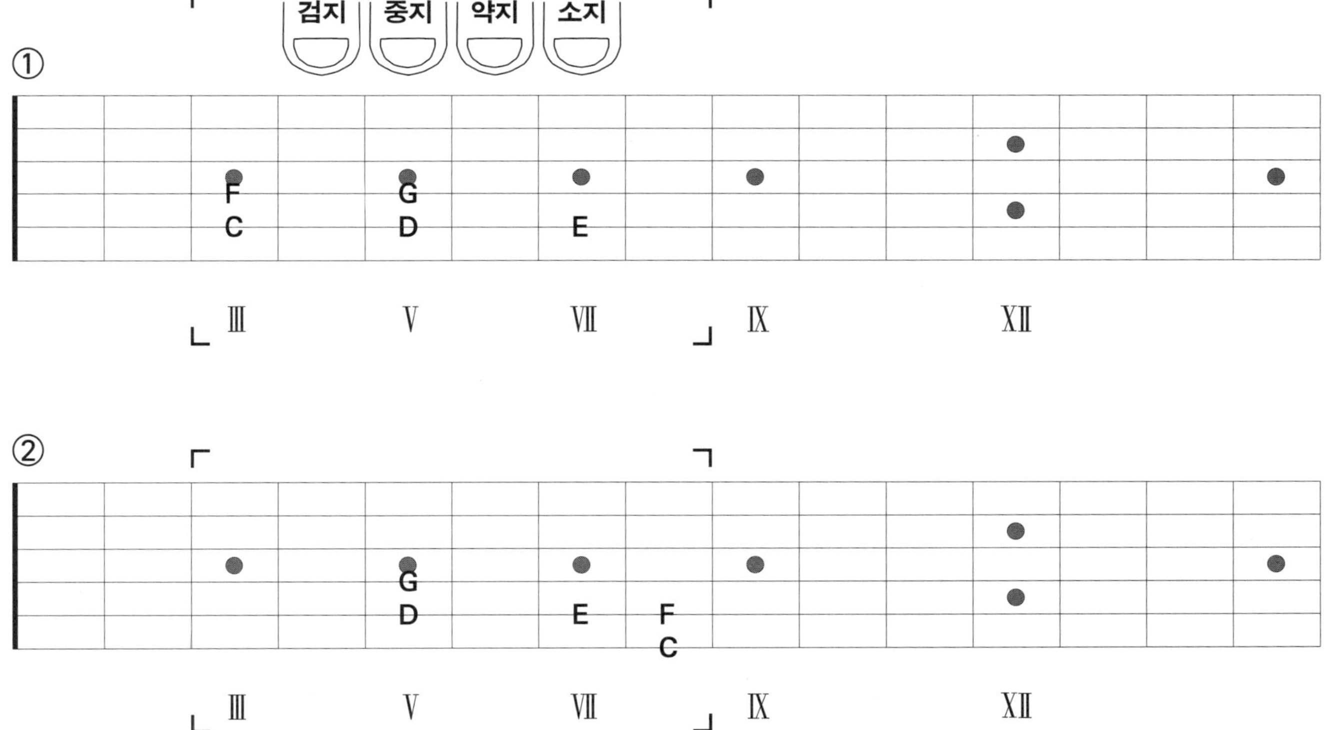

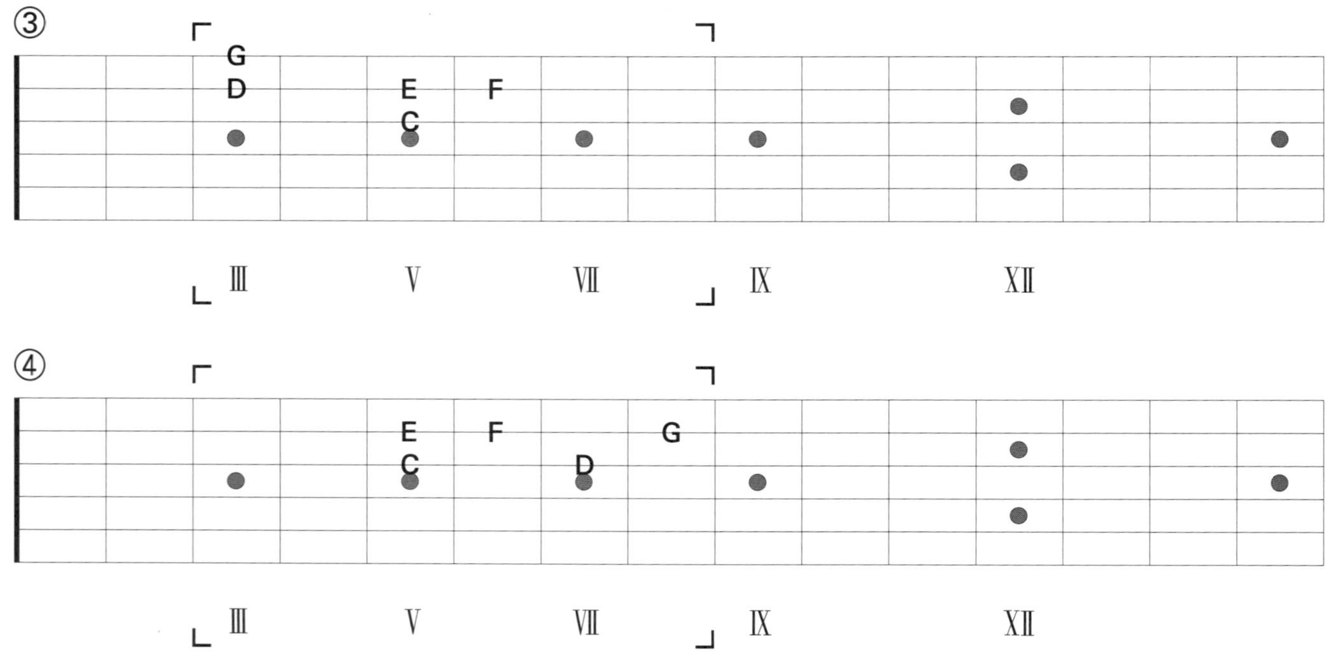

이처럼 크게 네 가지 방법으로 연주할 수 있다. 직접 연주하면 C 음이 '집'처럼 들리는 것을 느낄 수 있다.

다음은 F Key를 연습할 차례이다. 같은 방법으로 4th 포지션 안에서 아래 악보대로 연주하자. C Key와 마찬가지로 포지션과 옥타브를 바꾸며 여러 곳에서 연주할 수 있다.

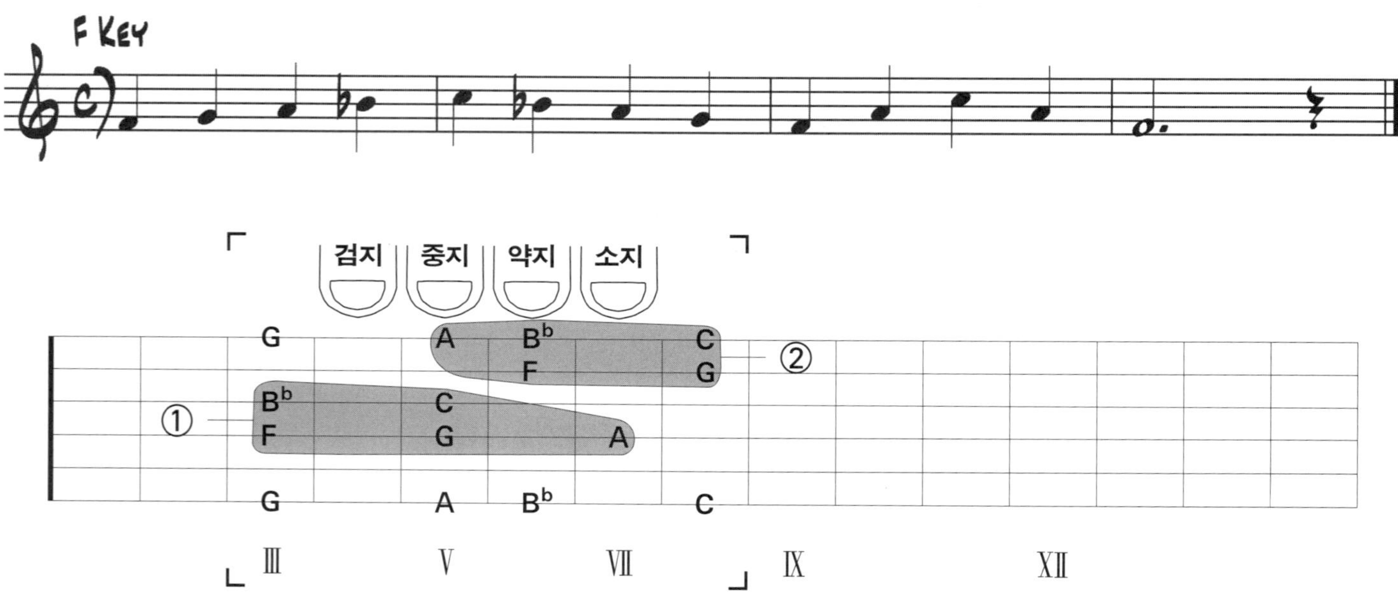

• 다이어그램에 이 다섯 개의 음을 직접 그리자. 위 그림처럼 두 곳의 다른 옥타브에서 연주할 수 있다.
• 음이름을 노래하듯 따라 부르자. 에프~쥐~에이~비플랫~씨~비플랫~에이~쥐~에프~에이~씨~에이~ ~에프~~~ 라고 부르며 연습하자.

◆ 실습

• 1에서 12 가운데 임의로 포지션을 정하여 열두 개의 Key를 직접 연습하자. 음이름을 부르며 연습한다.
• Bb부터 G Key까지 한 연습을 악보에 적고(기보) 이것을 4th 포지션의 다이어그램에 표기하면 다음과 같다.

E
A
D
G
B♭ Key
①
②
③
III V VII IX XII
E♭ Key
①
②
③
④
III V VII IX XII
A♭ Key
①
②
③
III V VII IX XII

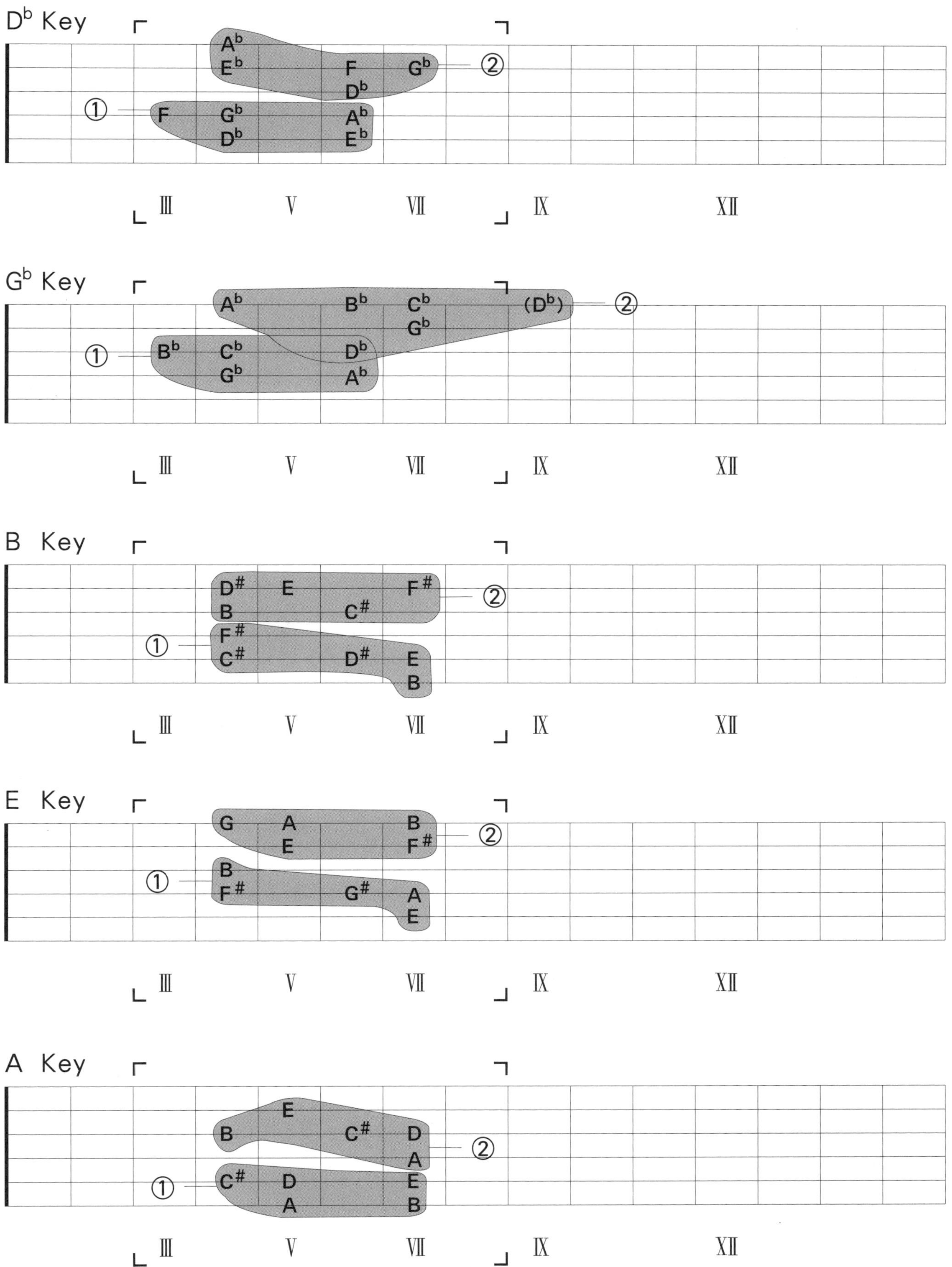

Dᵇ Key
Aᵇ
Eᵇ
F
Gᵇ
②
Dᵇ
①
F
Gᵇ
Dᵇ
Aᵇ
Eᵇ
III V VII IX XII

Gᵇ Key
Aᵇ
Bᵇ
Cᵇ
(Dᵇ)
②
Gᵇ
①
Bᵇ
Cᵇ
Gᵇ
Dᵇ
Aᵇ
III V VII IX XII

B Key
D#
E
F#
②
B
C#
①
F#
C#
D#
E
B
III V VII IX XII

E Key
G
A
B
②
E
F#
①
B
F#
G#
A
E
III V VII IX XII

A Key
E
B
C#
D
②
A
①
C#
D
E
A
B
III V VII IX XII

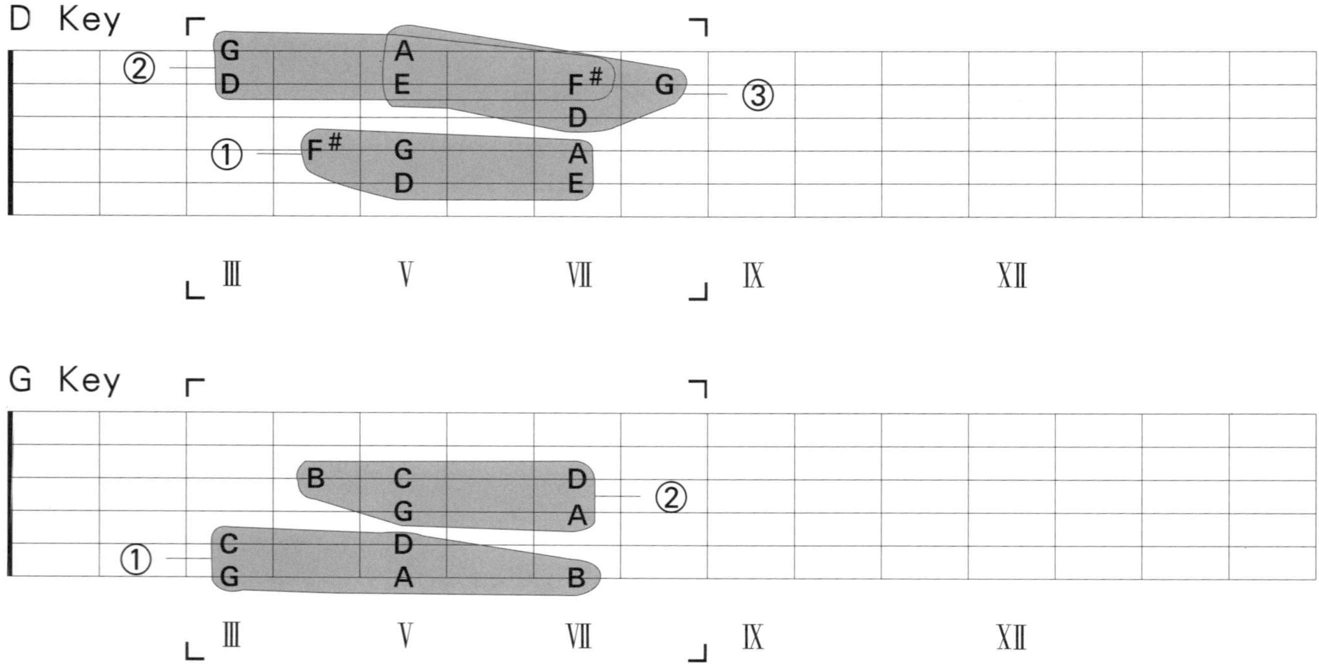

Ⅲ. 지판 암기 게임을 이용한 연습

지판을 암기하게 하는 게임이 여럿 있다. www.FretboardMaster.com이라는 웹사이트에 들어가면 인터넷에서 Java를 이용한 게임을 즐길 수 있다. 필자는 가르치는 학생에게 Absolute Guitar Fretboard Trainer라는 PC 게임도 자주 추천한다.

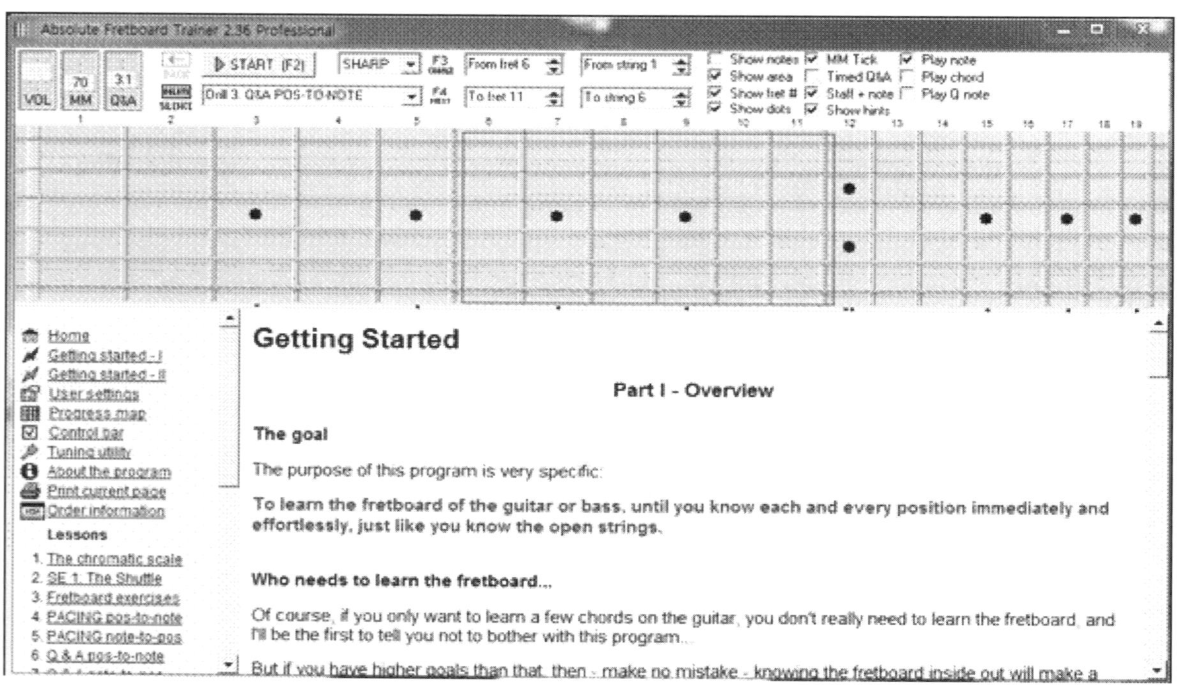

위 그림은 Absolute Fretboard Trainer의 실행 화면이다. 이밖에도 스마트폰 어플로 지판을 암기하는 게임이 많이 있다. 대표적인 어플인 RR Guitar Fretboard Trainer나 Eguitar Fretboard Addict 말고도 여러 가지가 있다. 기타 연습에 게임이 웬 말이냐고 묻는 사람도 있을 것이다. 우리가 컴퓨터 자판을 처음 칠 때를 생각해
보자. 타자 연습 프로그램을 사용하면 타자 실력이 금방 늘어난다. 이 타자 연습 프로그램이 바로 게임의 형태로
되어있다. 함께 연습하는 동료가 있으면 번갈아가며 문제를 내고 맞히는 것도 좋은 방법이다.

◆ 악보 기보법(Notation)

스케일을 시작하기 전에 악보 기보법을 살펴보자. 필자는 타브(Tablature) 악보를 사용하지 않는다. 또 필요하다
고 생각하지도 않는다. 타브 악보란 악보에 있는 연주하려는 음의 지판 좌표를 여섯 개의 선 위에 숫자로 표기하
는 것이다. 많은 기타리스트가 타브 악보에 의존하는 까닭은 다음과 같다. 24프렛 기타를 기준으로 할 때 지판 위
같은 높이의 음정이 많게는 다섯 개까지 있다. 따라서 악보에 나타난 음을 어디서 연주할지 선택하기 어려울 때
가 많다. 그 이유를 알아보자.

왼쪽 악보의 음은 F이다. 이 음은 가온다 즉 피아노 한가운데에 위치한 C 음의
완전 4도 위에 있는 F이다. 기타 전용 Notation이 아닌 Concert Pitch로 기
타 지판에서 이 F를 찾으면 아래 그림처럼 5개가 있다.

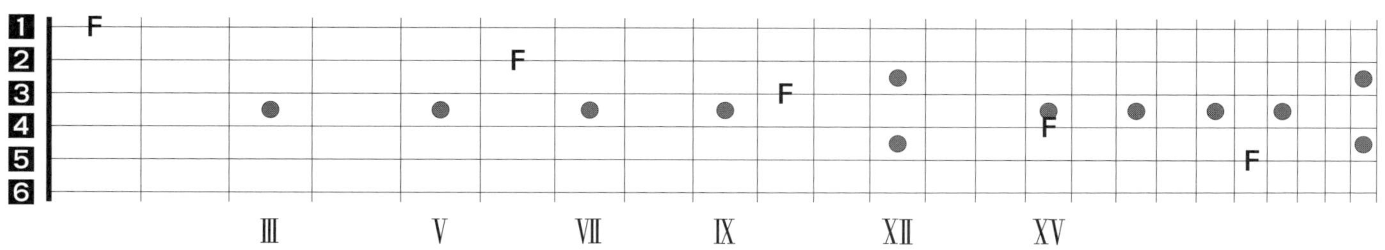

필자는 편의상 이것을 동음이위(다른 위치에 있는 같은 음)라고 정의하겠다. 물론 다른 곳(예를 들어 6번 줄 1프렛)에도 F
가 있지만 두 옥타브 아래에 있는 F이므로 분명히 다른 음이다. 즉 위에 있는 악보에 나오는 F 음을 연주하려고
기타 지판을 보면 다섯 개 위치 가운데 어디를 연주할지 선택해야 하는 문제가 생긴다. 그렇다면 오선보가 기타
리스트에게 불편한 악보인가? 절대로 그렇지 않다. 이미 기타용 오선보 기보법이 정형화되어 있다. 하지만 안타
깝게도 많은 사람이 이 기보법을 제대로 알지 못한다.

다음 악보는 영국 민요인 Green sleeves의 앞부분으로 기타용 오선보 기보법으로 작성되었다. 첫 번째 못갖춤
마디에 표시된 로마 숫자 V는 검지의 위치를 말한다. 원 안의 숫자는 줄 번호(String Number)를 뜻한다. 음표 옆
에 있는 숫자는 왼손의 손가락 번호이다. 즉 검지(1번 손가락)를 5프렛에 놓은 상태에서 4번 줄에 있는 음 A를 약지
(3번 손가락)로 운지하라는 뜻이다. 기타 연주법에서 왼손의 손가락 번호는 검지가 1번, 중지가 2번, 약지가 3번, 소
지가 4번이다.

<Green sleeves: 영국 민요>

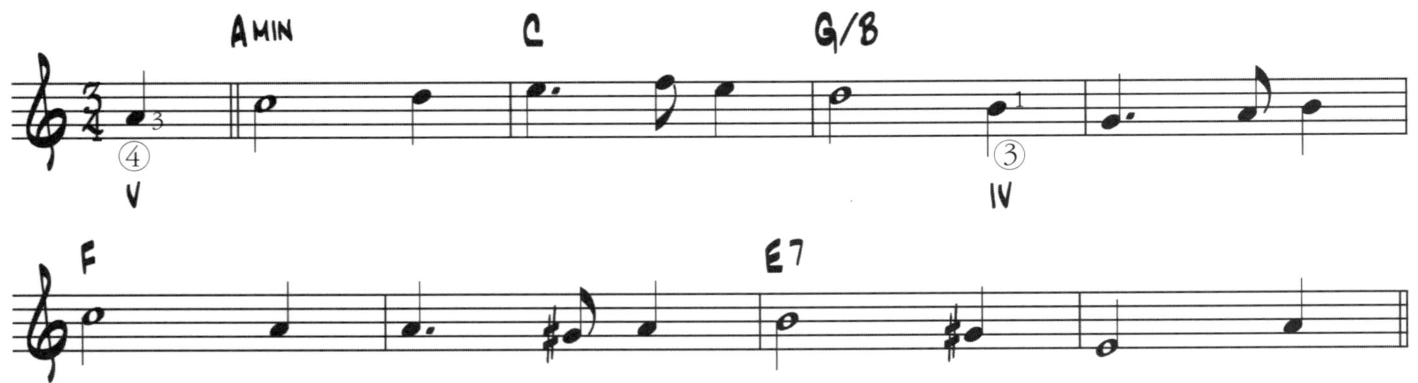

이런 다음에 두 마디 이상 포지션과 줄 번호, 손가락 번호가 표기되어 있지 않다. 왜 그럴까? 이것은 지금 위치(검지를 5프렛에 놓은 상태)에서 다음 음인 C, D, E, F, E, D까지는 포지션 이동 없이 지금 위치에서 운지하라는 뜻이다. 셋째 마디(G/B코드) 두 번째 음인 B의 경우에는 4 포지션으로 왼쪽으로 한 칸 이동하여 3번 줄에서 검지로 운지하라는 뜻이다. 또 이후로는 특별히 포지션을 이동하지 않고 연주할 수 있다. 이처럼 오선보에서도 타브 악보처럼 지판 위의 정확한 운지 포인트를 기보할 수 있다. 따라서 필자는 타브 악보가 필요하지 않다고 생각한다.

위 내용을 정리하면 다음과 같다. 쉽지 않은가?
- 하단의 로마 숫자는 검지의 위치(Fret Number)
- 원 안의 숫자는 줄 번호(String Number)
- 음표 바로 옆에 있는 숫자는 왼손의 손가락 번호

4장
스케일(Scales)

① 스케일 연습 방법

먼저 난이도가 상대적으로 낮은 Major Scale(장음계)로 포지션 안에 있는 음을 익히자. Key(조성)는 모두 열두 개이다. Major Scale(장음계)이라고 모두 같지 않다. Key 열두 개는 색깔이 고유한 서로 다른 세계이다. Key가 Eb인 곡은 따뜻하고 포근한 느낌을 주고 Key가 Gb인 곡은 강하고 날카로운 느낌을 준다. A Key는 밝고 발랄한 느낌이다. (이것은 필자의 생각이다. 다른 의견이 있을 수 있다.) 음악을 하는 사람은 열두 개 모든 Key를 소중히 여기고 정성껏 연습해야 한다. 지판이 평행하므로 기타리스트는 각 Key의 구성음이 어떻고 느낌이 어떤지를 소홀히 하는 경향이 있다. 하지만 트럼펫이나 색소폰 같은 관악기 연주자에게 각 Key는 완전히 다른 세계이고 Key마다 난이도가 크게 다르다.

지금부터 필자가 소개하는 스케일 연습 방법은 기존 연습 방식인 스케일 블록 방식과는 차이가 크다. 지금까지는 보통 지판 전체를 다섯 개 안팎의 블록으로 나누고 스케일을 모양으로 연습하는 방법을 사용하였다. 이 방식에 익숙한 독자라도 필자가 소개하는 방식으로 연습하기를 권한다. 기존 방식을 버리라는 것이 아니라 새로운 스케일 연습 방법을 접해보라는 뜻이다.

이제 앞 장에서 단일 음정 암기를 연습한 4th 포지션에서 연습하자. 4th 포지션의 흰 건반(White Keys)은 다음과 같다.

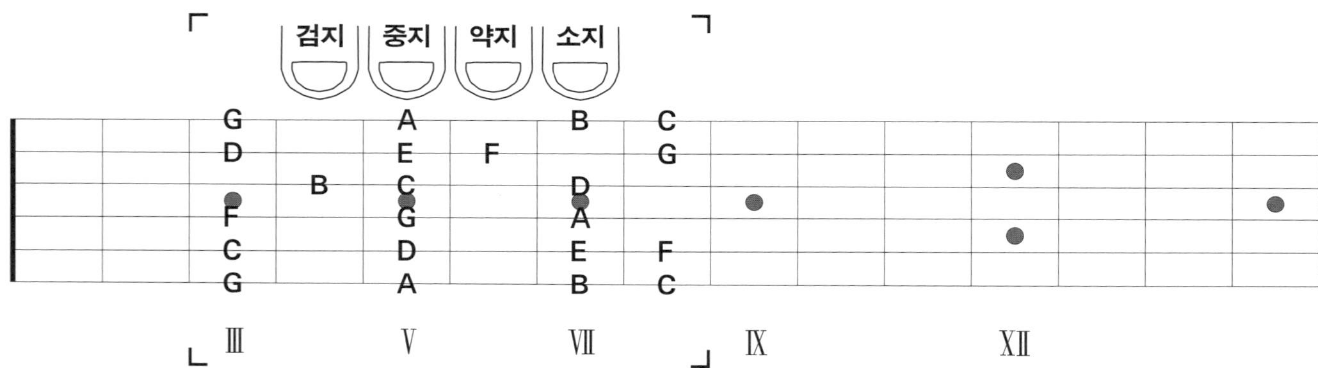

앞 장에서 단일 음을 5도권(Cycle of 5th) 순서로 암기하는 연습을 하였다. 하지만 필자는 스케일을 연습할 때 5도권을 사용하지 않는다. 그 이유는 다음과 같다. 열두 개 Key는 다음과 같이 나눌 수 있다. 샾과 플랫 같은 조표가 많이 붙을수록 난이도가 올라간다. 따라서 C Key가 가장 쉽고 G와 F, D와 Bb, A와 Eb, E와 Ab, B와 Db, Gb과 F# 순으로 어렵다.

- 피아노의 흰 건반(White Keys)으로만 구성된 C Key
- 샾(#)이 붙는 순서와 수에 따라 G, D, A, E, B, F# Key
- 플랫(b)이 붙는 순서와 수에 따라 F, Bb, Eb, Ab, Db, Gb Key

(주의: 'Key를 모두 합치면 열세 개인데?'라고 생각하는 독자가 있을 것이다. F#과 Gb은 같은 Key이므로 열 두 개가 맞다. 이것을 이해하지 못하면 네이버 '재즈기타 연구소(http://cafe.naver.com/jazzimprovisation)를 보아라. 이곳에 그 이유가 있다.)

스케일을 연습할 때 필자는 5도권 순서보다 반 Key씩 상행이나 하행하는 방식을 좋아한다. 그 이유는 다음과 같다. 5도권의 경우 C Key에서 시작했으면 다음은 F Key, 그다음은 Bb 순이다.

위 악보처럼 C Key와 F Key는 음이 한 개밖에 차이가 나지 않는다. F Key와 Bb Key도 마찬가지이다.

하지만 C Key와 B Key는 위 악보처럼 모두 다섯 개의 음이 변한다. B Key와 Bb Key도 마찬가지이다. 따라서 연습 효과가 더 크다.

Ⅰ. C Major Scale

<실습1> 앞 악보에 있는 음이름을 악보를 보지 않고 말할 수 있을 때까지 외운다. 쉽게 보이지만 우리가 도레미 시스템에 익숙하므로 어려울 수도 있다.

<실습2> 이 일곱 개의 음을 지정된 4th 포지션 안에서 가장 낮은 음부터 찾는다. 4th 포지션의 최저음은 6번 줄 3프렛이므로 G이다. 즉 G부터 순서대로 찾으면 된다. (아직 위치가 익숙하지 않으면 앞 장에 나온 다이어그램을 보아도 괜찮다. 하지만 다이어그램을 보지 않고 찾을 수 있을 때까지 익혀야 한다.) 순서대로 찾으면 모두 네 개의 동음이위가 생긴다. C(5-6번 줄), F(4-5번 줄), D(2-3번 줄), G(1-2번 줄)에서 음이 중복되는 동음이위가 생기는는데 고민할 것 없이 모두 찾으면 된다.

<실습3> 실습 2를 테크닉 연습과 함께한다. 왼손보다 오른손의 피킹 테크닉을 기르는 연습이다. 먼저 메트로놈을 켜고 4분음표 =100으로 템포를 설정한다. 다음 악보처럼 16분음표로 한 음을 2박자 길이 동안 다운 · 업 피킹하는데 입으로 음이름을 부르며 한다. 동음이위 현상으로 포지션 안에서 스케일 블록이 왼쪽으로 치치우칠 수도 있고 오른쪽으로 치우칠 수도 있다. 운지하기 편한 위치를 선택하여 연주하면 된다. 악보에 있는 포지션 마크, 줄 번호, 손가락 번호를 유의한다. 순서는 다음과 같다.
　1. 근음인 C(5번 줄)에서 상행
　2. 포지션 안의 최고 음인 C(1번 줄)까지 상행
　3. 다시 하행하여 최저 음인 G(6번 줄)까지 하행
　4. 다시 상행하여 근음인 C에서 마무리

◆ 실습3 C Major Scale
　－ Single Note Picking Drill in 4th Position/ Tempo(Quarter Note ＝ 100)

연주할 때 템포가 너무 빠르게 느껴지면 연주할 수 있을 만큼 템포를 낮춘다. 또 너무 느리게 느껴지면 할 수 있을 만큼 템포를 올린다.

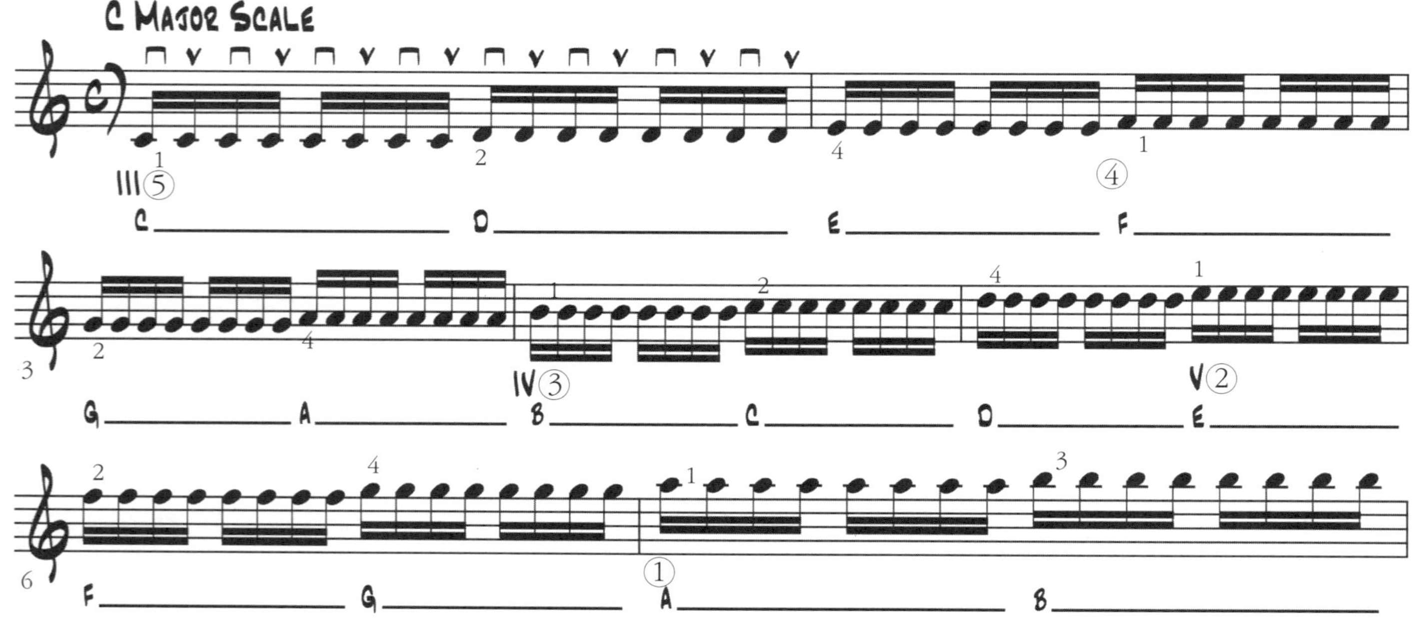

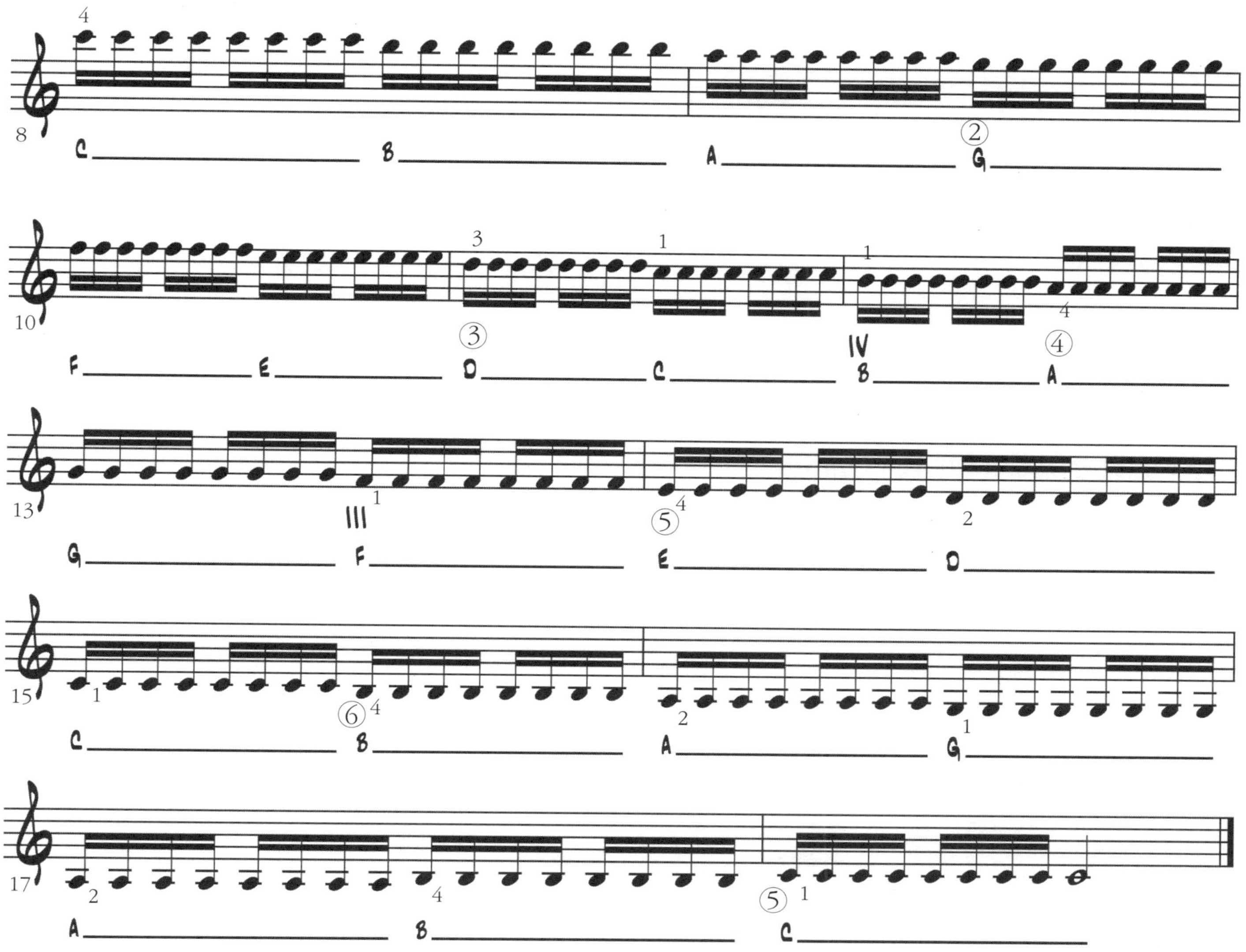

실습 3을 연주할 때 템포가 너무 빠르게 느껴지면 충분히 연주할 수 있을 정도로 템포를 낮춘다. 또 너무 느리게 느껴지면 도전이 될 만한 템포로 끌어올린다.

〈실습4〉 스케일을 연주할 때 다음 악보처럼 근음에서 시작하여 포지션 전체를 연주하고 다시 근음에서 끝나는 순서로 연주한다. 이때 음이름을 부를 필요는 없지만 음이름을 인지하며 연주하는 것이 좋다. 동음이위음은 독자의 핑거링 성향에 맞는 것을 선택해도 괜찮다. 메트로놈은 4분음표 기준 80으로 설정한다.

C Major Scale in 4th Position

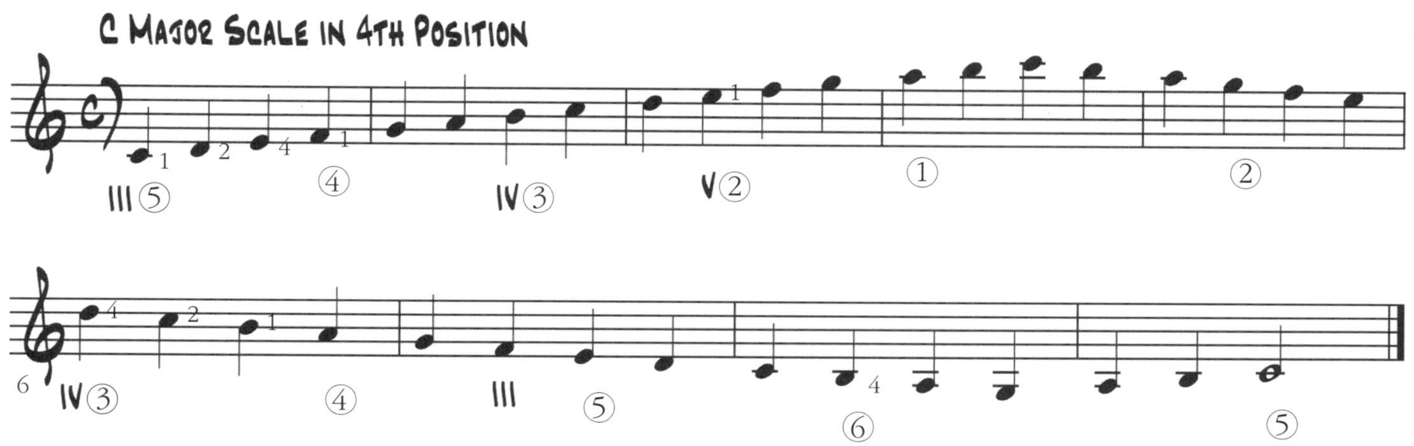

실습 4도 자신에게 맞는 템포를 찾아서 연습한다. 다음 악보처럼 8분음표로 연주한다. 포지션 마크와 줄 번호, 손가락 번호는 생략한다.

이번에는 아래 악보처럼 셋잇단음표(8th Note Triplet)로 연주한다.

이번에는 다음 악보처럼 16분음표로 연주한다.

이렇게 연습하면 '너무 쉬운데?'라고 생각하는 사람도 있을 것이다. 지금까지 한 실습 〈1~4〉가 쉬웠으면, 다음 Key인 B Key로 똑같이 실습 〈1~4〉를 연주하자. 난이도가 전혀 다른 것을 느낄 것이다. 필자와 함께 연습하자.

II. B Major Scale

〈실습5〉 B Major Key는 B, C#, D#, E, F#, G#, A#으로 구성된다. 음이름을 여러 차례 부르자.

〈실습6〉 4th 포지션 안의 최저 음은 G이지만 G는 B Major Scale에 포함되지 않는다. 따라서 G#이 최저 음이다. 포지션 안의 최고 음도 C(1번 줄)이지만 C가 B Key에 포함되지 않으므로 B(1번 줄)가 최고 음이다. B Major Scale의 음 위치를 익히자.

음 위치를 정확하게 기억하지 못하면 다음 다이어그램을 참고한다. 절대로 다음 다이어그램을 외우지 마라. 우리는 음악을 하는 사람이지 별자리를 외우는 천문학자가 아니다. 또 반복하여 연습하면 노력하지 않아도 자연스럽게 외워진다.

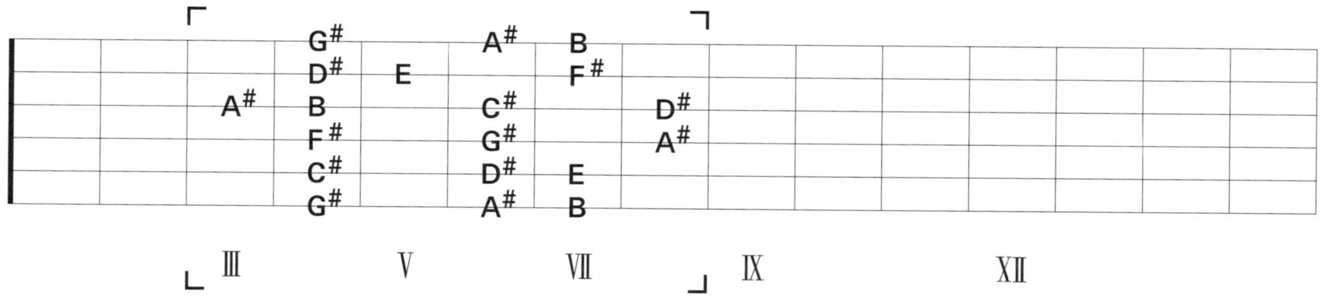

4th 포지션 안의 B Major Scale은 위 다이어그램처럼 동음이위가 두 개로 비교적 적다. (4번 줄 8프렛 A#과 3번 줄 3프렛 A#, 3번 줄 8프렛 D#과 2번 줄 4프렛 D#)

〈실습7〉 C Key와 마찬가지로 Single Note Picking Drill을 연습한다. 다음 악보에서 포지션 마크와 줄 번호, 손가락 번호는 상행에만 표기한다. 하행도 똑같다.

◆ B Major Scale – Single Note Picking Drill in 4th Position(Tempo = 100)

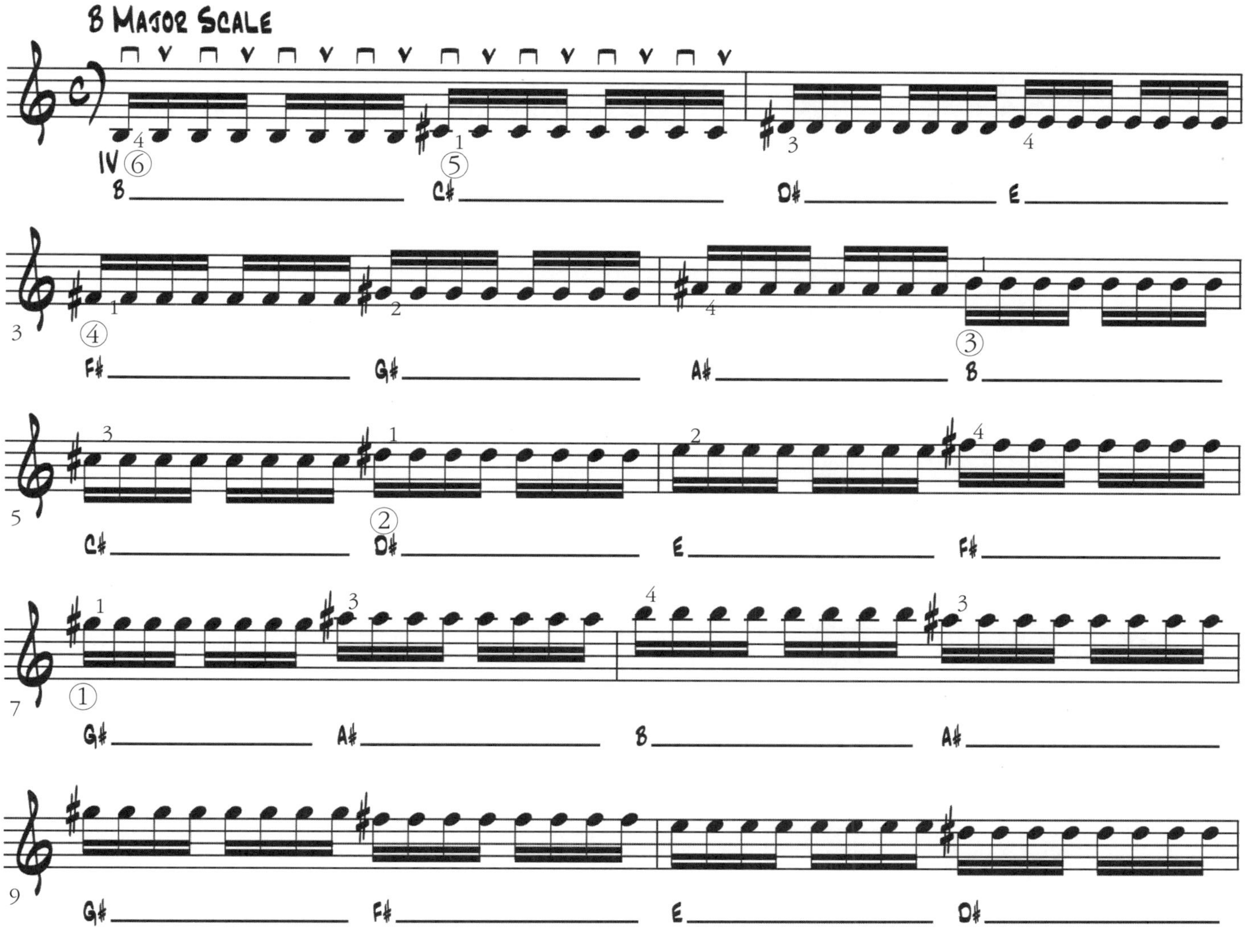

4장 스케일(Scales) 55

〈실습8〉 아래 악보처럼 연주하는데 마지막에는 악보를 보지 않고 머릿속에서 계산한 B Major Scale의 음을 지판에서 반사적으로 찾아 연주해야 한다. 메트로놈은 자신에게 적당한 템포로 설정한다.

또 다음과 같이 8분음표, 셋잇단음표, 16분음표 순으로 속도를 빠르게 하여 연습한다.

지금까지 실습 1~8로 C Key와 B Key를 연습하였다. 다음은 Bb Key를 연습할 차례이다. 그 전에 한 가지 점검할 것이 있다. 지금까지 한 C Key와 B Key 실습이

    1. 너무 쉬웠으면 4장 스케일을 건너 띄고 5장 리딩으로 가도 괜찮다.

    2. 적당한 난이도라고 생각하면 Bb, A 등의 순서로 실습 1~4처럼 모든 Major Key를 연습한다.

    3. 어렵다고 생각하면 무엇이 어려운지 파악한다.

    4. 지판이 익숙하지 않으면 3장에 나오는 단일 음 암기 또는 지판 암기 게임을 이용한 연습으로 돌아간다.

    5. 각 Key의 음계가 잘 떠오르지 않으면 다음에 나오는 '음정 계산'을 자세히 읽는다.

    6. 모든 Key에서 실습 1~4를 연습했으면 임의로 다른 포지션을 정하여 같은 방법으로 연습한다.

◆ 음정(Interval) 계산

악기 연주자나 작곡가, 편곡가, 프로듀서, 가수 같은 뮤지션에게 음정(Interval)이란 수학의 구구단과 같다. 구구단을 익힐 때도 원리를 먼저 배운다. 사과가 세 개 들어있는 주머니가 세 개 있는 그림을 보고 사과의 수를 세어 9라는 답을 얻는다. 하지만 원리를 이해하고 나면 1단부터 9단까지 묻지도 따지지도 않고 외운다. 8 곱하기 7 하면 저절로 56이 나온다. 계산해서 나오는 것이 아니라 외워서 나오는 것이다. 사과가 여덟 개 들어있는 주머니가 일곱 개 있고 사과를 모두 세어서 56이 나오는 것이 아니다. 8 곱하기 7이 56인 데는 아무런 이유가 없다.

음정 계산도 마찬가지이다. 화성학을 처음 공부할 때는 반음의 수와 임시표를 따져 계산한다. 예들 들어 B의 완전 5도를 찾을 때는 B, C, D, E, F 순으로 B에서 시작하여 5번째 음정을 센다. 그러면 F가 5도이다. 그런데 사이에 두 개의 반음(B, C / E, F)이 있으므로 감 5도이다. 이것을 완전 5도로 만들려면 F에 #을 붙여 음정을 넓혀야 한다. 따라서 B의 완전 5도는 F#이다. 이런 식으로 계산한다. 하지만 나중에는 구구단처럼 B의 완전 5도는 묻고 따질 것도 없이 F#이다. Key가 열두 개이므로 구구단이 아니라 십이십이단(12 곱하기 12)을 익히는 셈이다.

Major Scale은 근음, 장 2도, 장 3도, 완전 4도, 완전 5도, 장 6도, 장 7도의 구성이므로 각 음정을 계산하여 음

계를 도출한다. 주의할 점은 근음에서 온음, 온음, 반음, 온음, 온음, 온음, 반음 순으로 계산하면 안 된다. 이것은 단지 화성학 시험 문제를 푸는 방법일 뿐 실제 연주에는 도움이 되지 않는다. 이것이 머리에서 쉽게 떠오를 때까지 익힌 다음에 Bb, A, Ab Key 순으로 연습을 계속하자.

◈ 십이십이단?

 십이십이단은 필자가 구구단을 빗대어 만든 용어이다. 구구단을 익힐 때도 (1)곱셈의 원리를 이해하고 (2)구구단을 외우듯이 음정을 익힐 때도 (1)음정 계산의 원리를 이해하고 (2)십이십이단을 외운다. 구구단은 무작정 외웠지만 음정은 계산하다 보면 자신도 모르게 외우게 된다. 음악에 쓰이는 음은 모두 열두 개이다. C, D, E, F, G, A, B, C + C#(Db), D#(Eb), F#(Gb), G#(Ab), A#(Bb). D가 근음이면 D를 포함한 열두 개 음은 D(완전 1도), Eb(단 2도), E(장 2도), F(단 3도 또는 #9), F#(장 3도) 순으로 배열된다. 열두 개 음이 모두 근음이 될 수 있으므로 12 곱하기 12의 조합이 만들어진다.

◈ 학습 방법

 구구단은 이일은 이, 이이는 사, 이삼은 육, 이렇게 읊으며 외웠다. 하지만 십이십이단은 이런 식으로 외우지 않는다. 다음에 나오는 〈그림1〉과 같은 표를 만든다. (필자는 엑셀 프로그램을 사용하였다.) 세로줄에는 열두 개 음을 넣는데 C#(Db)과 같은 검은 건반 음은 다른 칸에 적는다. 이러면 세로 칸이 열두 개가 아니라 열일곱 개가 된다. 가로줄에는 음정(Interval)의 종류를 적는다. 이것도 세로줄과 마찬가지로 단 3도, #9th처럼 음정이 같아도 이름이 다르면 다른 칸에 적는다. 이러면 가로 칸도 열두 개가 아니라 열네 개가 된다. 즉 가로 14칸, 세로 17칸의 표가 만들어진다.

◈ 주의할 점

- 〈그림1〉처럼 가로, 세로 모두 순서대로 적지 않고 불규칙하게 나열한다.
- 문제를 풀 때도 위로부터 차례로 풀지 말고 불규칙하게 풀어나간다. 빙고 게임을 하거나 바둑판에 바둑알을 놓 듯이 아무 칸이나 선택하여 문제를 푼다.
- 10행 E열, 즉 Gb의 완전 4도인 경우에 G, A, B, C 순서로 볼 때 Cb이 정답이다.
- 하지만 이런 방식은 화성학 시험 문제를 풀 때나 어울린다.
- 연주자는 굳이 Cb이라고 생각할 필요 없이 B라고 생각하고 연주하면 된다. 따라서 이런 경우에는 Cb / B라고 한 칸에 두 개의 답을 쓴다.

	A	B	C	D	E	F	G	H	I	J	K	L	M	N	O
1		장6도	증2도 (#9)	단7도	완전4도	증4도 (#11)	단2도 (b9)	단6도 (b13)	완전5도	단3도	감5도 (b5)	장2도	증5도 (#5)	장7도	장3도
2	Eb														
3	B														
4	F														
5	Db														
6	E														
7	Ab														
8	D														
9	C														
10	Gb														
11	G														
12	A														
13	Bb														
14	C#														
15	G#														
16	D#														
17	F#														
18	A#														

위의 빈칸을 순서에 상관없이 채운다. 사람에 따라 어려울 수도 있고 쉬울 수도 있다. 구구단처럼 외우려 말라. 또 생각하지 말고 문제를 풀라. 문제를 풀기가 어려우면 반드시 화성학 공부로 음정 계산법을 확실하게 익힌 다음에 표를 채운다.

<그림2>는 <그림1>의 해답이다. 자신이 적은 것과 비교하라.

	A	B	C	D	E	F	G	H	I	J	K	L	M	N	O
1		장6도	증2도 (#9)	단7도	완전4도	증4도 (#11)	단2도 (b9)	단6도 (b13)	완전5도	단3도	감5도 (b5)	장2도	증5도 (#5)	장7도	장3도
2	Eb	C	F#	Db	Ab	A	Fb/E	Cb/B	Bb	Gb	Bbb/A	F	B	D	G
3	B	G#	C##/D	A	E	E#/F	C	G	F#	D	F	C#	F##/G	A#	D#
4	F	D	G#	Eb	Bb	B	Gb	Db	C	Ab	Cb/B	G	C#	E	A
5	Db	Bb	E	Cb/B	Gb	G	Ebb/D	Bbb/A	Ab	Fb/E	Abb/G	Eb	A	C	F
6	E	C#	F##/G	D	A	A#	F	C	B	G	Bb	F#	B#/C	D#	G#
7	Ab	F	B	Gb	Db	D	Bbb/A	Fb/E	Eb	Cb/B	Ebb/D	Bb	E	G	C
8	D	B	E#/F	C	G	G#	Eb	Bb	A	F	Ab	E	A#	C#	F#
9	C	A	D#	Bb	F	F#	Db	Ab	G	Eb	Gb	D	G#	B	E
10	Gb	Eb	A	Fb/E	Cb/B	C	Abb/G	Ebb/D	Db	Bbb/A	Dbb/C	Ab	D	F	Bb
11	G	E	A#	F	C	C#	Ab	Eb	D	Bb	Db	A	D#	F#	B
12	A	F#	B#/C	G	D	D#	Bb	F	E	C	Eb	B	E#/F	G#	C#
13	Bb	G	C#	Ab	Eb	E	Cb/B	Gb	F	Db	Fb/E	C	F#	A	D
14	C#	A#	D##/E	B	F#	F##/G	D	A	G#	E	G	D#	G##/A	B#/C	E#/F
15	G#	E#/F	A##/B	F#	C#	C##/D	A	E	D#	B	D	A#	D##/E	F##/G	B#/C
16	D#	B#/C	E##/F#	C#	G#	G##/A	E	B	A#	F#	A	E#/F	A##/B	C##/D	F##/G
17	F#	D#	G##/A	E	B	B#/C	G	D	C#	A	C	G#	C##/D	E#/F	A#
18	A#	F##/G	B##/C#	G#	D#	D##/E	B	F#	E#/F	C#	E	B#/C	E##/F#	G##/A	C##/D

• 문제를 모두 풀었으면 위 표를 다시 만들어 풀어본다.

• 두 번째는 첫 번째보다 쉬울 것이다. 또 세 번째 네 번째 이렇게 횟수가 더해질수록 더 쉬울 것이다.

• 더블 샵(##)은 오선보에서 X로 표기한다.

5장
리딩(Reading)

Reading은 악보를 읽는 것이다. '악보 읽기'라는 단어 말고는 마땅한 우리말이 없다. 그렇다면 무엇을 읽는가? 음악의 3요소라고 말하는 멜로디, 화성, 리듬을 읽는다.

Reading이 반드시 필요한가? 기타리스트에게 리딩이 필요하지 않다고 말하는 사람도 있을 것이다. 역사에 남은 거장 가운데도 악보를 읽지 못하는 사람이 생각 밖으로 많았다. 천재 기타리스트 지미 헨드릭스도 제대로 된 음악 교육을 받지 못했고 악보를 읽을 줄 몰랐으며 음악 이론에 문외한이었다. 재즈 트럼펫 거장인 마일스 데이비스는 자서전에서 지미 헨드릭스와 만났던 일화를 소개하였다. 지미 헨드릭스가 코드를 전혀 몰라서 함께 연주하려면 어떤 코드에 어떤 형식인지 직접 들려줘야 했다. 하지만 그는 한 번만 듣고도 뛰어난 연주를 하여 마일스 데이비스를 놀라게 했다. 이처럼 악보를 볼 줄 모르거나 음악 이론을 몰라도 훌륭한 음악가가 될 수 있다. 하지만 이들이 음악 교육을 받지 못한 것은 형편이 어려웠기 때문이다. 우리가 본받을 모델이 아니다. 웨스 몽고메리는 공장에서 일하고 집에 돌아와 잠자는 아내와 아이들이 깰까 봐 피크 대신 엄지로 연주했다는데 우리가 이런 것까지 따를 필요는 없다. 우리가 본받을 것은 그의 열정이다. 리딩과 이론 공부는 음악인에게 도움이 되지 결코 손해가 되지 않는다.

Reading이 왜 중요할까? 피아노나 바이올린, 트럼펫처럼 역사가 긴 악기의 교육 과정은 수백 년에 걸쳐 정형화되었다. 헤아릴 수 없이 많은 연주인이 그 효과를 입증하였다. 리딩은 이런 교육의 시작이다. 눈으로 음표와 리듬을 읽으며 파악하고 자신의 악기에서 찾는 과정을 반복하며 해당 악기의 사용법을 자연스럽게 익히게 된다.

Reading을 하지 않으면 어떨까? 한국뿐만 아니라 전 세계 기타리스트는 리딩을 하지 않기로 유명하다. 오죽하면 타브 악보(Tablature Notation)라는 기타 전용 기보법이 생겼겠는가. 필자가 수많은 학생을 가르쳐보니 경력과 상관없이 90% 이상의 학생이 초보적인 수준의 Reading도 연주할 수 없는 상태였다. 리딩을 하지 못한다는 것은 오선보에 표기된 음표와 리듬을 파악하고 그 음을 악기에서 찾는 속도가 느리다는 뜻이다. 국어에 비유하면 글 읽는 속도가 매우 느려서 글을 읽지 못하는 것과 같다.

Reading을 연습하면 단순히 악보를 읽는 능력만 좋아지는 것이 아니라 악기를 더 잘 이해하고 더 잘 연주하게 된다. 또 Ear Training 효과가 있어 청음 능력이 좋아진다. 어릴 때 악기 연주를 시작하여 절대 음감을 지니게 된 사람을 간혹 본다. 이들은 절대 음감을 얻으려고 훈련하지 않았다. 단지 리딩만으로 자신도 모르는 사이에 절대 음감을 얻었다. 리딩을 하지 않는 것은 리딩으로 얻는 실력 향상을 포기하는 것이다.

악보는 음악가가 소통하는 언어이다. 사람들이 글로 의사 표현을 하고 서로의 생각을 이해하는 것처럼 음악가는 악보에 음악을 기록하여 소통하고 함께 연주한다. 리딩을 하지 못하면 이런 음악가 사이의 소통에서 소외된다. 이것은 연주가에게 큰 결격 사유이다.

◆ 기타의 음역대

다음 악보에는 한 옥타브 간격으로 세 개의 C가 있다. 편의상 C1, C2, C3라고 정의하자.

〈그림1〉

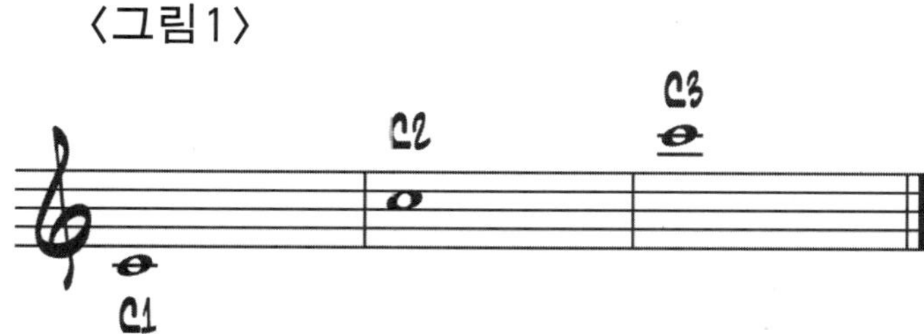

위에 있는 세 개의 C를 기타 지판에서 찾으면 다음과 같다.

〈그림2〉

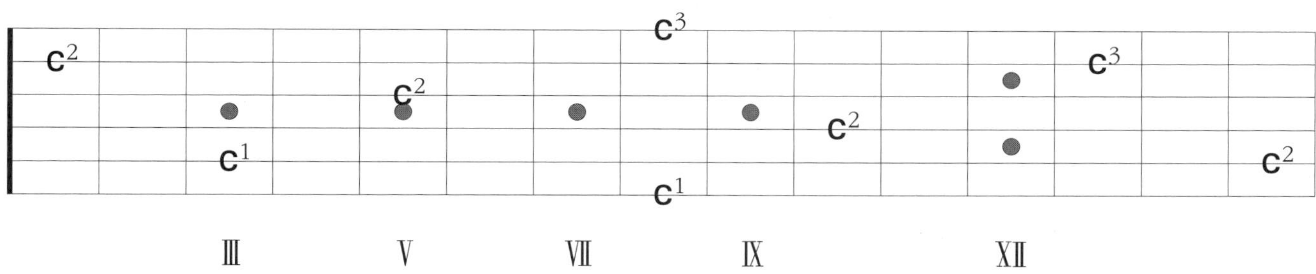

〈그림1〉에 표기된 C1은 피아노에서는 '가온 다'이다. 피아노에 앉았을 때 한가운데에 있는 열쇠 구멍 위에 위치한 C를 뜻한다. 하지만 실제로 피아노에서 가온 다 C를 누르면 기타 지판의 C2 소리가 난다. '도대체 이것이 무슨 말이야!'라고 생각하는 독자가 있을 것이다. 그 이유는 다음과 같다. 기타의 음역은 중저음에 속한다. 기타 지판에 있는 C1을 실제로 소리 나는 대로 악보에 표기하면 다음에 있는 〈그림3〉처럼 아래로 덧줄을 네 개나 그려야 한다. 물론 이것을 낮은음자리표로 표기하면 편하다. 하지만 기타는 비교적 음역이 넓은 악기이므로 C3의 경우에 반대로 덧줄을 위로 여러 개 그려야 한다.

〈그림3〉 실제 소리

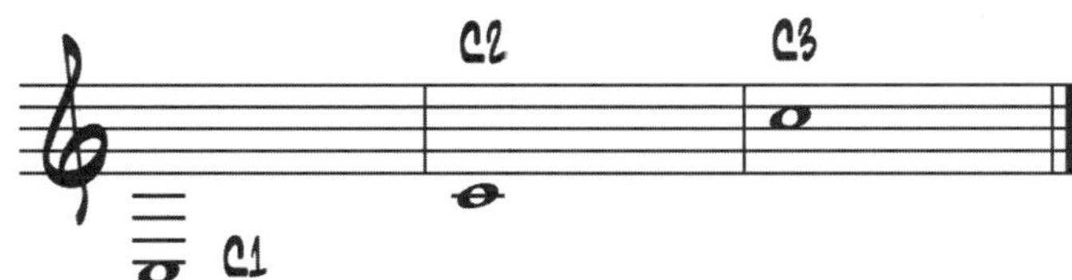

복잡하게 생각하지 말고 〈그림1〉의 음과 〈그림2〉의 다이어그램을 연결하면 간단하다. 일반적으로 사용하는 악보와 기타 악보는 다소 차이가 있으므로

   1. 기타 교재(또는 기타 파트 악보)는 〈그림1〉로 읽어 연주하면 되고

   2. 기타 전용 악보가 아닌 일반적인 악보는 〈그림3〉의 음역이 맞는다고 생각하며 읽으면 된다.

   3. 기타리스트는 악보에 기보된 대로 연주할 수 있어야 하고 옥타브를 올리거나 내려서 연주할 수도 있어야 한

다. 작곡가나 프로듀서처럼 음악을 만드는 사람이 기타리스트에게 기타 전용 악보를 그려 주지도 않고 기타의 음역대가 악보보다 한 옥타브 낮은 것을 감안하여 기타 파트를 만들어 주지도 않는다. 기타리스트는 옥타브를 높이거나 낮추어 연주해달라는 그들의 요구를 따를 능력이 있어야 한다.

이 부분은 Reading의 초급(Level 1) 과정으로 난이도에 따라 1. 1~5음만으로 이루어진 곡, 2. 스케일 전체를 활용한 곡, 3. 임시표가 들어있는 곡으로 나눌 수 있다.

Ⅰ. 1~5음으로 이루어진 곡

앞 장에서 1~5음, 즉 도, 레, 미, 파, 솔이나 C, D, E, F, G의 음을 선택한 포지션 안에서 연주하였다. 이번에는 이 다섯 개 음으로만 이루어진 곡을 연주하자. 이렇게 다섯 개 음으로 구성된 곡을 쉽게 찾을 수 있다. 유치원이나 초등학교 시절에 배웠던 노래 가운데 상당수가 이렇게 다섯 개 음으로 이루어졌다. 이들 곡은 초급 연주에 해당한다. 연주해보고 너무 쉽다고 생각하면 다음 장으로 넘어가라. 메트로놈 박자에 맞춰 실수 없이 깔끔하게 연주한다면 이 곡들을 연습할 필요가 없다. 하지만 가끔이라도 실수를 한다면 실수하지 않을 때까지 연습하자.

〈Mary Had a Little Lamb: Sarah Josepha Hale / John Roulstone 작곡〉

- 위 악보를 연주하자. 악보만 보아도 어떤 곡인지 알 것이다. 한국에서는 비행기라는 이름으로 알려졌다. 지판의 위치는 상관이 없다.
- 위 악보를 임의로 포지션을 정해 연주하자. 필자는 6을 골랐다. 6th 포지션은 5에서 10 프렛까지이다. 6th 포지션에서는 다음 악보처럼 모두 네 곳에서 연주할 수 있다.

〈Mary Had a Little Lamb – 3번 줄 9프렛에서 시작〉

앞 악보의 음을 다이어그램에 표시하면 다음과 같다.

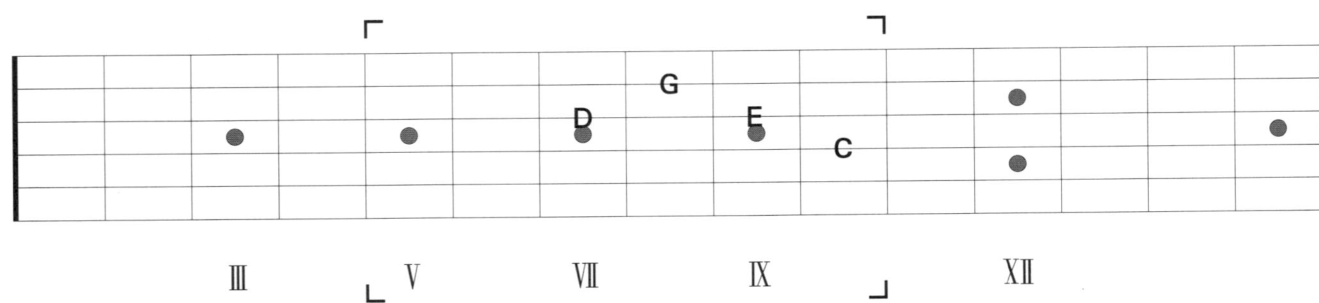

〈Mary Had a Little Lamb - 2번 줄 5프렛에서 시작〉

위 악보의 음을 다이어그램에 표시하면 다음과 같다.

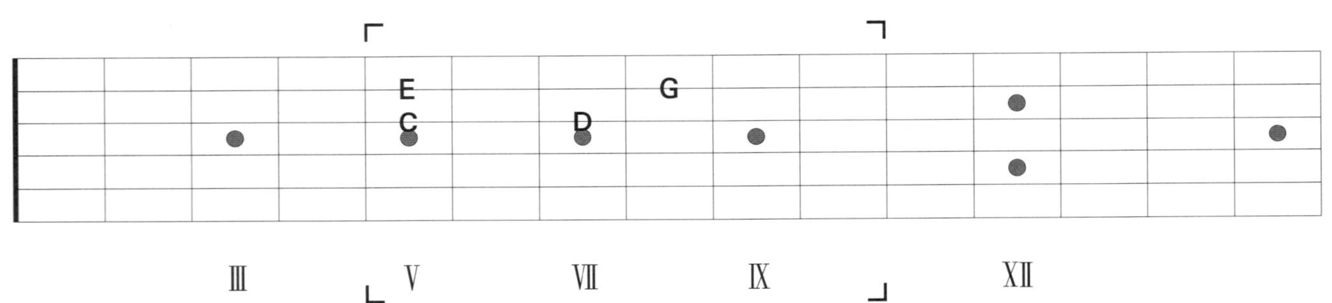

〈Mary Had a Little Lamb - 5번 줄 7프렛에서 시작 1〉

66

<Mary Had a Little Lamb - 5번 줄 7프렛에서 시작 2>

위 악보의 음을 다이어그램에 표시하면 다음과 같다.

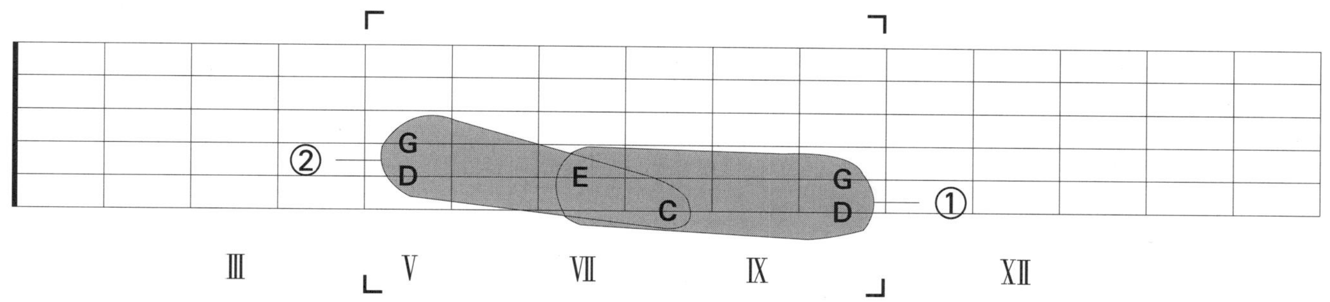

이처럼 하나의 멜로디를 한 포지션 안에서 여러 방법으로 연주할 수 있다.

<Mary Had a Little Lamb in F>

- 위 악보는 같은 곡을 F Key로 조옮김 한 것이다.
- 이번에는 1st 포지션을 선택하여 연주하자. 1st 포지션은 개방현을 포함한다.
- '에이~쥐~에프~쥐~에이~에이~에이~쥐쥐쥐~에이~씨~씨~'라고 음이름을 가사로 삼아 노래하며 연주한다.

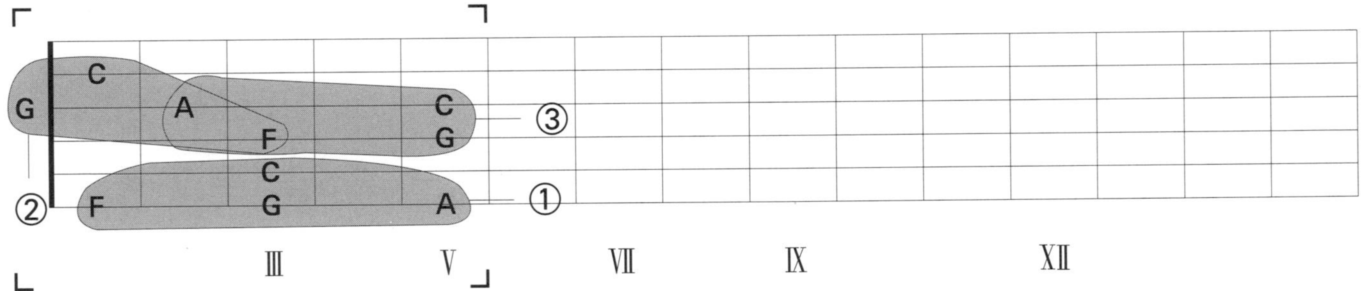

- 위 다이어그램처럼 세 곳에서 연주할 수 있다.
- 다른 포지션을 선택하여 다이어그램에 음이름을 적고 같은 방법으로 연습하자.

〈**나비야**: 독일 민요, 작자 미상〉

다음 두 악보는 모두 독일 민요인 나비야를 Bb Key로 조옮김 한 것이다. Bb Key는 b(플랫)이 두 개 붙는다. 첫 번째 악보는 b을 음표에 직접 임시표로 기보하였고 두 번째 악보는 b을 조표로 왼쪽에 기보하였다. 이러면 음표에 b이 붙어있지 않아도 조표가 붙은 B와 E는 Bb과 Eb으로 연주해야 한다.

〈**나비야 – 음표에 직접 임시표로 기입**〉

〈**나비야 – 조표로 왼쪽에 기입**〉

- 이번에는 임의로 포지션을 정하자. 필자는 8과 10을 골랐다.
- 8th 포지션과 10th 포지션에서 '나비야 in Bb'을 연주하는 경우는 다음과 같다.
- 다음 다이어그램처럼 두 가지 방법으로 연주 할수 있다.
- 반복하여 연습하다 보면 다음 다이어그램을 볼 필요가 없게 된다.

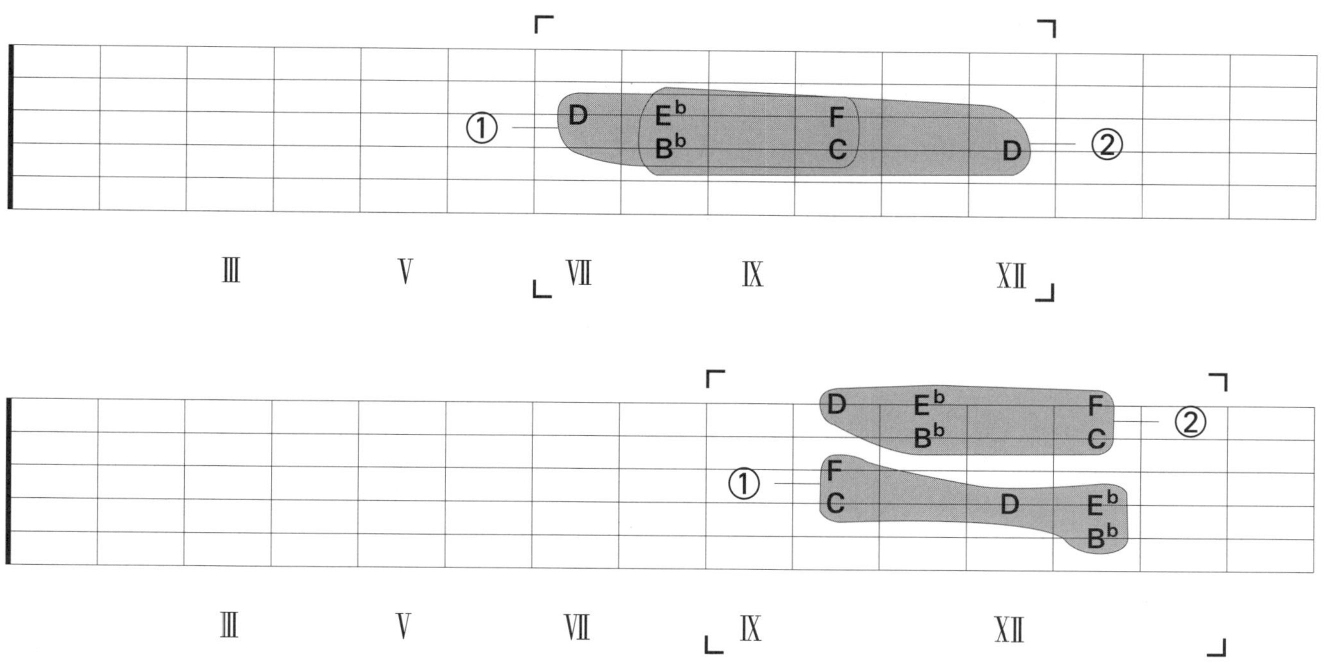

- 이 곡도 '에프~디~디~이플랫~씨~씨~비플랫~씨~디~이플랫~에프~에프~에프~' 하며 음이름을 가사로 삼아 노래하며 연주한다.

• 다른 포지션을 임의로 선택하여 다이어그램에 음이름을 적고 같은 방법으로 연습한다.

Ⅱ. 스케일 전체를 활용한 곡들

〈Go Tell Aunt Rhody: 프랑스 민요, 작자 미상〉

다음 악보는 'Go Tell Aunt Rhody'라는 프랑스 민요를 G Key로 조옮김 한 것이다. 우리나라에서는 주먹 쥐고 손을 펴서라는 이름으로 알려졌다.

• 먼저 포지션을 정하자. 필자는 2를 골랐다. 2nd 포지션 안에서 연주할 때 필요한 음의 위치는 다음과 같다.

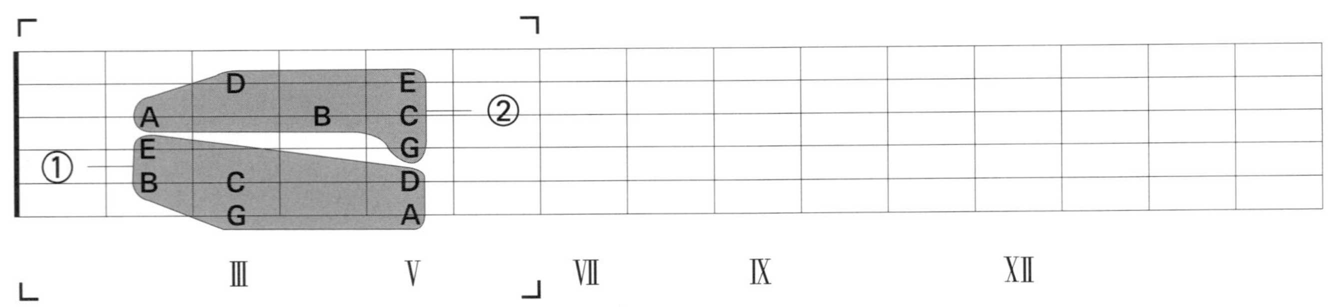

• 위 다이어그램처럼 두 개의 다른 옥타브로 연주할 수 있다.
• 이 곡도 '비~비~에이~쥐~쥐~에이~에이~비~에이~쥐' 하며 음이름을 가사로 삼아 노래하며 연주한다.
• 다른 포지션을 선택하여 마찬가지로 다이어그램에 음이름을 적고 연습한다.

〈London Bridge: 영국 민요, 작자 미상〉

다음 악보는 London Bridge라는 영국 민요를 D Key로 조옮김 한 것이다.

- 먼저 포지션을 정하자. 필자는 9를 골랐다.
- 9th 포지션 안에서 이 곡을 연주할 때 필요한 음의 위치는 다음과 같다.

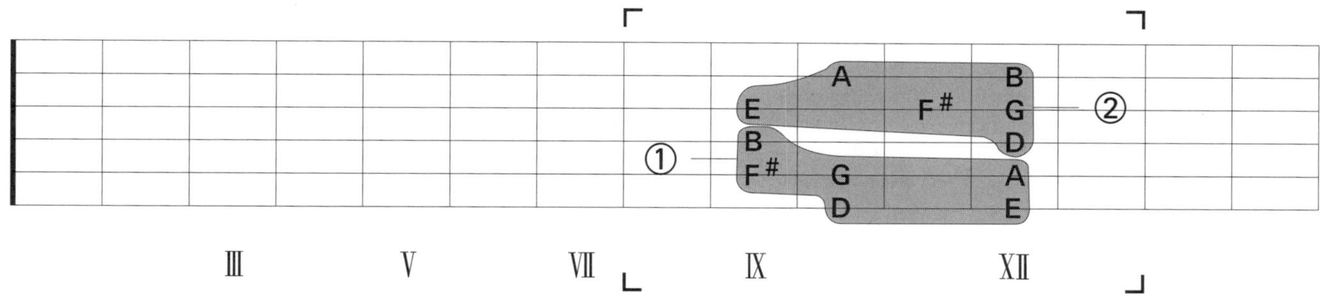

- 이 곡도 '에이~비~에이~쥐~에프샵~쥐~에이~' 하며 음이름을 가사로 삼아 노래하며 연주한다.
- 다른 포지션을 선택하여 같은 방법으로 연습한다.

〈Twinkle Twinkle Little Star: 모짜르트〉

다음 악보는 Twinkle Twinkle Little Star(반짝반짝 작은 별)를 Bb Key로 조옮김 한 것이다.

- 먼저 포지션을 정하자. 이번에는 3을 골랐다.
- 3rd 포지션 안에서 이 곡을 연주할 때 필요한 음의 위치는 다음과 같다.

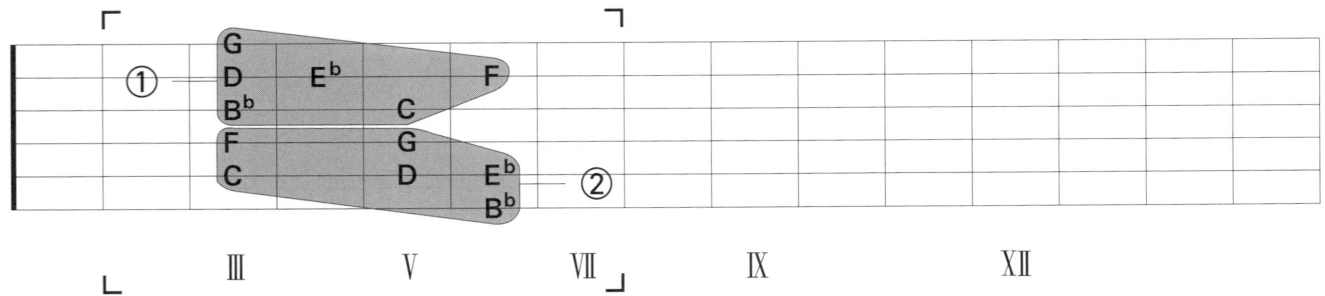

• 음이름을 가사로 삼아 노래하며 연주한다. 다른 포지션을 선택하여 같은 방법으로 연습한다.

〈징글벨: James Lord Pierpont 작곡〉

다음 악보는 징글벨을 A Key로 조옮김 한 것이다.

• 먼저 포지션을 정하자. 5를 골랐다. 5th 포지션 안에서 이 곡을 연주할 때 필요한 음의 위치는 다음과 같다.

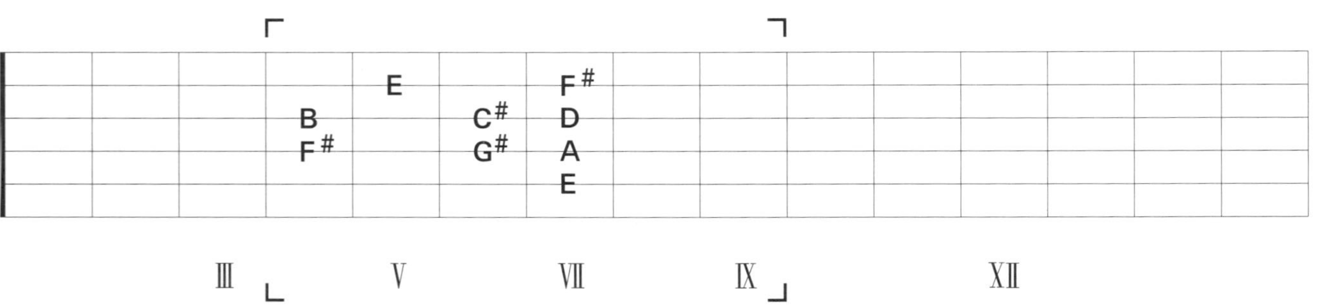

• 음이름을 가사로 삼아 노래하며 연주한다.
• 다른 포지션을 선택하여 같은 방법으로 연습한다.

〈Alle Vögel Sind Schön Da: 독일 민요, 작자 미상〉

다음 악보는 Alle Vögel Sind Schön Da라는 독일 민요를 Eb Key로 조옮김 한 것이다. 우리나라에서는 봄바람이라는 이름으로 알려졌다.

• 먼저 포지션을 정하자. 7를 골랐다.
• 7th 포지션 안에서 이 곡을 연주할 때 필요한 음의 위치는 다음과 같다.

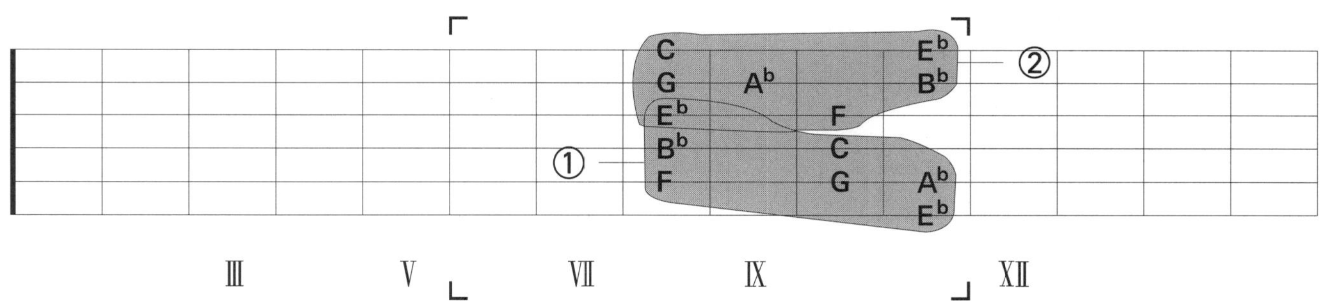

• 음이름을 가사로 삼아 노래하며 연주한다.
• 다른 포지션을 선택하여 같은 방법으로 연습한다.

〈Long Long Ago: Thomas Haynes Bayly 작곡〉

다음 악보는 Long Long Ago를 E Key로 조옮김 한 것이다.

- 먼저 포지션을 정하자. 이번에는 10을 골랐다.

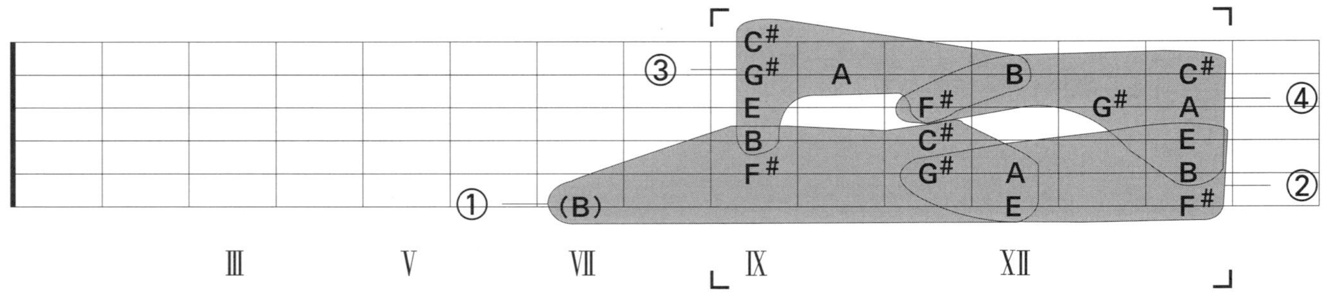

- 음이름을 가사로 삼아 노래하며 연주한다.
- 다른 포지션을 선택하여 같은 방법으로 연습한다.

〈**합창교향곡**: 베토벤 작곡〉

다음 악보는 베토벤의 합창교향곡 일부를 Ab Key로 조옮김 한 것이다.

• 먼저 포지션을 정하자. 이번에는 1을 골랐다.

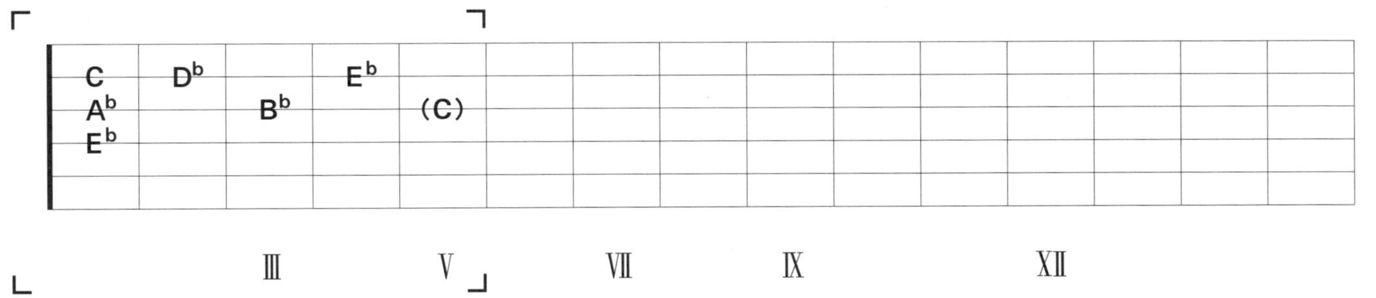

• 위와 같이 연주할 수 있다.
• 3번 줄 5프렛의 C를 연주해도 괜찮다.
• 음이름을 가사로 삼아 노래하며 연주한다.
• 다른 포지션을 선택하여 같은 방법으로 연습한다.

〈에델바이스: Richard Rodgers 작곡〉

다음 악보는 에델바이스를 B Key로 조옮김 한 것이다.

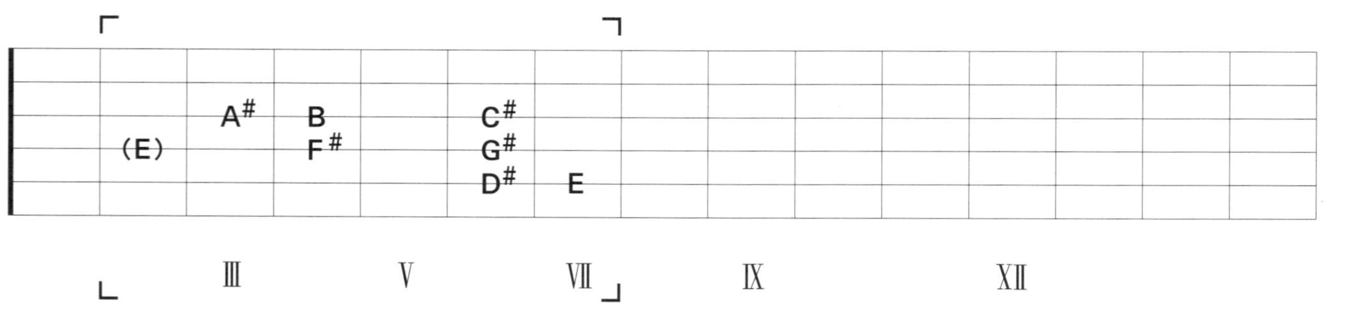

- 먼저 포지션을 정하자. 이번에는 3을 골랐다.

- 위 다이어그램에 있는 음을 사용하여 연주한다.
- 4번 줄 2프렛의 E를 연주해도 괜찮다.
- 음이름을 가사로 하여 노래하며 연주한다.
- 다른 포지션을 선택하여 같은 방법으로 연습한다.

다음 악보는 J. S. Bach의 Minuet 일부를 Eb Key로 조옮김 한 것이다.

- 먼저 포지션을 정하자. 필자는 7을 골랐다.

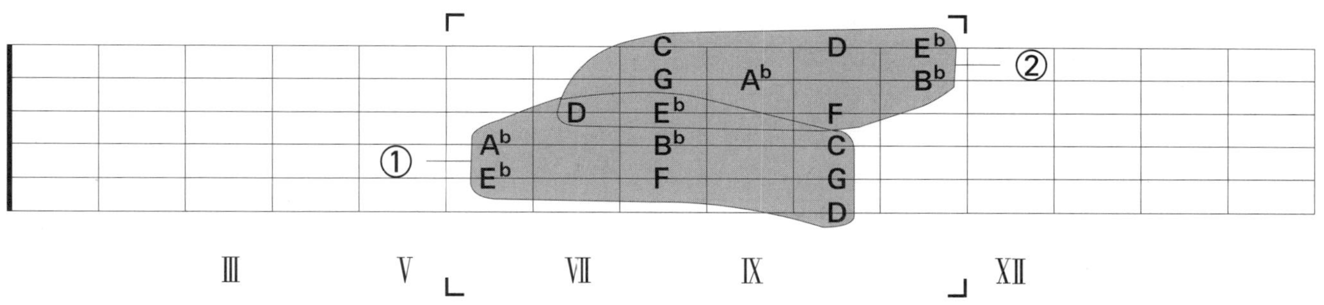

- 위와 같이 두 곳에서 연주할 수 있다.
- 음이름을 가사로 삼아 노래하며 연주한다.
- 다른 포지션을 선택하여 같은 방법으로 연습한다.

다음 악보는 '티파니에서 아침을'이란 영화의 테마 음악으로 잘 알려진 Moon River를 E Key로 조옮김 한 것이다.

- 먼저 포지션을 정하자. 필자는 2를 골랐다.
- 다음 다이어그램처럼 두 가지 방법으로 연주할 수 있다.
- 이때 2nd 포지션 안에 낮은 E가 없으므로 6번 줄 개방현 E를 사용한다.
- 5번 줄 개방현 A를 사용해도 괜찮다.

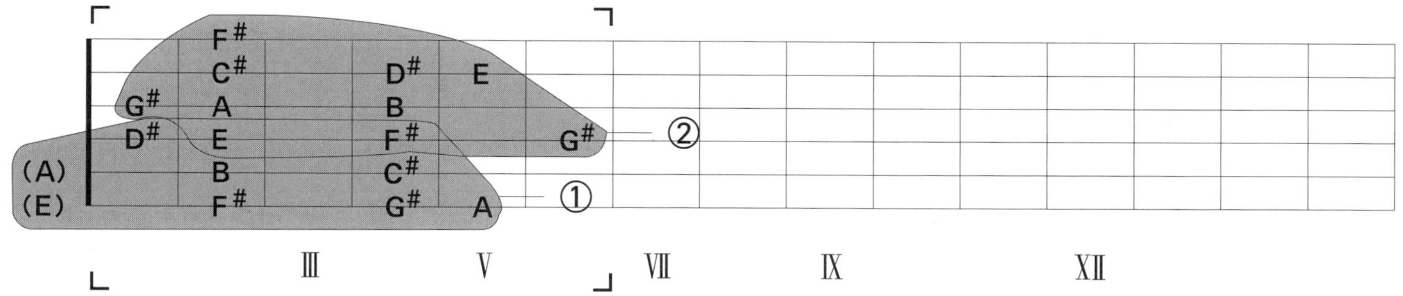

- 음이름을 가사로 삼아 노래하며 연주한다.
- 다른 포지션을 선택하여 같은 방법으로 연습한다.

〈Santa Claus is Coming to Town: John Frederick Coots 작곡〉

다음 악보는 Santa Claus is Coming to Town을 Bb Key로 조옮김 한 것이다.

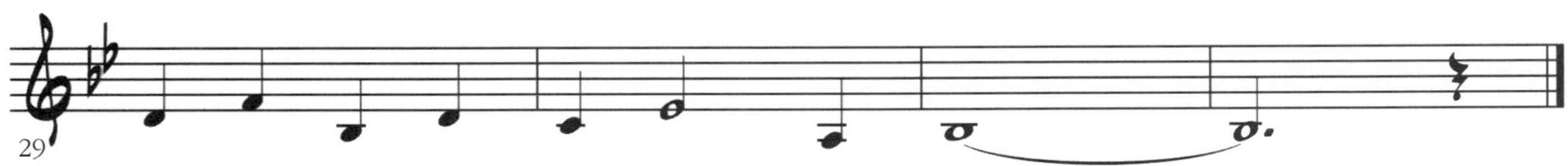

・먼저 포지션을 정하자. 필자는 8을 골랐다.

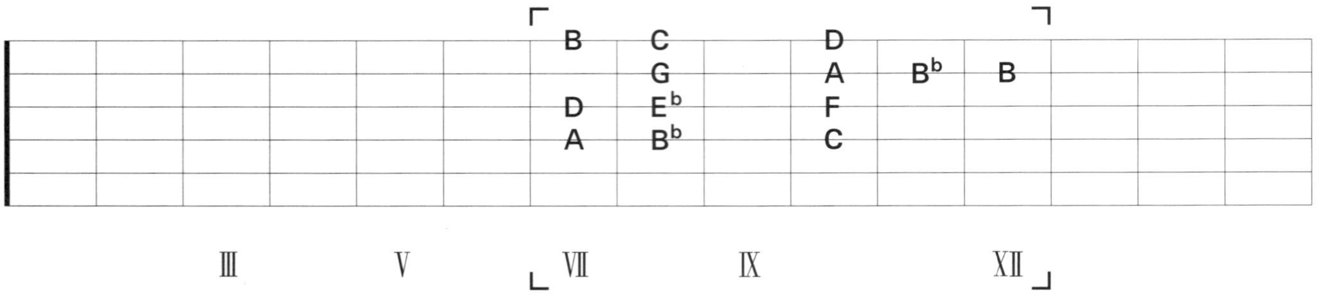

・8th 포지션에서는 위와 같이 연주할 수 있다.

・처음으로 임시표가 한 개 나오지만 그리 어려운 수준이 아니다.

・음이름을 가사로 삼아 노래하며 연주한다.

・다른 포지션을 선택하여 같은 방법으로 연습한다.

6장
코드(Chords)

코드란?

코드란 용어는 음악을 하지 않는 사람도 익숙할 정도로 널리 알려졌다. 그렇다면 코드가 정확히 무엇일까? 코드란 세 개 이상의 음이 동시에 울리는 것이다. 록(Rock) 음악에서 자주 쓰이는 파워 코드(Power Chord)는 엄밀히 말하면 코드가 아니다. 두 개의 음으로 구성되었기 때문이다.

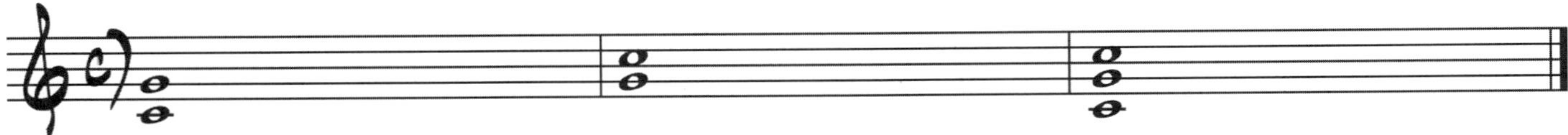

위 악보는 C 파워 코드를 악보에 기보한 것으로 이렇게 세 가지 방법으로 연주할 수 있다. 이것은 근음인 C와 완전 5도인 G라는 두 개의 음으로 이루어진 음정이다. 왼쪽은 C이고, 중간은 G를 한 옥타브 올려서 순서를 바꾼 것이고, 오른쪽은 근음인 C를 한 번 더 올린 것으로 음이 세 개이지만 두 개의 음으로 이루어진 음정이다. 엄밀히 따지면 이것을 코드라고 할 수 없다. 하지만 '코드다, 아니다.'를 놓고 따질 필요가 없다. 현대 대중음악에 유용하게 쓰는 코드이므로 잘 쓰면 그만이다. 이제 다음 악보를 살펴보자. 이것이 코드일까, 아닐까?

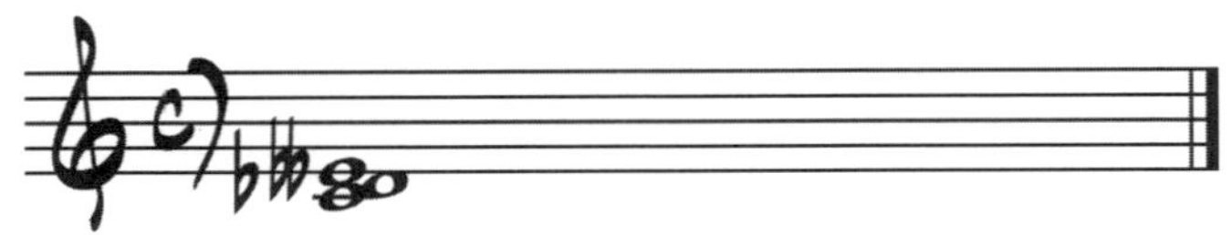

위 악보에는 C와 Db, Ebb(D), 이렇게 세 개의 음이 있다. 즉 C에서 단 2도씩 두 개의 음을 쌓은 것이다. 피아노에서 이 세 음을 한꺼번에 누르면 아주 지저분한 소리가 나는 것을 알 수 있을 것이다. 세 개의 음이 동시에 울리므로 이것도 코드라고 할 수 있지만, 이것은 공포 영화 효과음 같은 특수한 경우가 아니면 거의 쓰이지 않는다. 사람의 귀는 3도 간격으로 쌓은 코드를 들었을 때 편안함을 느낀다. 다음 악보는 C 메이저 코드와 C 마이너 코드를 그린 것인데 이 두 코드는 모두 완전 5도를 장 3도와 단 3도로 나눈다.

(참고) 코드를 표기하는 방법은 작곡가나 편곡가, 출판사마다 조금씩 다르다. 예를 들어 C 마이너 코드의 경우에 Cm, CMI, Cmi, C- 등으로 표기할 수 있다. 필자는 New Real Book에서 사용하는 코드 표기법을 선호하는데 마이너 코드의 경우 대문자 MI를 사용하지만 위 악보처럼 C보다 MI의 크기가 작아야 한다. 따라서 악보에는 MI, 본문에는 mi라고 표기하겠다.

기타 지판에서 완전 5도(C에서 G까지)는 다음 다이어그램처럼 7프렛 거리이다. 7은 홀수이므로 정확히 반으로 나눌 수 없다.

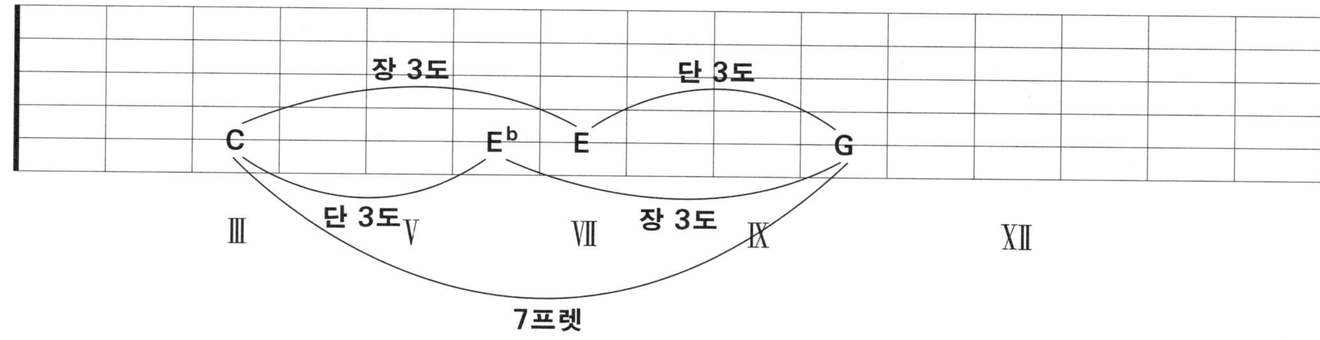

따라서 C – E – G 와 C – Eb – G로 나누면 균형감 있게 이등분이 된다. C – E – G는 밝은 느낌의 색깔을 내므로 C 메이저 코드라 하고, C – Eb – G는 어두운 느낌의 색깔을 내므로 C 마이너 코드라 한다. 코드는 세 개 음으로 구성되어 3화음, 즉 트라이어드(Triad)라고 하며 악보에 C와 Cmi로 표기한다. 우리 귀에는 이 두 코드가 가장 쉽고 편안하게 들린다. 세 개의 음으로 구성된 화음, 즉 3화음을 부를 때 우리는 코드(Chord)라는 용어를 흔히 사용하지만 미국이나 유럽은 트라이어드(Triad)라는 말을 사용한다. 이 책의 코드 연습도 메이저, 마이너 트라이어드로 시작하겠다.

◈ 중간 TEST

코드를 본격적으로 다루기 전에 반드시 짚어야 할 것이 있다. 설명에 앞서 다음 문제를 풀자.

〈문제1〉 다음 악보에 주어진 메이저 트라이어드의 구성음을 그려라.

〈문제2〉 다음 악보에 주어진 마이너 트라이어드의 구성음을 그려라.

〈문제3〉 다음 악보에 주어진 Augmented, Diminished 트라이어드의 구성음을 그려라.

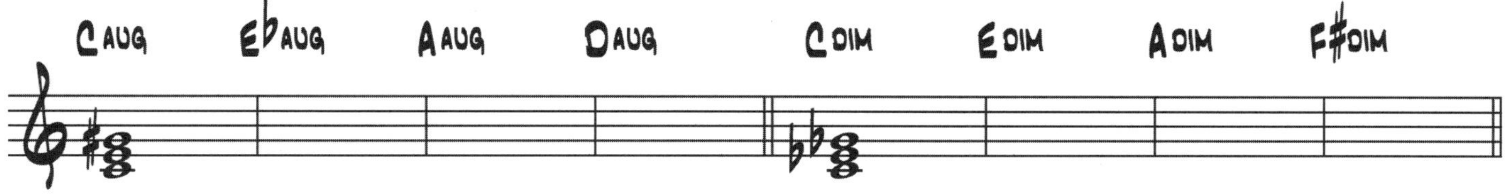

〈문제4〉 다음 악보에 주어진 sus4, sus2 트라이어드의 구성음을 그려라.

〈정답〉 앞 문제의 정답이다. 자신이 푼 것과 비교하자.

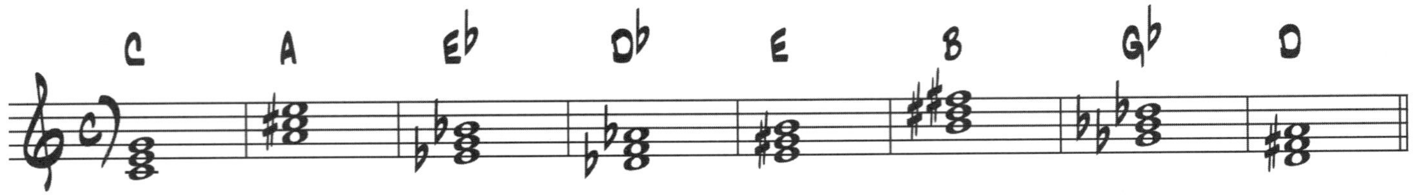

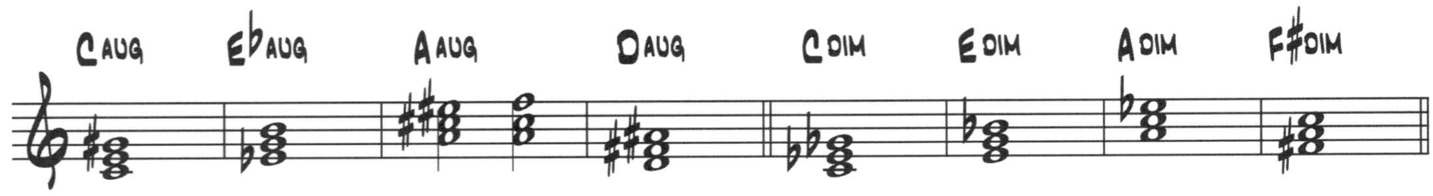

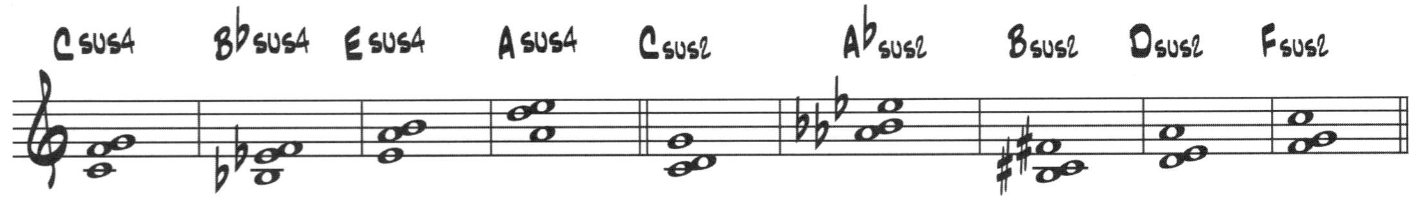

만약 문제에 나온 여러 코드(메이저, 마이너, Augmented, Diminished, sus4, sus2)가 무엇을 뜻하는지 모르거나 이 코드의 구성음이 쌓이는 원리를 이해하지 못하면 필자가 운영하는 네이버 '재즈기타 연구소' 카페 강좌 게시판에 있는 글을 읽고 원리를 이해한 다음에 다시 문제를 풀어라.

② 메이저 트라이어드(장 3화음)-Close Voicing

- 3화음(Triad)은 세 개의 음으로 이루어져 있다.
- 다음 악보처럼 세 개의 음을 순서를 바꿔 사용할 수 있다.
- 메이저 트라이어드는 근음에서 장 3도, 단 3도 순으로 쌓은 코드이다.

- 맨 왼쪽 기본 위치(Root Position)는 C 코드를 순서대로 쌓은 것이다.
- 두 번째는 맨 아래에 있는 C를 한 옥타브 올려 순서를 바꾼 것으로 첫째 자리바꿈(1st Inversion)이라 한다.
- 세 번째는 아래에 있는 E를 한 옥타브 올려 순서를 바꾼 것으로 둘째 자리바꿈(2nd Inversion)이라 한다.
- 코드를 연주할 때 필요한 세 개의 음, 즉 C와 E, G를 다이어그램에 표기하면 다음과 같다.
- 자리바꿈(Inversion)을 하는 것은 세 가지 다른 배열이 서로 다른 느낌을 만들기 때문이다. 세 가지 자리바꿈을 자유롭게 연주할 수 있어야 한다.

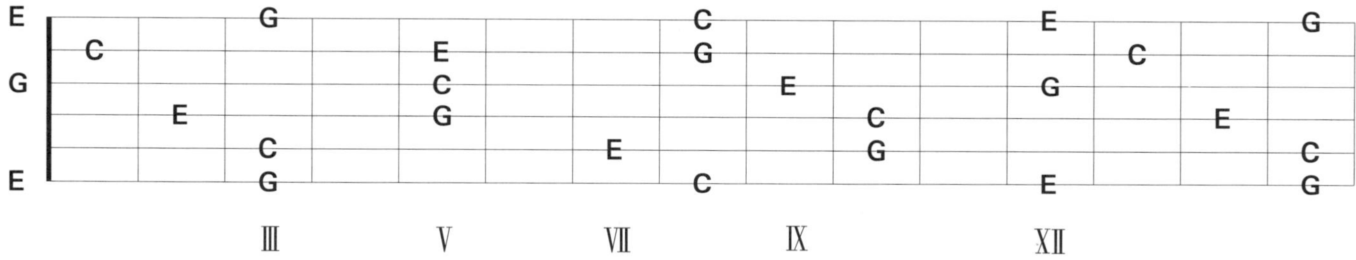

- 기본 위치(Root Position)만 묶으면 다음과 같다. C-E-G 순으로 쌓은 코드이다.

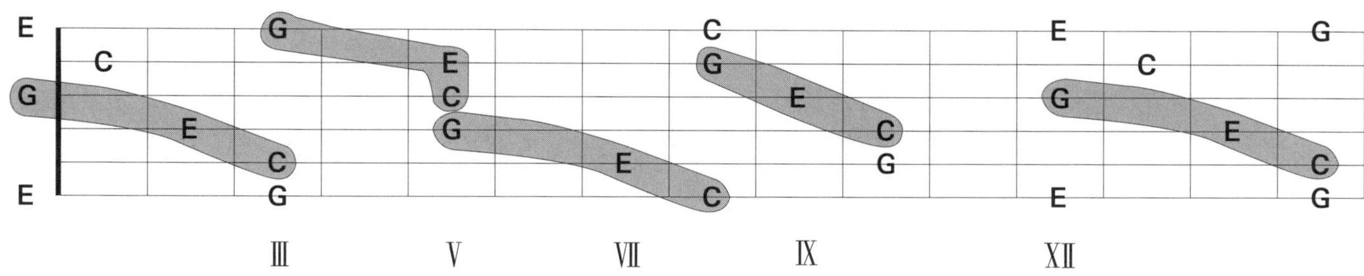

• 첫째 자리바꿈(1st Inversion)인 E-G-C 순으로 묶으면 다음과 같다.

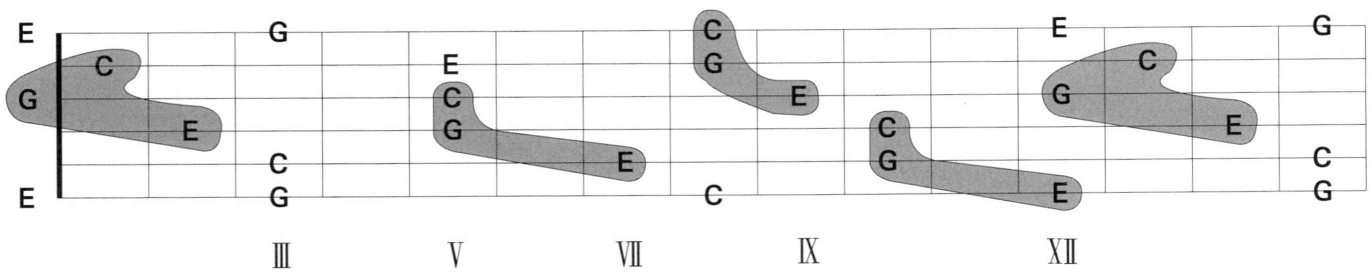

• 둘째 자리바꿈(2nd Inversion)인 G-C-E 순으로 묶으면 다음과 같다.

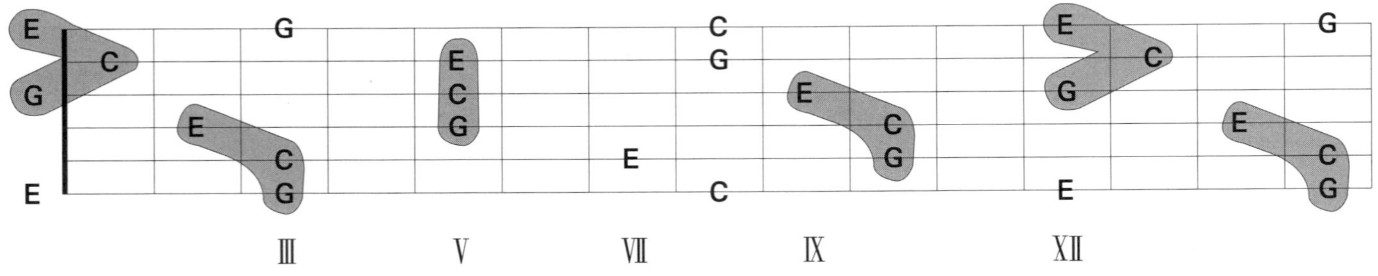

시간이 걸려도 이 세 가지 자리바꿈을 모두 연주하자. 개방현에서 15프렛 사이에 모두 16곳에서 C 코드를 연주할 수 있다. 이러면 여러 가지 의문 사항이 생길 것이다. 왜 이렇게 많은가? 이 가운데 어느 것을 선택해야 하나? 모두 외워야 하는가? 하는 의문이 생긴다.

그렇다면 모두 찾아서 외워야 하는가? 절대로 그렇지 않다. 필요할 때만 찾으면 된다. 이제 찾는 방법을 살펴보자. 세 가지 방법이 있다.

1. 근음을 선택: 열두 개 음이 모두 근음이 될 수 있으므로 그 가운데 하나를 선택한다.
2. 줄을 선택: Close Voicing(한 옥타브 안의 보이싱)은 세 개의 음으로 이루어지므로 인접한 줄이 세 개만 있으면 된다. 다음 네 가지 가운데 하나를 선택한다.
   • 1-2-3 번 줄
   • 2-3-4 번 줄
   • 3-4-5 번 줄
   • 4-5-6 번 줄
3. 자리바꿈 선택: 다음 세 가지 자리바꿈 가운데 하나를 선택한다.
   • 기본 위치(Root Position)
   • 첫째 자리바꿈(1st Inversion)
   • 둘째 자리바꿈(2nd Inversion)

필자는 엑셀 프로그램에 이 세 가지 변수를 불규칙하게 나열하여 다양한 조합을 만드는 방법을 즐겨 사용한다. 다음에 나오는 표에서 A 행과 D 행은 열두 개의 근음을, B 행과 E 행은 줄 번호를, C 행과 F 행은 세 가지 자리바꿈을 불규칙하게 나열한 것이다.

	A	B	C	D	E	F
1	Gb	4~6	2nd	E	2~4	2nd
2	C	2~4	1st	Bb	1~3	Root
3	Ab	3~5	Root	Db	3~5	1st
4	Eb	2~4	1st	A	3~5	2nd
5	B	1~3	2nd	C	1~3	Root
6	Db	4~6	Root	D	2~4	1st
7	E	3~5	2nd	Eb	3~5	2nd
8	F	1~3	1st	Gb	1~3	Root
9	A	1~3	Root	F	2~4	1st
10	G	3~5	Root	B	3~5	2nd
11	Bb	4~6	2nd	G	2~4	1st
12	D	2~4	1st	Ab	1~3	Root

맨 위 왼쪽을 보자. Gb 메이저 트라이어드의 둘째 자리바꿈을 4~6번 줄에서 찾으라는 뜻이다. Gb 메이저 트라이어드의 구성음을 모르면 기타 지판에서 Gb을 먼저 찾고 오른쪽으로 4칸 가면 장 3도가 되고, 이곳에서 다시 오른쪽으로 3칸 가면 완전 5도가 된다. 따라서 Gb 메이저 트라이어드의 구성음은 Gb와 Bb, Db이다. 이들은 1도, 3도, 5도 순이다.

둘째 자리바꿈은 아래에서 5도, 1도, 3도 순이다. 4~6번 줄 가운데 가장 낮은 음인 6번 줄에서 5도 음을 찾고 5번 줄에서 1도 음을 찾고 4번 줄에서 3도 음을 찾는다. 위 예제 가운데 몇 개를 함께 찾자.

◆ 첫 번째 열 Gb 메이저 트라이어드, 4~6번 줄, 둘째 자리바꿈(2nd Inversion) 연습

1. 먼저 Gb 메이저 트라이어드의 구성음을 구한다. 바로 계산이 되면 좋지만 그렇지 않으면 다음 방법을 사용할 수 있다. 기타 지판에서 장 3도가 4칸, 단 3도가 3칸이라는 것을 활용한다.

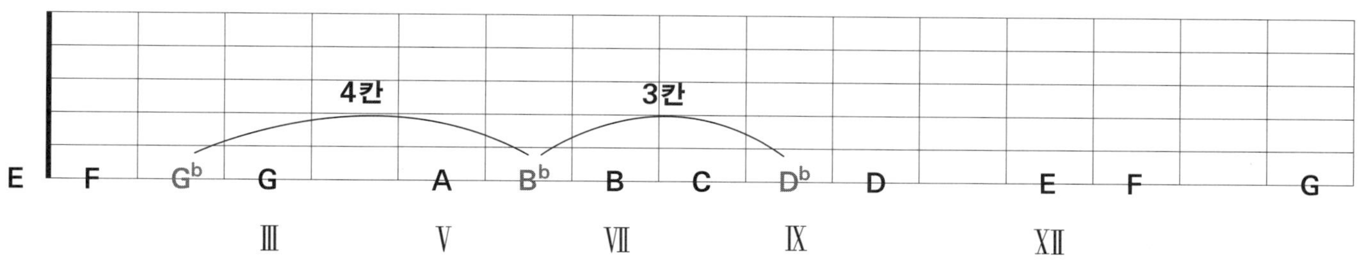

피아노 건반을 생각하면 Gb은 F보다 반음 위에 있다. 따라서 F의 다음 칸이 Gb이다. Gb에서 4칸 위가 장 3도인데, A#과 Bb은 이름만 다를 뿐 같은 음이다. Bb이라고 하는 것은 음계의 순서(C, D, E, F, G, A, B, C)로 볼 때 G에서 세 번째 음이 B이기 때문이다. 다시 강조하지만 이전에 외운 것을 떠올려서 찾으려 말고 찾은 것을 외우지도 말라. 반복해서 찾으면 외우기 싫어도 저절로 외워져 자신도 모르게 손가락이 움직인다.

2. 이제 세 개의 음(Gb, Bb, Db)을 지판에서 찾으면 된다. 다이어그램 용지를 꺼내 4~6번 줄에 이 세 음을 표시하자. 둘째 자리바꿈은 5-1-3 순이므로 Db-Gb-Bb으로 쌓은 것을 찾으면 된다. 다음 다이어그램처럼 가운데 있는 것이 우리가 찾는 Gb 메이저 트라이어드의 둘째 자리바꿈이다.

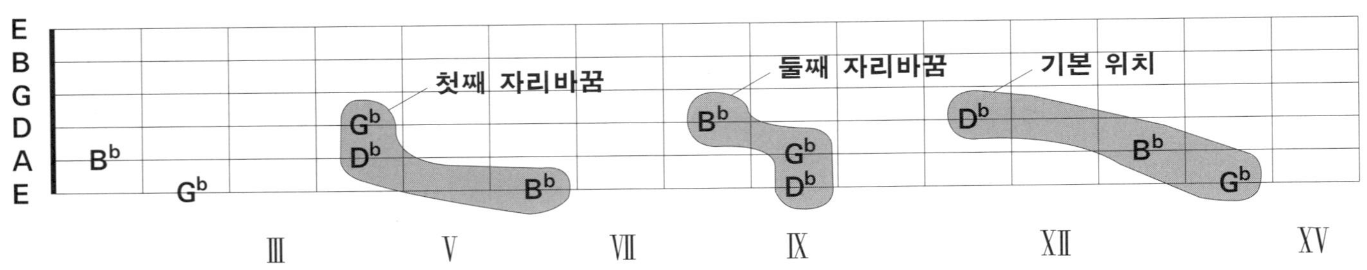

이것을 악보에 표기하면 다음과 같다. 또 나머지 두 개의 자리바꿈도 연주하자.

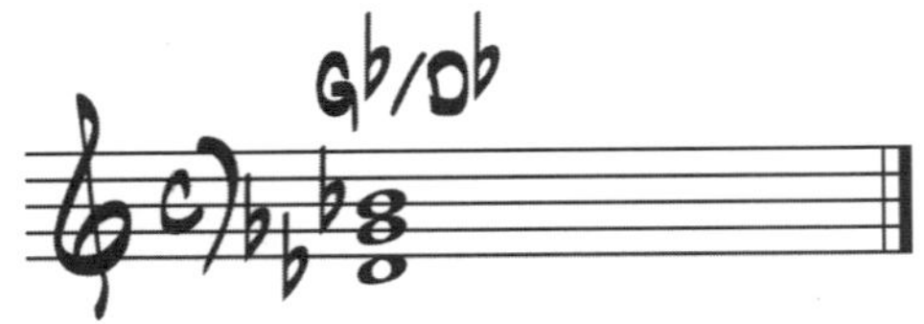

앞에서 찾은 세 가지 자리바꿈을 다음 악보처럼 연습하자. 여유 있는 박자로 메트로놈을 설정하고 박자에 맞춰 연습하자. 절대로 이 위치를 외우려고 하면 안 된다. 억지로 암기하면 스트레스만 받는다. 쉽게 연주가 될 때까지 반복하고 잊어버리는 것이 가장 좋다.

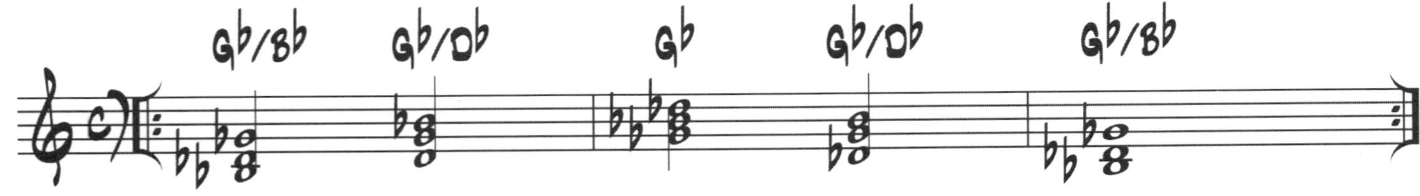

슬래쉬 코드(/ 표시)가 생소한 독자가 있을 것이다. 이것은 세 가지 자리바꿈을 코드로 표기한 것이다. 슬래쉬 뒤에 있는 음이 베이스, 즉 가장 낮은 음이다.

Gb 메이저 코드의 1음은 Gb, 3음은 Bb, 5음은 Db이다. 기본 위치(Root Position)는 1, 3, 5 순이므로 가장 낮은 음이 근음인 Gb이라 따로 슬래쉬를 그리지 않는다. 첫째 자리바꿈(1st Inversion)은 3, 5, 1 순이므로 3음이 가장 낮은 음이다. 따라서 3음인 Bb을 슬래쉬 뒤에 넣어 Gb/Bb으로 표기한다. 둘째 자리바꿈(2nd Inversion)은 5, 1, 3 순이므로 5음이 가장 낮은 음이다. 따라서 5음인 Db을 슬래쉬 뒤에 넣어 Gb/Db으로 표기한다.

◆ 근음의 위치를 파악하자.

메이저 트라이어드의 자리바꿈을 충분히 연습하면 지판 위의 음정 배열을 도형처럼 형상화하여 기억하게 된다.
이러면 다음 그림처럼 근음(Root)의 위치만 찾으면 트라이어드를 쉽게 연주할 수 있다.

	기본 위치	첫째 자리바꿈	둘째 자리바꿈
고음현	5	ⓡ	3
	3	5	ⓡ
저음현	ⓡ	3	5

예를 들어 Ab 메이저 트라이어드를 1~3번 줄에서 연주하는 경우에 구성음은 Ab(근음), C(3음), Eb(5음)이다.
계산이 어려우면 다이어그램을 이용하여 찾을 수 있다.

    1. 기본 위치(Root Position)는 근음인 Ab이 가장 낮은 줄인 3번 줄에 위치한다.

    2. 첫째 자리바꿈(1st Inversion)은 근음인 Ab이 가장 높은 줄인 1번 줄에 위치한다.

    3. 둘째 자리바꿈(2nd Inversion)은 근음인 Ab이 중간 줄인 2번 줄에 위치한다.

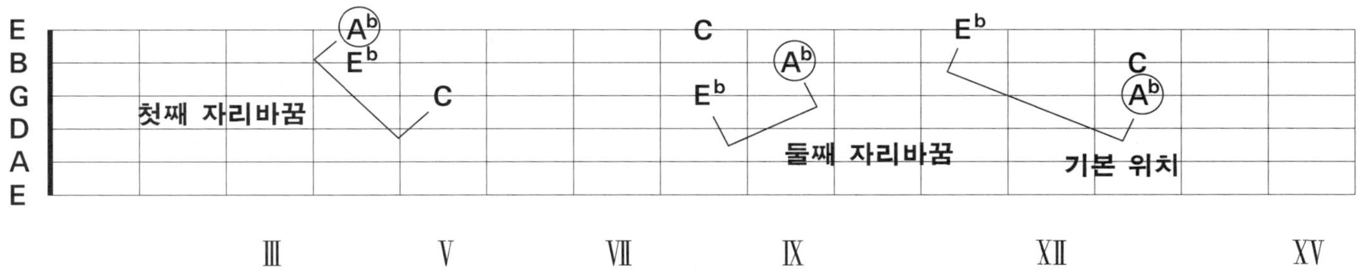

◆ 두 번째 열 C 메이저 트라이어드, 2~4번 줄, 첫째 자리바꿈(1st Inversion) 연습

1. C 메이저 트라이어드의 구성음은 C, E, G이다.

2. 첫째 자리바꿈(1st Inversion)은 3, 5, 1 순이므로 E, G, C 순이다.

3. 다음 다이어그램처럼 세 음을 2~4번 줄에 표시한다.

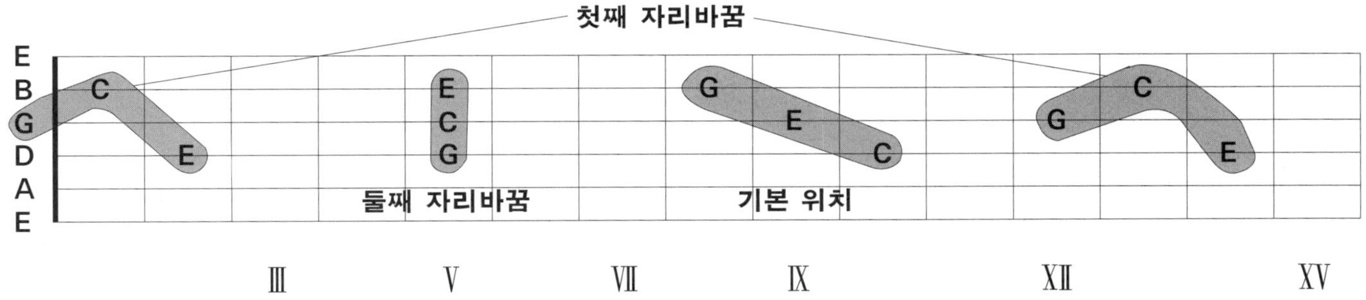

4. 위와 같이 첫째 자리바꿈(1st Inversion)은 두 가지 다른 옥타브로 연주할 수 있다.

5. 둘째 자리바꿈(2nd Inversion)과 기본 위치(Root Position)도 연주한다.

6. 메트로놈을 틀고 다음 악보처럼 연습하자. 절대로 암기하지 말고 실수 없이 연주할 때까지 반복한다.

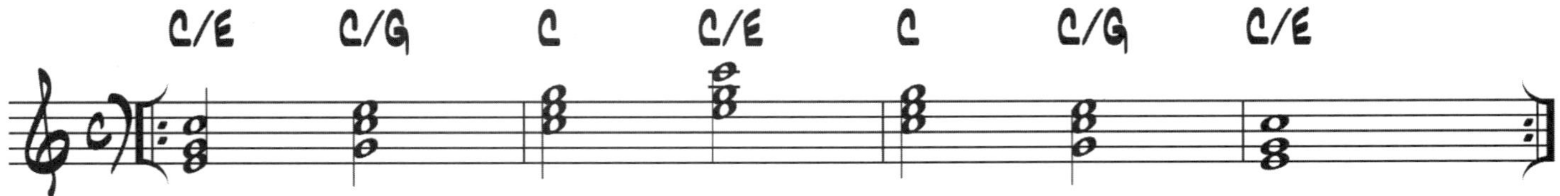

◆ 세 번째 열 Ab 메이저 트라이어드, 3~5번 줄, 기본 위치(Root Position) 연습

1. 먼저 Ab 메이저 트라이어드의 구성음을 찾자. 바로 계산이 되면 좋지만 그렇지 않으면 다음 방법으로 찾자. 3번 줄의 개방현이 G이므로 Ab이 1프렛이다. 3번 줄에서 흰 건반(White Keys)에 해당하는 음을 표기하면 다음과 같다. Ab에서 4칸 위가 장 3도인 C이고, C에서 3칸 위가 단 3도인 Eb이다.

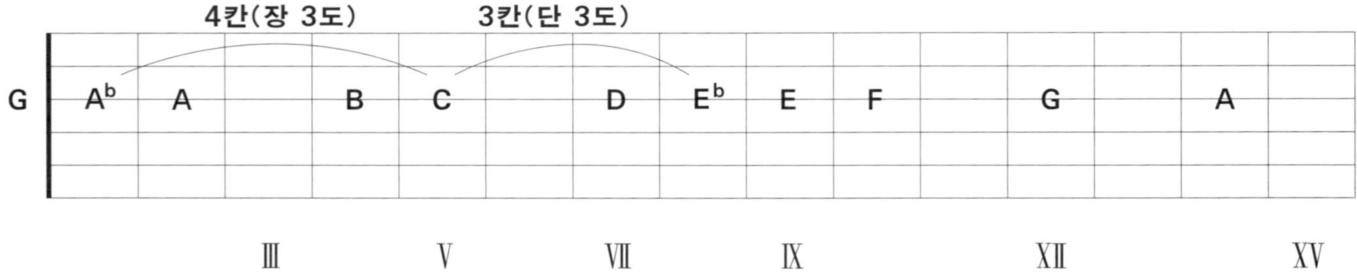

2. 이제 찾아야 하는 세 개 음을 알았다. 기본 위치(Root Position)이므로 저음현부터 Ab-C-Eb 순으로 찾는다. 먼저 다이어그램에 3~5번 줄의 흰 건반(White Keys) 음을 표기하자. 또 Ab, C, Eb을 찾아 묶으면 다음과 같다.

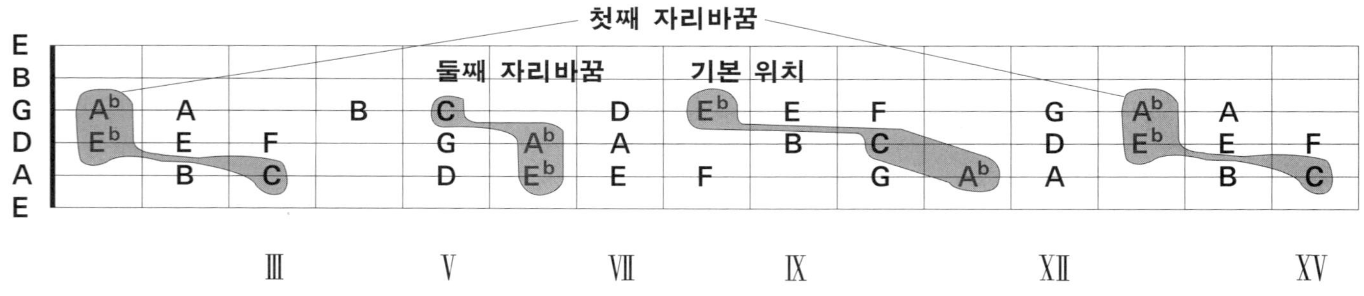

3. 첫째 자리바꿈(1st Inversion)과 둘째 자리바꿈(2nd Inversion)도 연습하자.

4. 메트로놈을 틀고 다음 악보처럼 찾은 음을 차례차례 연주하자. 절대로 암기하지 말고 실수 없이 연주할 때까지 반복한다.

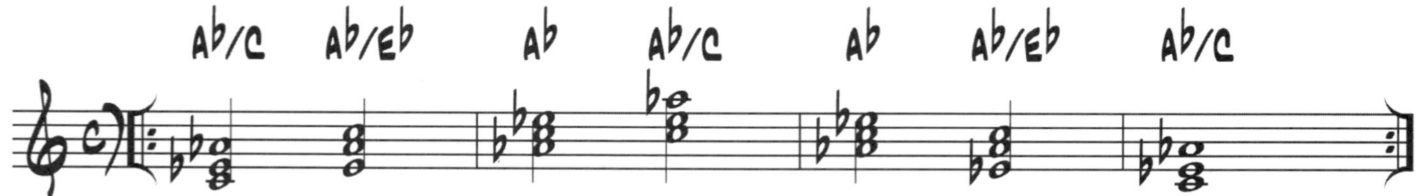

5. 같은 방법으로 〈메이저 트라이어드 Quiz Chart〉에 있는 나머지 코드도 찾아 연주하자. 연습을 마쳤으면 직접 Quiz Chart를 만들어 연습하자. 필자처럼 엑셀 프로그램을 사용하면 편리하지만 공책에 그려도 괜찮다.

③ 마이너 트라이어드(단 3화음)-Close Voicing

- 흔히 마이너 코드라고 말하는 마이너 트라이어드(Minor Triad)는 메이저 트라이어드와 반대로 근음-단 3도 -장 3도 순으로 쌓은 코드이다.
- 다음 다이어그램처럼 5번 줄에 흰 건반(White Key) 음을 표기하고 C에서 단 3도(3칸), 장 3도(4칸) 순으로 표기 하면 Cmi를 연주하는 데 필요한 세 개 음을 얻을 수 있다.

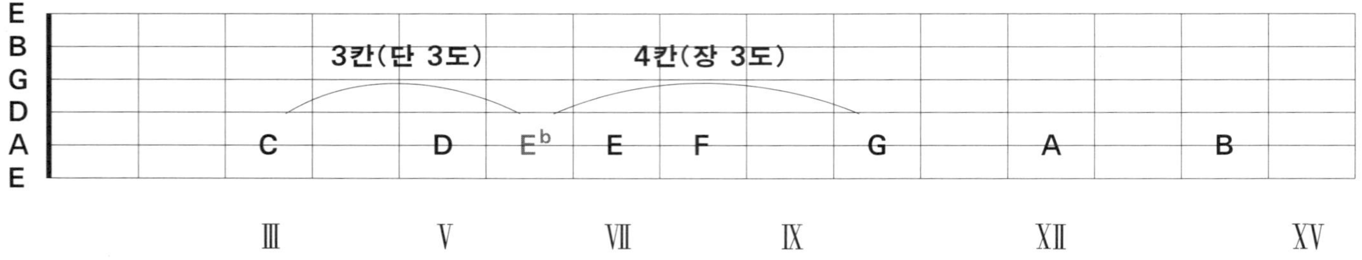

- 메이저 트라이어드와 마찬가지로 세 개의 자리바꿈을 사용한다.

〈마이너 트라이어드 Quiz Chart〉

	A	B	C	D	E	F
1	Emi	3~5	2nd	Dmi	1~3	Root
2	Bbmi	2~4	1st	Cmi	2~4	2nd
3	C#mi	3~5	Root	Ebmi	3~5	1st
4	Bmi	1~3	2nd	C#mi	3~5	2nd
5	Cmi	3~5	Root	Emi	1~3	Root
6	Dmi	2~4	1st	Bbmi	2~4	1st
7	Abmi	1~3	2nd	Gmi	3~5	2nd
8	F#mi	2~4	Root	Abmi	1~3	Root
9	Fmi	1~3	1st	F#mi	3~5	2nd
10	Gmi	3~5	Root	Ami	2~4	1st

| 11 | Ebmi | 2~4 | 2nd | Fmi | 1~3 | Root |
| 12 | Ami | 1~3 | 1st | Bmi | 2~4 | 1st |

마이너 트라이어드도 메이저 트라이어드처럼 위와 같이 표를 만들어 연습한다.

위 표에 24개 코드를 무작위로 찾을 수 있는 퀴즈가 만들어졌다. A 행과 D 행은 열두 개의 근음을, B 행과 E 행은 1~3, 2~4, 3~5, 4~6의 줄 조합을, C 행과 F 행은 세 가지 자리바꿈을 불규칙하게 나열한 것이다. 이 가운데 몇 개를 함께 풀자.

◆ 첫 번째 열 Em 마이너 트라이어드, 3~5번 줄, 둘째 자리바꿈(2nd Inversion) 연습

1. 먼저 Em 마이너 트라이어드의 구성음을 찾자. 바로 계산이 되면 좋지만 그렇지 않으면 다음 방법으로 찾자. 6번 줄의 개방현이 E이므로 E에서 3칸 위가 단 3도인 G이고, G에서 4칸 위가 장 3도인 B이다.

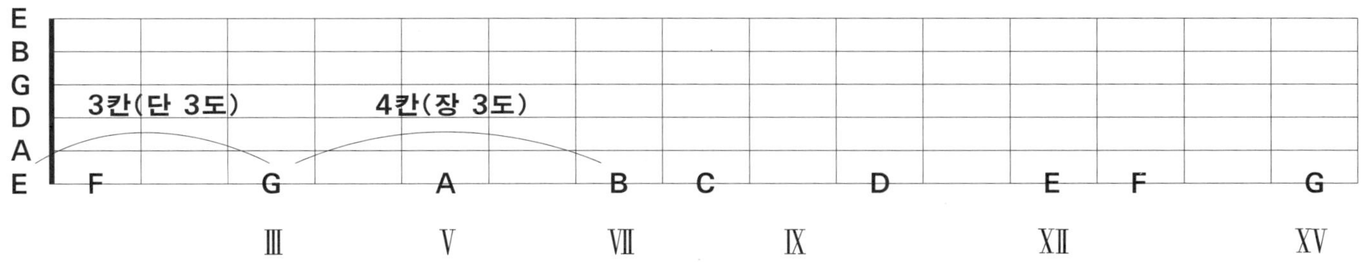

2. 따라서 찾으려는 음은 E, G, B이다. 다음 다이어그램처럼 이 세 음을 3~5번 줄에 표기하자.

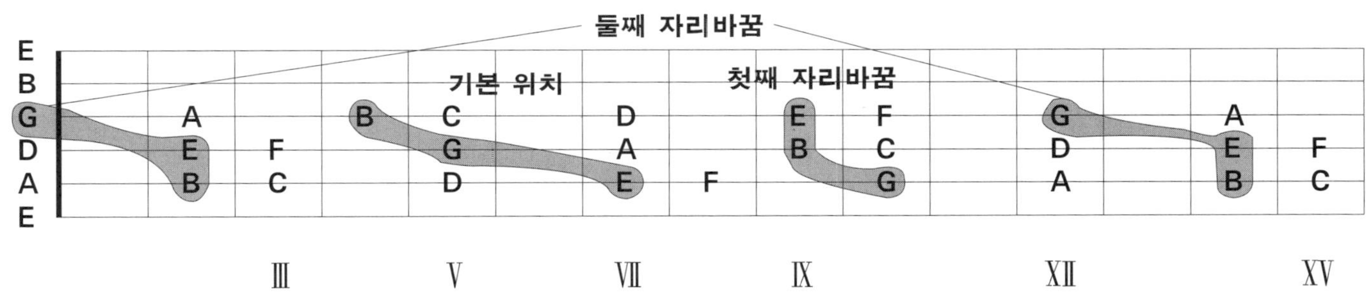

3. 둘째 자리바꿈(2nd Inversion)이 두 군데 있다는 것을 알 수 있다. 모든 자리바꿈을 다음 악보처럼 차례차례 연주하자.

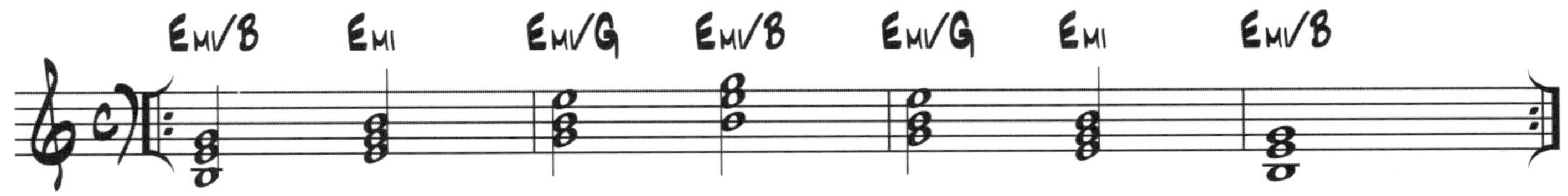

◈ 근음의 위치를 파악하자.

마이너 트라이어드도 세 가지 자리바꿈을 충분히 연습하면 지판 위의 음정 배열을 도형처럼 형상화하여 기억하게 된다. 이러면 다음 그림처럼 근음(Root)의 위치만 찾으면 트라이어드를 쉽게 연주할 수 있다.

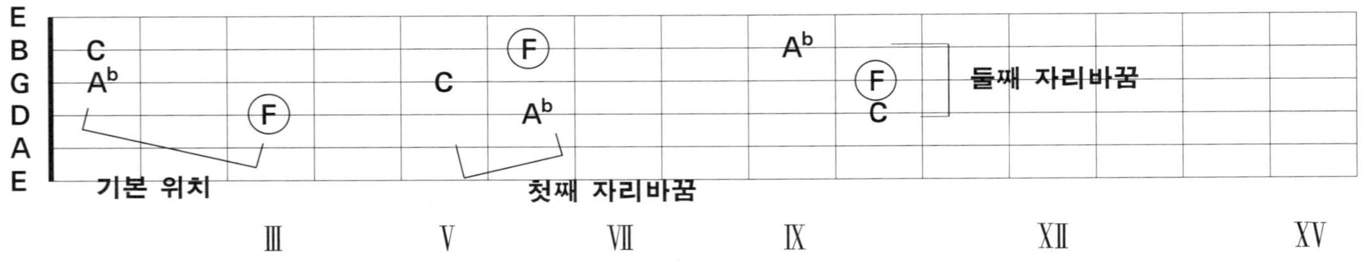

예를 들어 Fm 마이너 트라이어드를 2~4번 줄에서 연주하는 경우에 구성음은 F(근음), Ab(3음), C(5음)이다. 계산이 어려우면 다이어그램을 이용하여 찾을 수 있다.

    1. 기본 위치(Root Position)는 근음인 F가 가장 낮은 줄인 4번 줄에 위치한다.

    2. 첫째 자리바꿈(1st Inversion)은 근음인 F가 가장 높은 줄인 2번 줄에 위치한다.

    3. 둘째 자리바꿈(2nd Inversion)은 근음인 F가 중간 줄인 3번 줄에 위치한다.

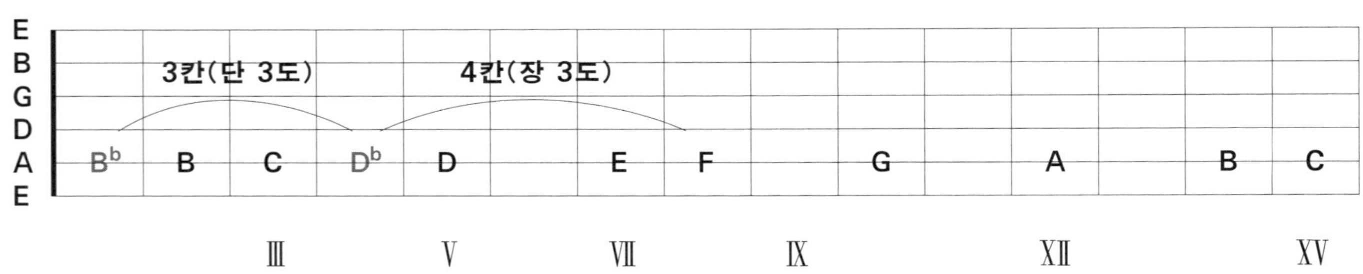

◈ 두 번째 열 Bbm 마이너 트라이어드, 2~4번 줄, 첫째 자리바꿈(1st Inversion) 연습

    1. 먼저 Bbm 마이너 트라이어드의 구성음을 찾자. 바로 계산이 되면 좋지만 그렇지 않으면 다음 방법으로 찾자. Bb이 A의 반음 위이고 5번 줄의 개방현이 A이므로 Bb이 5번 줄 1프렛이다. Bb에서 3칸 위가 단 3도인 Db이고, Db에서 4칸 위가 장 3도인 F이다.

    2. 따라서 Bbm 마이너 트라이어드의 구성음은 Bb, Db, F이다. 이 세 음을 2~4번 줄에서 찾자. 다음 다이어그램처럼 흰 건반(White Key) 음을 2~4번 줄에 표기한다. 우리가 찾는 첫째 자리바꿈은 왼쪽에서 세 번째에 있다.

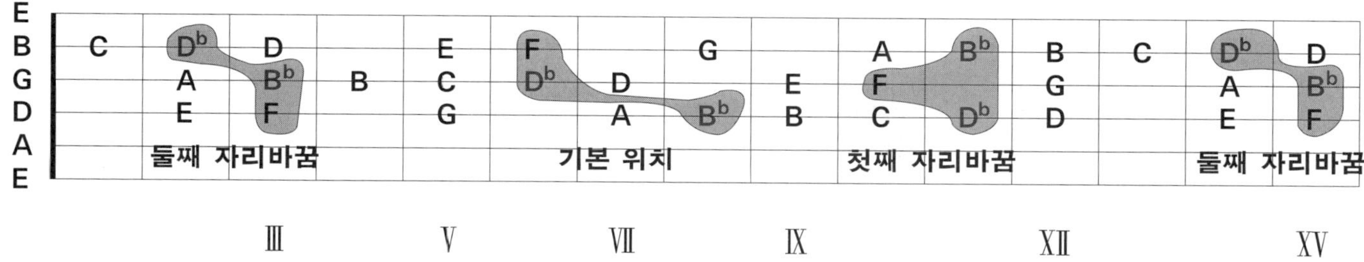

3. 메트로놈을 틀고 다음 악보처럼 연습하자.

◆ 세 번째 열 C#m 마이너 트라이어드, 3~5번 줄, 기본 위치(Root Position) 연습

1. 먼저 C#m 마이너 트라이어드의 구성음을 찾자. 바로 계산이 되면 좋지만 그렇지 않으면 다음 방법으로 찾자. 2번 줄 개방현이 B이고, B에서 한 음(두 칸) 위가 C#이다.

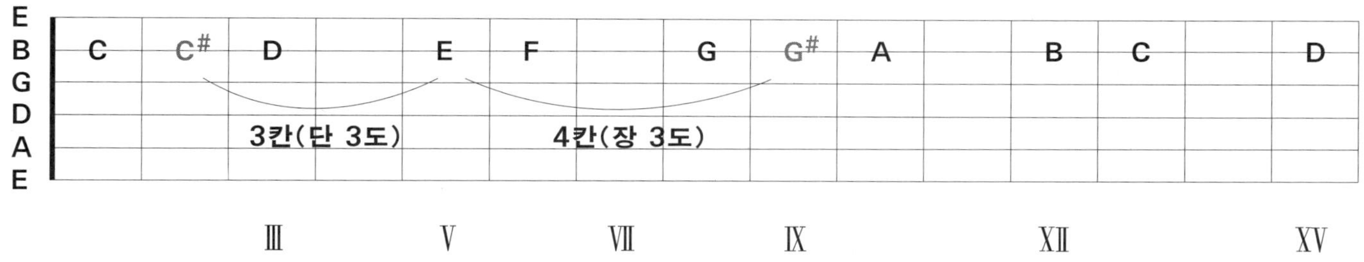

2. 따라서 C#mi의 구성음은 C#, E, G#이다. 이 세 음을 3~5번 줄에서 찾자. 다음 다이어그램처럼 흰 건반(White Key) 음을 3~5번 줄에 표기하면 자리바꿈을 모두 찾을 수 있다.

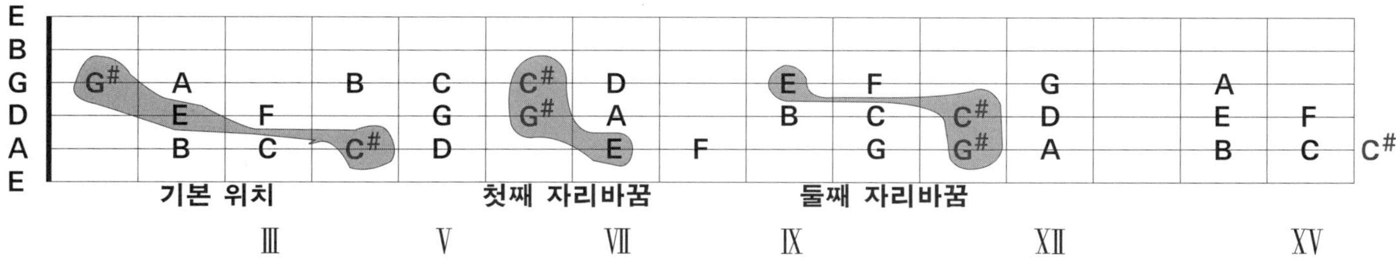

3. 다음 악보처럼 세 가지 자리바꿈을 차례차례 연주하자. 외우려 말고 단순하게 여러 차례 반복해서 연습하라.

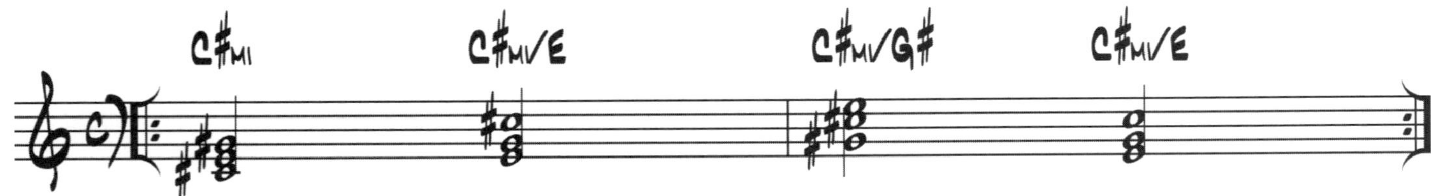

4. 같은 방법으로 〈마이너 트라이어드 Quiz Chart〉에 있는 나머지 코드도 찾아 연주하자. 연습을 마쳤으면 직접 Quiz Chart를 만들어 연습하자.

7장
체인지(Changes)

코드 체인지라는 말을 많이 들었을 것이다. 코드 체인지란 말 그대로 코드가 바뀌는 것이다. 물론 코드 한 개로 이루어진 곡도 많다. 하지만 클래식 음악을 비롯하여 현대 대중음악은 코드가 바뀌는 곡이 대부분이다. 따라서 현대 음악을 하는 사람에게 바뀐 코드를 유연하게 연주하는 능력은 필수 조건이다.

Ⅰ. 다이아토닉 스케일(Diatonic Scale)과 다이아토닉 하모니(Diatonic Harmony)

Chromatic과 Diatonic이란 단어는 고대 그리스어에서 온 것으로 크로마틱 스케일(Chromatic Scale)은 반음계를 뜻하고, 다이아토닉 스케일(Diatonic Scale)은 다섯 개의 온음과 두 개의 반음으로 이루어진 스케일을 뜻한다. 하지만 현대 음악 이론은 메이저 스케일의 일곱 개 음 위에 3도씩 쌓은 화성을 다이아토닉이라 한다.

다이아토닉 하모니(Diatonic Harmony)란 보통 다이아토닉 스케일의 음을 가지고 3도씩 쌓아올린 코드를 뜻한다. 다음 악보처럼 3화음으로 연습하자.

〈다이아토닉 스케일〉

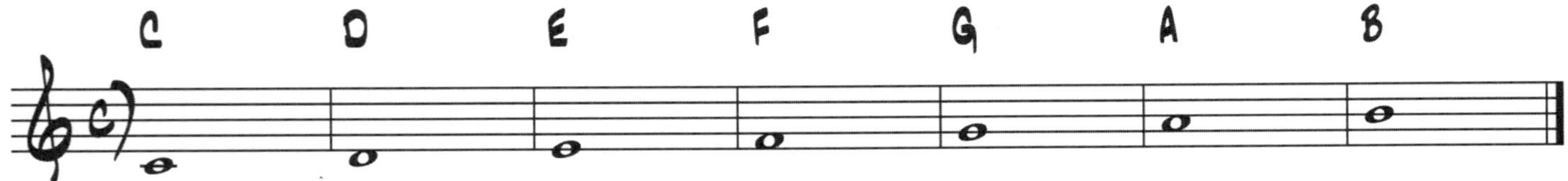

위 악보에 있는 다이아토닉 스케일 음을 3도씩 쌓아올리면 아래 악보처럼 된다.

〈다이아토닉 하모니〉

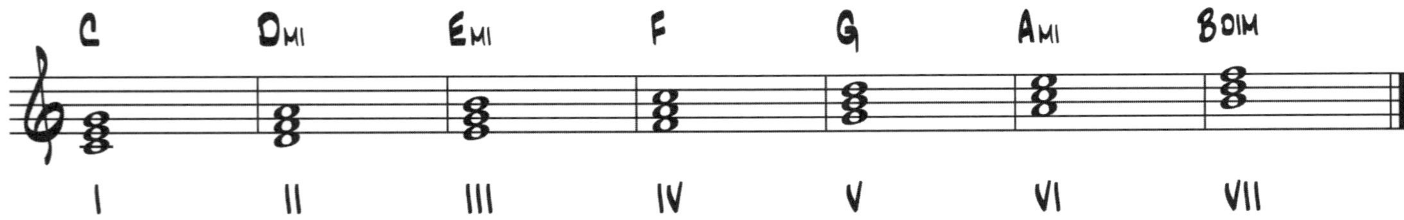

위 악보처럼 왼쪽부터 로마 숫자인 Ⅰ, Ⅱ, Ⅲ, Ⅳ, Ⅴ, Ⅵ, Ⅶ을 붙인다. 다이아토닉 하모니는 열두 개 모든 Key에서 똑같이 적용된다. E Key의 다이아토닉 코드를 구하는 연습을 하자.

먼저 E Key의 다이아토닉 스케일을 찾아야 한다. E에서 시작하여 온음, 온음, 반음, 온음, 온음, 온음, 반음 순서로 나열하면 된다. 계산이 필요 없거나 바로 계산이 되면 좋지만 그렇지 않으면 다음 방법으로 찾자. 다이어그램에 6번 줄의 흰 건반(White Key) 음을 다음과 같이 그리고 순서를 따져 표기하자. 반음은 한 칸, 온음은 두 칸이다.

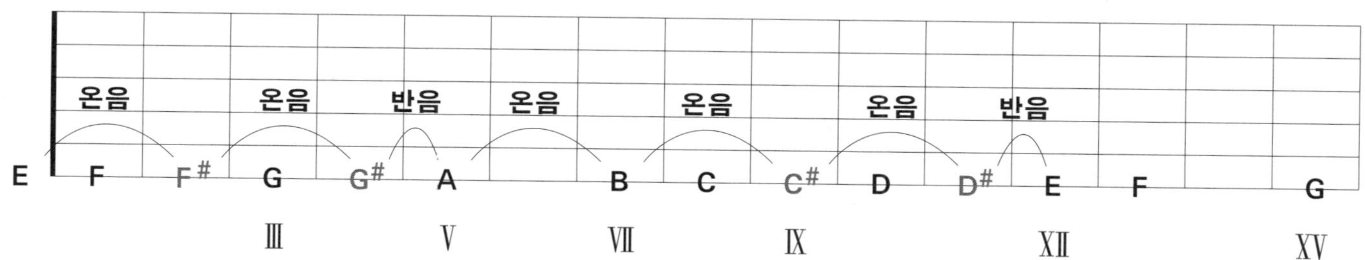

위 다이어그램처럼 E, F#, G#, A, B, C#, D# 순서이며 악보에 표기하면 다음과 같다.

이 일곱 개의 음을 한 음씩 건너뛰어 쌓으면 다이아토닉 하모니가 된다.
- 근음인 E 위에 G#과 B를 쌓으면 1도 코드
- 2음인 F# 위에 A와 C#을 쌓으면 2도 코드
- 3음인 G# 위에 B와 D#을 쌓으면 3도 코드
- 4~7음에도 같은 방법으로 음을 쌓아 나머지 코드를 얻는다. 이것을 악보에 표기하면 다음과 같다.

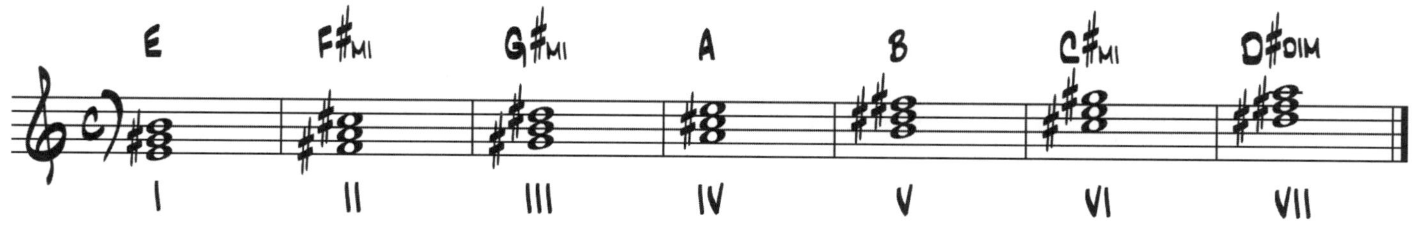

II. Function이란?

우리는 초등학교와 중·고등학교 음악 시간에 으뜸화음, 버금딸림화음, 딸림화음이라는 용어를 들은 적이 있다. 이것이 무슨 뜻인지 간략하게 살펴보자.
- 으뜸화음: Tonic이라 하며 이야기의 발단이나 결말에 해당한다.
- 버금딸림화음: Sub-Dominant라 하며 이야기의 전개에 해당한다.
- 딸림화음: Dominant라 하며 이야기의 절정에 해당한다.

이러한 기능을 하모니(Harmony)의 Function이라 한다. 일곱 개의 다이아토닉 하모니는 이 세 가지 Function

으로 나눌 수 있다.

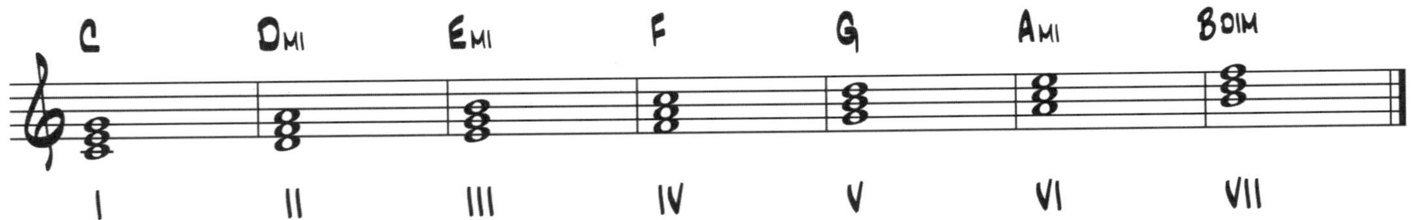

- Tonic: I, III, VI (C, Emi, Ami)
- Sub-Dominant: II, IV (Dmi, F)
- Dominant: V, VII (G, Bdim)

III. 케이던스(Cadence)란?

Cadence는 다른 말로 '종지'라고 한다. '종지부를 찍다.'라고 할 때의 종지와 같은 말이다. 음악에서는 한 개의 작은 이야기(Story)를 결론짓는다는 뜻으로 이해하면 된다. 기-승-전-결을 생각하면 이해가 쉬울 것이다.
- Dominant ⟶ Tonic: 절정 ⟶ 결말의 이야기
- Sub-Dominant ⟶ Tonic: 전개 ⟶ 결말의 이야기
- Sub-Dominant ⟶ Dominant ⟶ Tonic: 전개 ⟶ 절정 ⟶ 결말의 이야기

〈I-IV-V-I Change〉

이제 실전에서 다룰 I-IV-V-I 코드 진행을 살펴보자. 이것은 여러 케이던스 가운데 널리 사용되는 한 가지 예로 앞에서 설명한 Tonic ⟶ Sub-Dominant ⟶ Dominant ⟶ Tonic, 즉 발단 ⟶ 전개 ⟶ 절정 ⟶ 결말로 완벽하게 짜인 이야기(Story)라고 생각하면 된다.

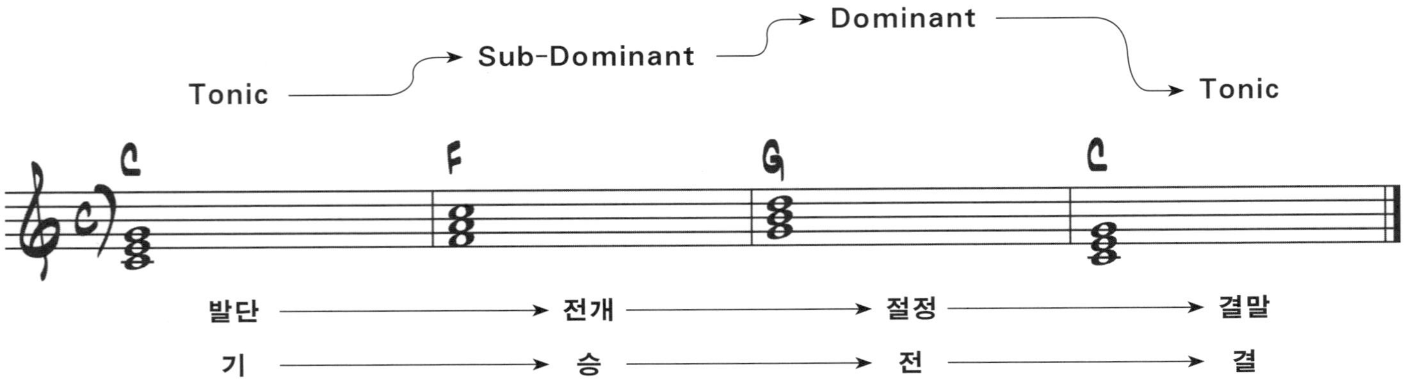

다시 말해 케이던스를 하나의 작은 이야기(story)라고 생각할 수 있고 이러한 작은 이야기(story)가 모여 하나의 곡을 이룬다. 물론 힙합이나 R&B처럼 케이던스 한 개로 이루어진 곡도 많다.

〈다른 Key에서의 I-IV-V-I〉

 C Key의 I-IV-V-I은 C, F, G, C이다. 그렇다면 다른 Key는 어떨까? #이 한 개 붙는 G Key를 예로 들자. 이것은 다이아토닉 스케일의 1음, 4음, 5음을 근음으로 쌓은 코드이므로 I을 중심으로 완전 4도 위가 IV 도 코드가 되고, 근음에서 완전 5도 위가 V 도 코드가 된다. 이 계산이 쉽게 되지 않으면 다음 방법을 사용하자.

- 3번 줄의 개방현은 G이다.
- 3번 줄의 흰 건반(White Keys)을 다이어그램 용지에 표기한다.
- 개방현인 G에서 5칸 위가 완전 4도이고, 완전 4도에서 2칸 위가 완전 5도이다.
- 따라서 G Key의 I-IV-V-I은 다음 다이어그램처럼 G-C-D-G이다.

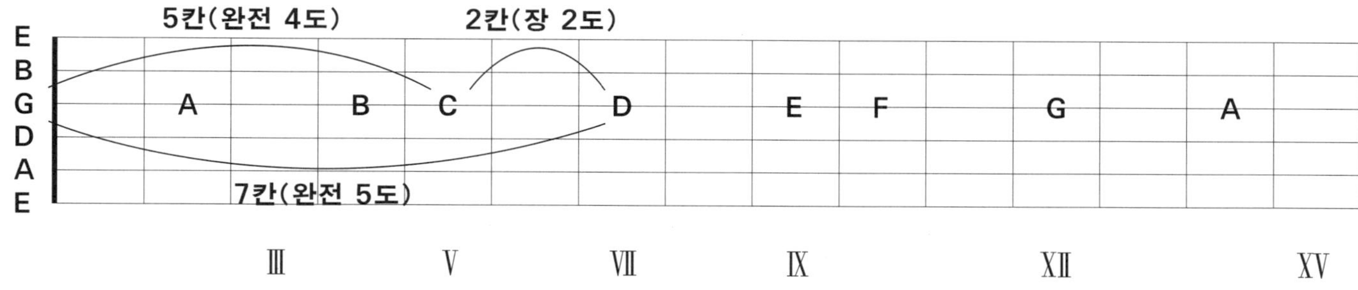

◆ 메이저 트라이어드를 사용한 I-IV-V-I 연습

앞에서 다뤘던 I-IV-V-I 체인지를 기타로 어떻게 연습할지 살펴보자. C Key를 예로 들면 C-F-G-C의 진행이다.

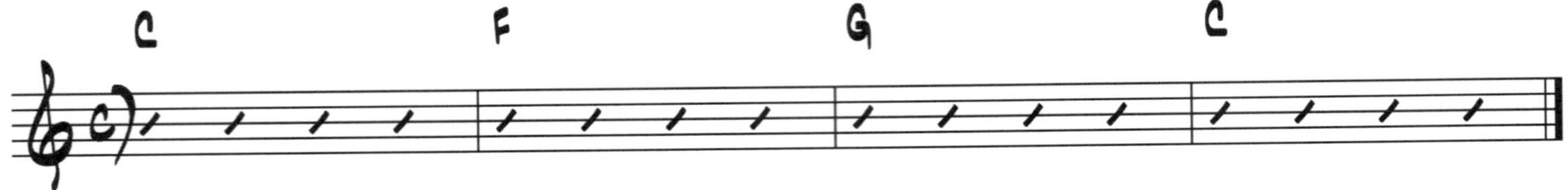

먼저 C 코드를 지판에서 찾아야 한다. 하지만 앞에서 설명한 것처럼 지판의 개방현에서 15프렛 사이에 C 코드를 연주할 수 있는 경우가 무려 16가지이다. 이 가운데 어느 곳에서 C 코드를 잡을까? 하는 의문이 생길 수 있다. 그렇다면 다음 방법을 따라 하자.

1. 자리바꿈과 줄을 선택하여 C 코드 위치를 결정한다.

- 트라이어드는 세 개의 음으로 이루어지므로 세 개의 줄이 필요하다. 따라서 1~3줄, 2~4줄, 3~5줄, 4~6줄 가운데 하나를 선택한다. 필자는 3~5줄을 골랐다.
- 기본 위치(Root Position), 첫째 자리바꿈(1st Inversion), 둘째 자리바꿈(2nd Inversion) 가운데 하나를 선택한다. 필자는 첫째 자리바꿈(1st Inversion)을 골랐다.
- 먼저 C 코드의 첫째 자리바꿈을 3~5번 줄에서 찾는다.
- 3~5번 줄의 흰 건반(White Keys) 음을 다이어그램에 표기한다.
- 첫째 자리바꿈은 저음부터 3-5-1 순서이므로 C 코드는 E-G-C 순서이다.
- 다음 그림처럼 5번 줄에서 E를, 4번 줄에서 G를, 3번 줄에서 C를 찾을 수 있다.

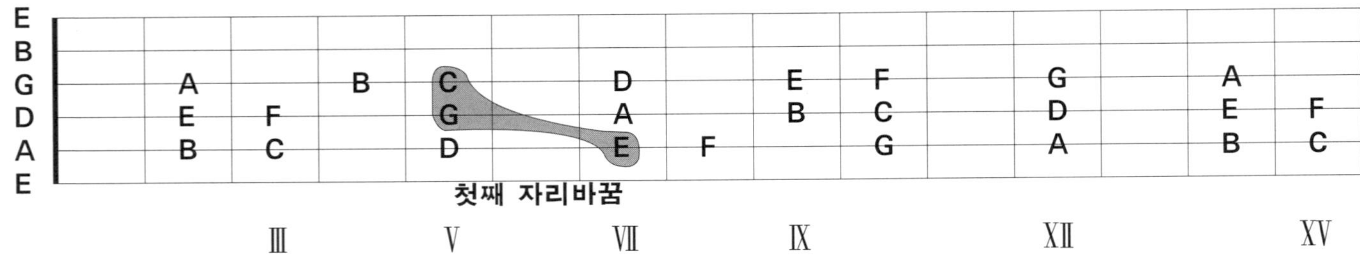

2. 가장 가까운 위치에서 F 코드를 찾는다. 다음 세 가지 조건에 맞는 F 코드를 찾는다.

- 될 수 있으면 C 코드와 다른 자리바꿈(Inversion)을 선택한다. (개방현 부근에는 어쩔 수 없이 같은 자리바꿈을 선택하는

경우도 있다.)

- C 코드와 같은 줄을 사용한다. 앞에서 3~5번 줄에서 C 코드를 찾았으므로 F 코드도 3~5번 줄에서 찾는다.
- C 코드와 가장 가까운 위치에서 찾는다.

다음 순서를 따라 하자.

- 다이어그램에서 3~5번 줄에 흰 건반(White Keys) 음을 표기한다.
- 다음 다이어그램처럼 F 코드의 세 가지 자리바꿈(Inversion)을 모두 표시한다.
- 기본 위치(Root Position)가 앞에서 찾은 C 코드와 가장 가깝다는 것을 알 수 있다.

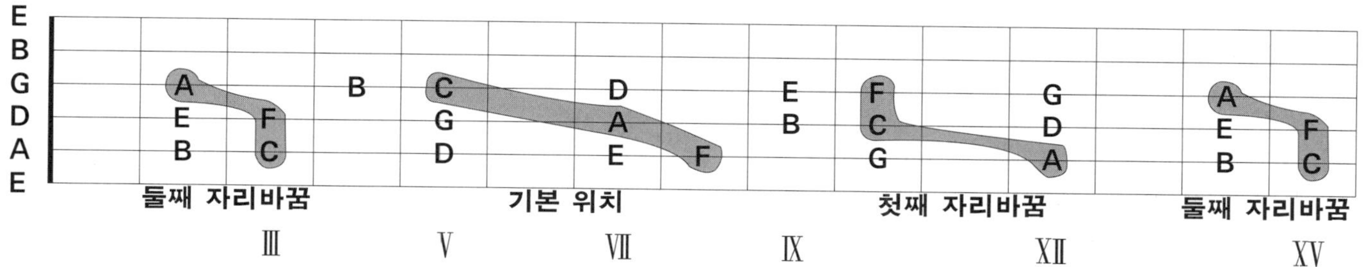

3. G 코드도 F 코드를 찾은 것과 같은 방법으로 찾는다.

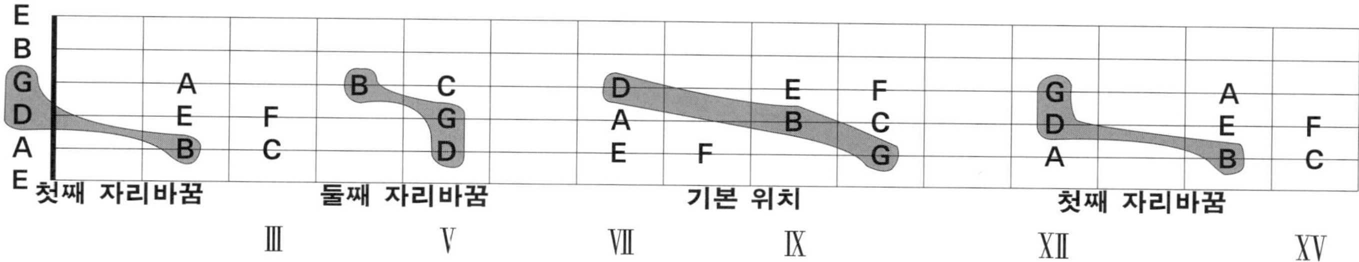

- 둘째 자리바꿈(2nd Inversion)이 가장 가깝다는 것을 알 수 있다.
- 기본 위치(Root Position)도 멀지 않지만 앞에서 찾은 F와 다른 자리바꿈(Inversion)을 선택하는 것이 좋다.
- 이것을 다이어그램에 표기하면 다음과 같다.

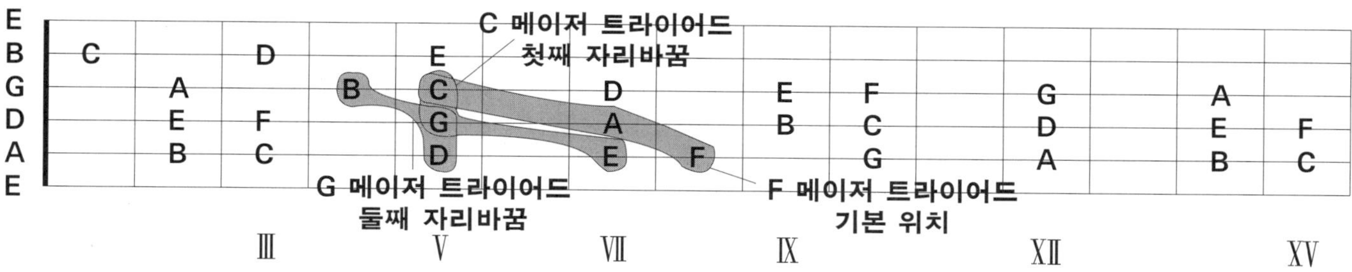

이것을 악보에 기보하면 다음과 같다. 여러 차례 반복하여 연습하자.

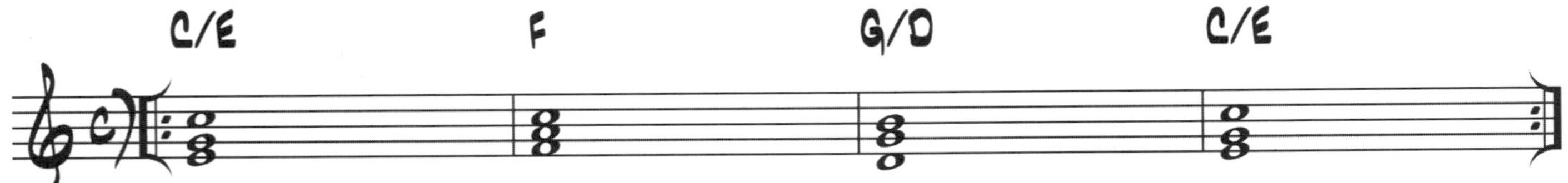

〈장조(Major Key) I-IV-V-I Quiz Chart〉

이것도 엑셀 프로그램으로 퀴즈 차트를 만들어 연습할 수 있다. 이전 방법과 마찬가지로 Keys, 줄(Strings), 자리바꿈(Inversion)이라는 변수를 불규칙하게 나열한다. (A 열: Key, B 열: 줄(String), C 열: 자리바꿈(Inversion))

	A	B	C	D	E	F
1	F	2~4	1st	Db	1~3	2nd
2	D	1~3	2nd	C	3~5	1st
3	Ab	3~5	1st	G	2~4	Root
4	B	2~4	2nd	Eb	4~6	2nd
5	A	4~6	Root	B	1~3	1st
6	Db	1~3	1st	D	3~5	Root
7	Bb	4~6	2nd	F	2~4	2nd
8	E	2~4	Root	Gb	4~6	Root
9	G	4~6	1st	Ab	4~6	1st
10	C	3~5	Root	E	1~3	Root
11	Gb	1~3	2nd	Bb	2~4	2nd
12	Eb	3~5	Root	A	3~5	1st

이 가운데 다섯 개를 찾아 연주하자.

◆ F Key의 I-IV-V-I, 2~4번 줄, 첫째 자리바꿈(1st Inversion)에서 시작

- F Key의 I-IV-V-I은 F, Bb, C, F이다. 계산하기 어려우면 다이어그램에 F를 표시하고 5칸 위가 IV이고, 7 칸 위가 V인 것을 확인하자.
- 먼저 F 코드의 첫째 자리바꿈(1st Inversion)을 2~4번 줄에서 찾자.
- 다이어그램에서 2~4번 줄에 흰 건반(White Keys) 음을 표기한다.
- F 메이저 트라이어드의 세 가지 자리바꿈(Inversion)을 표시한다.

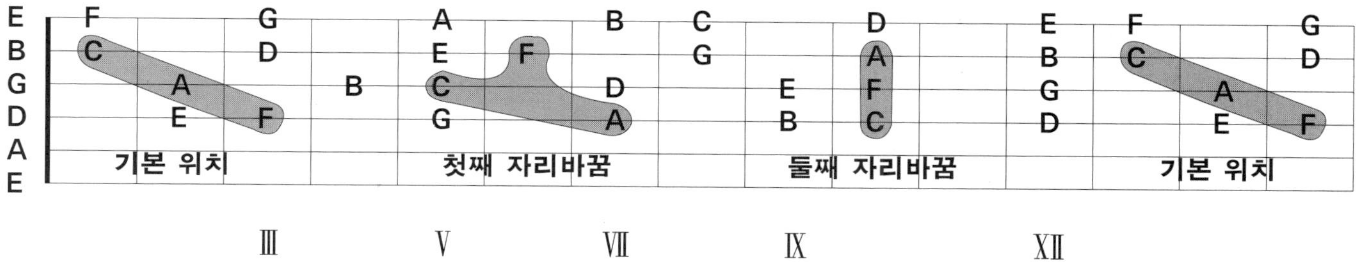

- 우리가 찾는 F 코드의 첫째 자리바꿈(1st Inversion)이 왼쪽에서 두 번째에 있다.
- 이제 Bb과 C 코드를 찾아야 한다. F 코드와 같은 방법으로 찾자.

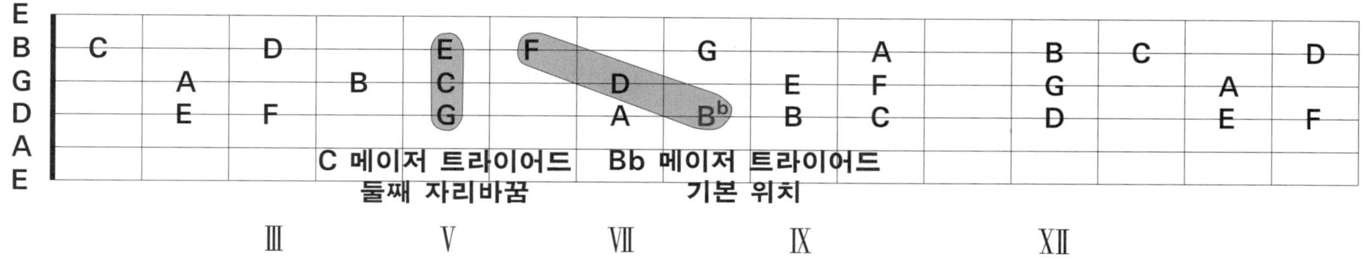

- 찾은 코드 세 개를 F-Bb-C-F 순으로 연주하자.

◆ D Key의 I-IV-V-I, 1~3번 줄, 둘째 자리바꿈(2nd Inversion)에서 시작

- D Key의 I-IV-V-I은 D, G, A, D이다. 계산하기 어려우면 4번 줄 개방현에서 5칸 위가 IV이고, 7칸 위가 V인 것을 확인하자.
- 먼저 D 코드의 둘째 자리바꿈(2nd Inversion)을 1~3번 줄에서 찾자.
- 다이어그램에서 1~3번 줄에 흰 건반(White Keys) 음을 표기한다.
- D 메이저 트라이어드의 세 가지 자리바꿈(Inversion)을 표시한다.

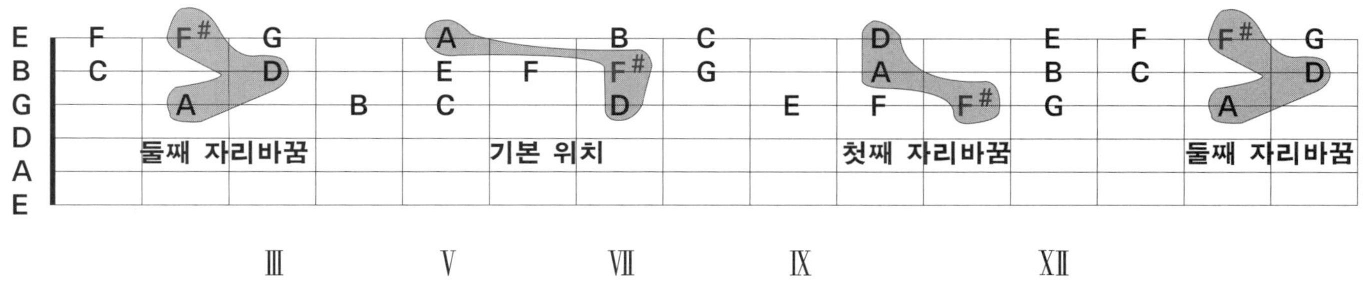

- 우리가 찾는 D 코드의 둘째 자리바꿈(2nd Inversion)이 두 곳에 있다.
- 두 곳에서 모두 연주할 수 있지만 개방현 쪽에서 연주하자.
- 이제 G와 A 코드를 찾아야 한다. D 코드와 같은 방법으로 찾자.

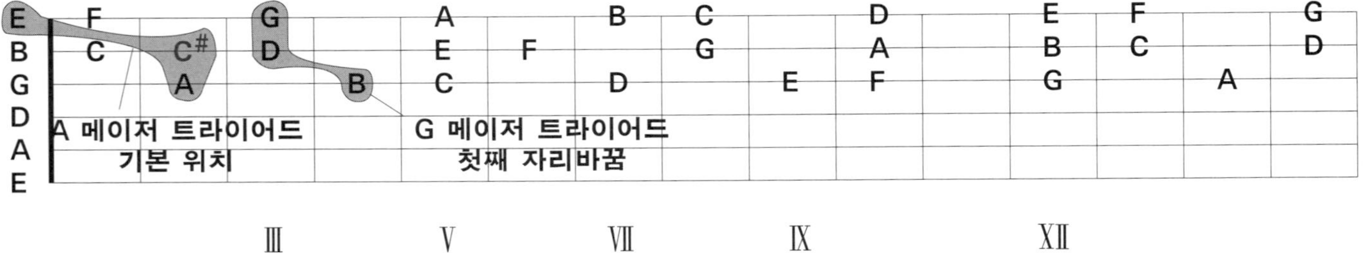

- 찾은 코드 세 개를 D-G-A-D 순으로 연주하자.

◆ Ab Key의 I-IV-V-I, 3~5번 줄, 첫째 자리바꿈(1st Inversion)에서 시작

- Ab Key의 I-IV-V-I은 Ab, Db, Eb, Ab이다. 계산하기 어려우면 3번 줄 1프렛에서 5칸 위가 IV이고, 7칸 위가 V인 것을 확인하자.
- 먼저 Ab 코드의 첫째 자리바꿈(1st Inversion)을 3~5번 줄에서 찾자.
- 다이어그램에서 3~5번 줄에 흰 건반(White Keys) 음을 표기한다.
- Ab 메이저 트라이어드의 세 가지 자리바꿈(Inversion)을 표시한다.

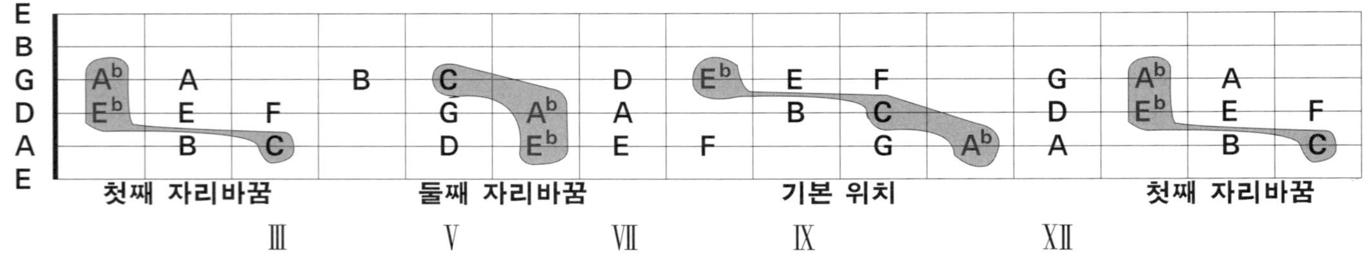

- 우리가 찾는 Ab 코드의 첫째 자리바꿈(1st Inversion)이 두 곳에 있다.
- 두 곳에서 모두 연주할 수 있지만 개방현 쪽에서 연주하자.
- 이제 Db과 Eb 코드를 찾아야 한다. Ab 코드와 같은 방법으로 찾자.

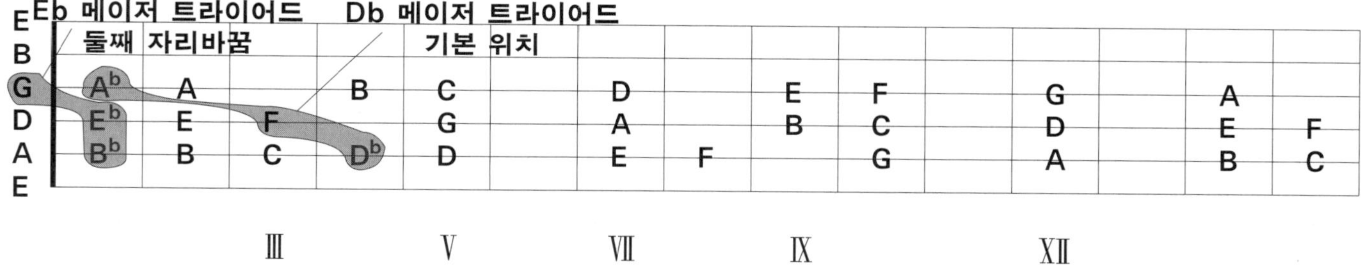

- 찾은 코드 세 개를 Ab-Db-Eb-Ab 순으로 연주하자.

◆ B Key의 I-IV-V-I, 2~4번 줄, 둘째 자리바꿈(2nd Inversion)에서 시작

- B Key의 I-IV-V-I은 B, E, F#, B이다. 계산하기 어려우면 2번 줄 개방현에서 5칸 위가 IV이고, 7칸 위가 V 인 것을 확인하자.
- 먼저 B 코드의 둘째 자리바꿈(2nd Inversion)을 2~4번 줄에서 찾자.
- 다이어그램에서 2~4번 줄에 흰 건반(White Keys) 음을 표기한다.
- B 메이저 트라이어드의 세 가지 자리바꿈(Inversion)을 표시한다.

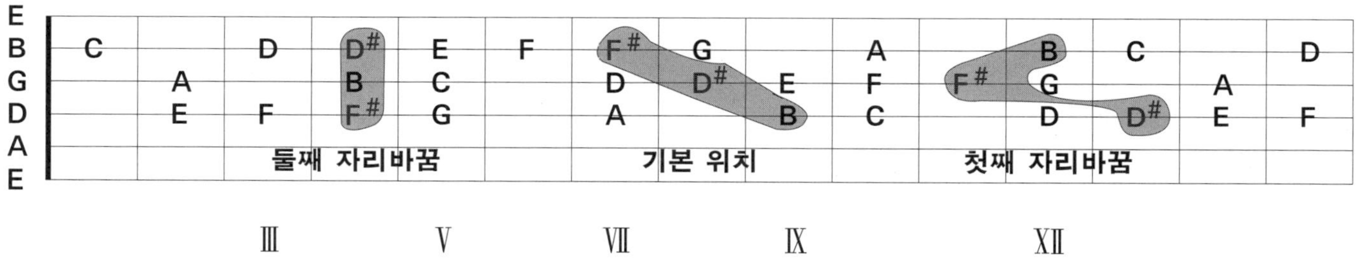

- 우리가 찾는 B 코드의 둘째 자리바꿈(2nd Inversion)이 왼쪽에 있다.
- 이제 E와 F# 코드를 찾아야 한다. Ab 코드와 같은 방법으로 찾자.

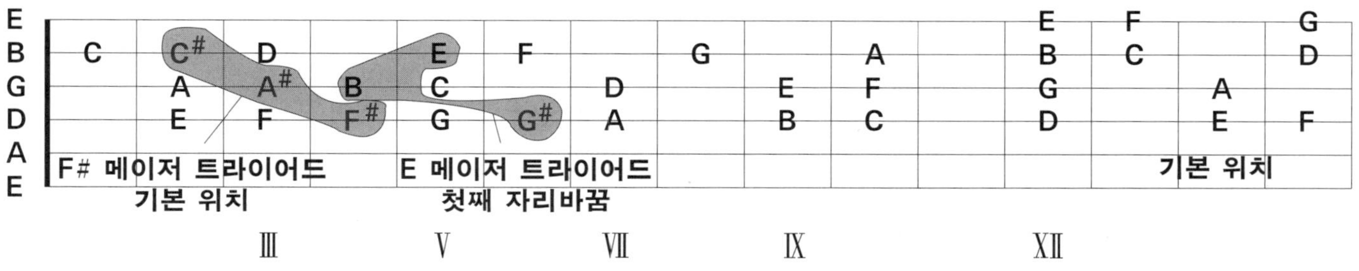

◆ A Key의 I–IV–V–I, 4~6번 줄, 기본 위치(Root Position)에서 시작

- A Key의 I–IV–V–I은 A, D, E, A이다. 계산하기 어려우면 5번 줄 개방현에서 5칸 위가 IV이고, 7칸 위가 V인 것을 확인하자.
- 먼저 A 코드의 기본 위치(Root Position)을 4~6번 줄에서 찾자.
- 다이어그램에서 4~6번 줄에 흰 건반(White Keys) 음을 표기한다.
- A 메이저 트라이어드의 세 가지 자리바꿈(Inversion)을 표시한다.

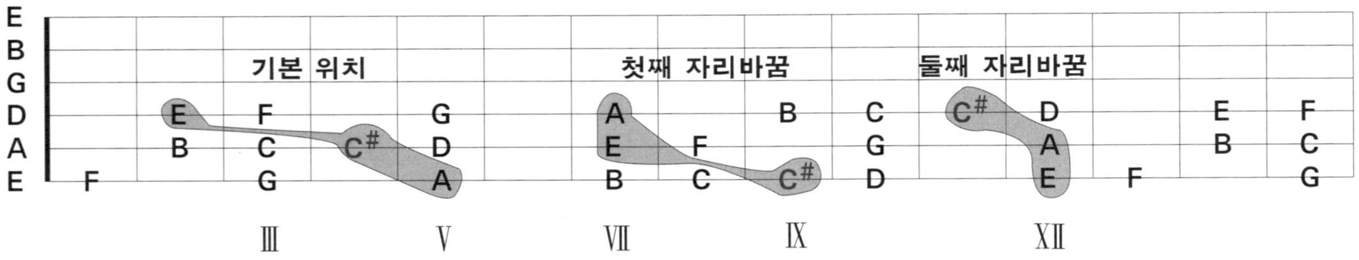

- 우리가 찾는 A 코드의 기본 위치(Root Position)가 왼쪽에 있다.
- 이제 D와 E 코드를 찾아야 한다. A 코드와 같은 방법으로 찾자.

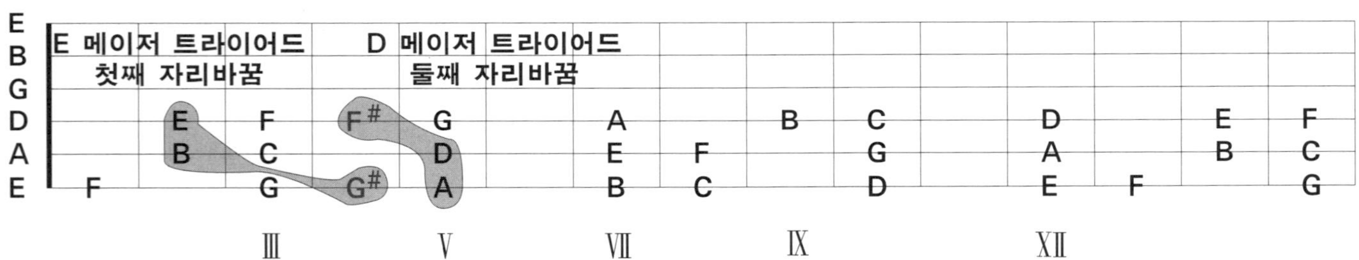

- 찾은 코드 세 개를 A–D–E–A 순으로 연주하자.

③ 단조(Minor Key)

음악을 하지 않는 사람이라도 장조(Major Key), 단조(Minor Key)라는 용어를 들은 적이 있다. 장조는 앞에서 다뤘고 이번 장에는 단조를 다룬다. Minor Scale은 종류가 많은데 Natural Minor(자연단음계), Harmonic Minor(화성단음계), Melodic Minor(가락단음계), Dorian Minor, Phrygian, Locrian 등이 있다.

7장에서는 Natural Minor(자연단음계)만 다룬다. Natural Minor Scale은 다이아토닉 스케일과 구성음이 같지만 여섯 번째 음을 근음으로 가진다.

- 구성음을 A부터 나열하면 A, B, C, D, E, F, G, A 순서이다.
- 근음에서 근음, 장 2도, 단 3도, 완전 4도, 완전 5도, 단 6도, 단 7도 순서이다.
- 근음에서 온음, 반음, 온음, 온음, 반음, 온음, 온음 순서이다.
- 음정 계산이 어려우면 다이어그램에 근음을 표시하고 근음에서 2칸, 1칸, 2칸, 2칸, 1칸, 2칸, 2칸 배열로 나열하면 음계의 구성음을 알 수 있다.

예를 들어 C# Minor Scale의 구성음을 알려면 2번 줄 2프렛이 C#이므로 다이어그램에 2번 줄의 흰 건반(White Keys) 음을 표기하고 2, 1, 2, 2, 1, 2, 2 순서로 나열한다. 그러면 C# Minor Scale의 구성음이 C#, D#, E, F#, G#, A, B라는 것을 알 수 있다.

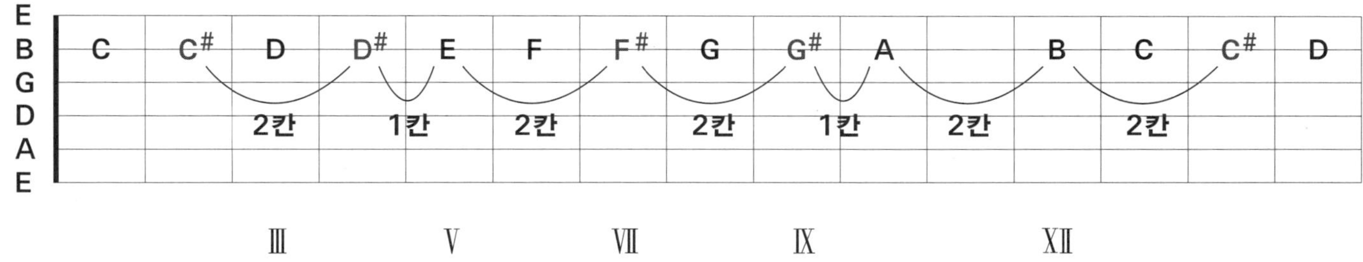

◈ 단조(Minor Key)의 I-IV-V-I

앞에서 보았듯이 A Minor Scale은 C Major Scale과 순서만 다를 뿐 구성음이 같다. 따라서 C Major Key의 다이아토닉 코드 안에서 A Minor Key의 I-IV-V-I을 얻을 수 있다.

- 따라서 A Minor Key의 I-IV-V-I은 Ami, Dmi, Emi, Ami가 된다.
- 일반적으로 Minor Key의 V 코드는 메이저나 도미넌트로 바꾸어 연주한다. 하지만 여기서는 마이너 트라이어드를 연습하려고 위 체인지를 그대로 사용한다.
- 다른 Key에도 똑같이 적용한다.

예를 들어 C Minor Key의 I-IV-V-I을 찾으려면 일곱 개의 다이아토닉 코드 가운데 첫 번째, 네 번째, 다섯 번째 코드를 찾으면 된다. 계산하기 어려우면 다이어그램을 이용하자. 2번 줄의 1프렛이 C이므로 C에서 5칸 위가 IV이고, 7칸 위가 V이다. 따라서 C Minor Key의 I-IV-V-I이 Cmi, Fmi, Gmi, Cmi라는 것을 알 수 있다.

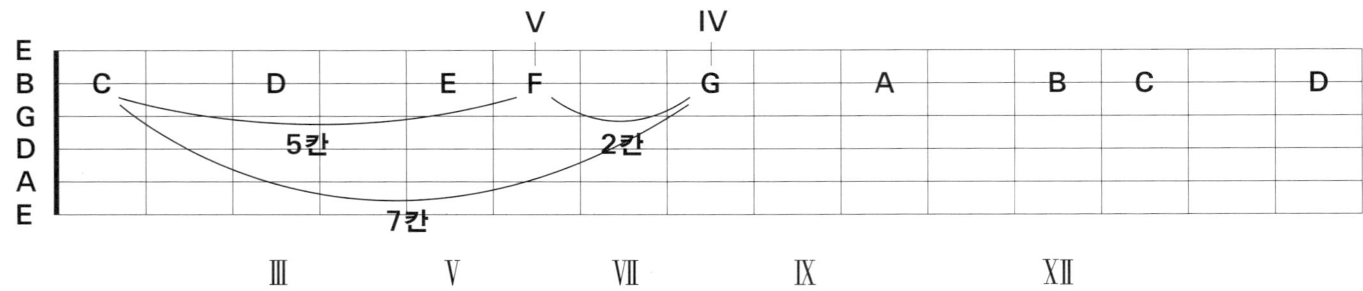

〈단조(Minor Key) I-IV-V-I Quiz Chart〉

이것도 엑셀 프로그램으로 퀴즈 차트를 만들어 연습할 수 있다. 이전 방법과 마찬가지로 Keys, 줄(Strings), 자리바꿈(Inversion)이라는 변수를 불규칙하게 나열한다. (A 열: Key, B 열: 줄(String), C 열: 자리바꿈(Inversion))

	A	B	C	D	E	F
1	Ebmi	3~5	Root	Bmi	1~3	2nd
2	C#mi	2~4	2nd	Fmi	2~4	Root
3	Ami	1~3	1st	Dmi	3~5	Root
4	Fmi	3~5	2nd	Ebmi	4~6	1st
5	Gmi	4~6	Root	C#mi	4~6	2nd
6	Abmi	1~3	2nd	Ami	1~3	1st
7	F#mi	2~4	Root	F#mi	3~5	Root
8	Bbmi	3~5	1st	Cmi	2~4	Root

9	Emi	4~6	2nd	Abmi	4~6	1st
10	Cmi	2~4	1st	Gmi	3~5	2nd
11	Bmi	1~3	Root	Bbmi	2~4	1st
12	Dmi	4~6	1st	Emi	1~3	2nd

이 가운데 다섯 개를 찾아 연주하자.

◆ Eb Minor Key의 I-IV-V-I, 3~5번 줄, 기본 위치(Root Position)에서 시작

- Eb Minor Key의 I-IV-V-I은 Ebmi, Abmi, Bbmi, Ebmi이다. 계산하기 어려우면 4번 줄 1프렛에서 5칸 위가 IV이고, 7칸 위가 V인 것을 확인하자.
- 먼저 Eb 마이너 코드의 기본 위치(Root Position)를 3~5번 줄에서 찾자.
- 다이어그램에서 3~5번 줄에 흰 건반(White Keys) 음을 표기한다.
- Eb 마이너 트라이어드의 세 가지 자리바꿈(Inversion)을 표시한다.

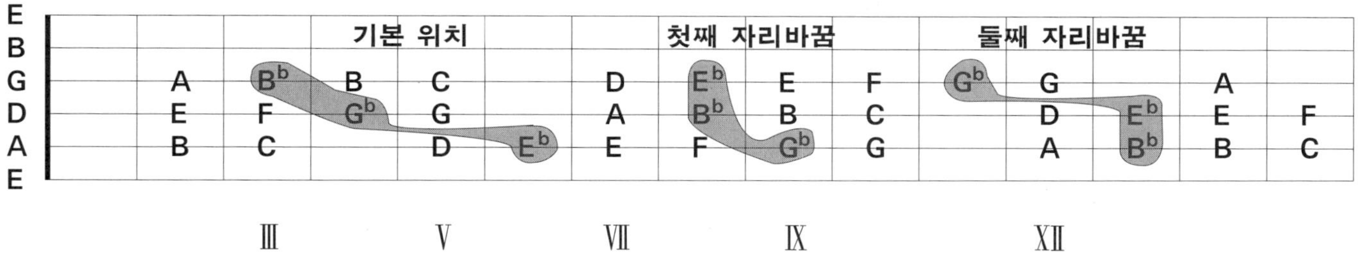

- 우리가 찾는 Eb 마이너 코드의 기본 위치(Root Position)가 왼쪽에 있다.
- 이제 Ab 마이너 코드와 Bb 마이너 코드를 찾아야 한다. Eb 마이너 코드와 같은 방법으로 찾자.

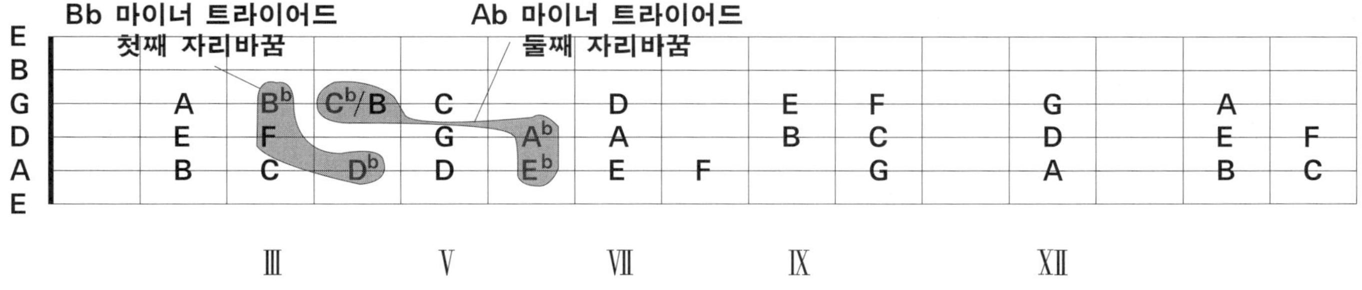

- Ab의 단 3도는 Cb이 맞지만 실제로 연주할 때는 B라고 생각하는 것이 편하다.
- 찾은 코드 세 개를 Ebmi-Abmi-Bbmi-Ebmi 순으로 연주하자.

◆ C# Minor Key의 I-IV-V-I, 2~4번 줄, 둘째 자리바꿈(2nd Inversion)에서 시작

- C# Minor Key의 I-IV-V-I은 C#mi, F#mi, G#mi, C#mi이다. 계산하기 어려우면 2번 줄 2프렛에서 5칸 위가 IV이고, 7칸 위가 V인 것을 확인하자.
- 먼저 C# 마이너 코드의 둘째 자리바꿈(2nd Inversion)을 2~4번 줄에서 찾자.
- 다이어그램에서 2~4번 줄에 흰 건반(White Keys) 음을 표기한다.
- C# 마이너 트라이어드의 세 가지 자리바꿈(Inversion)을 표시한다.

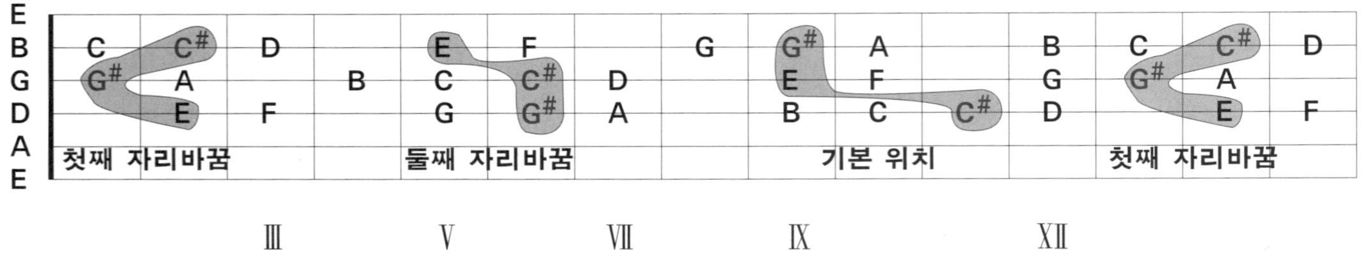

- 우리가 찾는 C# 마이너 코드의 둘째 자리바꿈(2nd Inversion)이 왼쪽에서 두 번째에 있다.
- 이제 F# 마이너 코드와 G# 마이너 코드를 찾아야 한다. C# 마이너 코드와 같은 방법으로 찾자.

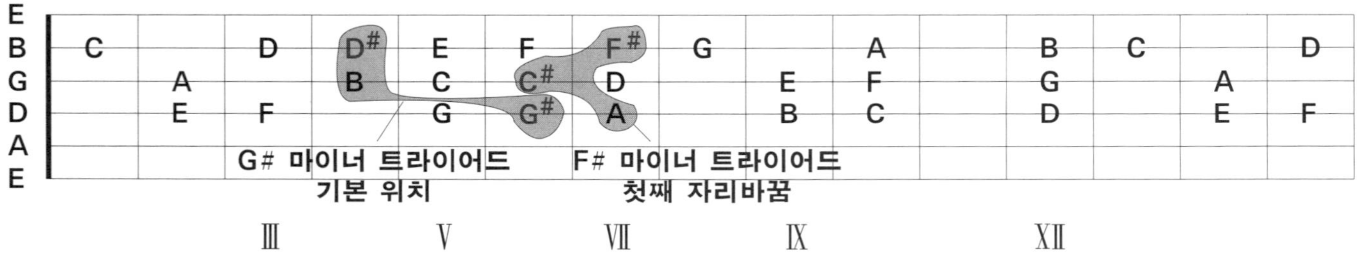

- 찾은 코드 세 개를 C#mi-F#mi-G#mi-C#mi 순으로 연주하자.

◈ A Minor Key의 I-IV-V-I, 1~3번 줄, 첫째 자리바꿈(1st Inversion)에서 시작

- A Minor Key의 I-IV-V-I은 Ami, Dmi, Emi, Ami이다. 계산하기 어려우면 5번 줄 개방현에서 5칸 위가 IV이고, 7칸 위가 V인 것을 확인하자.
- 먼저 A 마이너 코드의 첫째 자리바꿈(1st Inversion)을 1~3번 줄에서 찾자.
- 다이어그램에서 1~3번 줄에 흰 건반(White Keys) 음을 표기한다.
- A 마이너 트라이어드의 세 가지 자리바꿈(Inversion)을 표시한다.

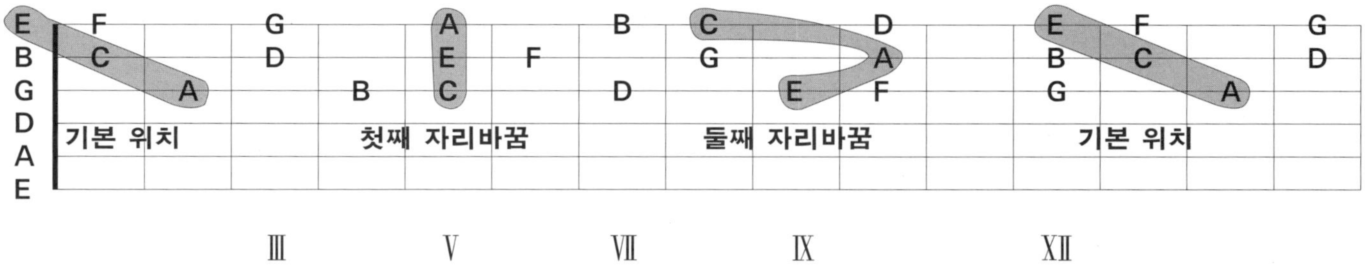

- 우리가 찾는 A 마이너 코드의 첫째 자리바꿈(1st Inversion)이 왼쪽에서 두 번째에 있다.
- 이제 D 마이너 코드와 E 마이너 코드를 찾아야 한다. A 마이너 코드와 같은 방법으로 찾자.

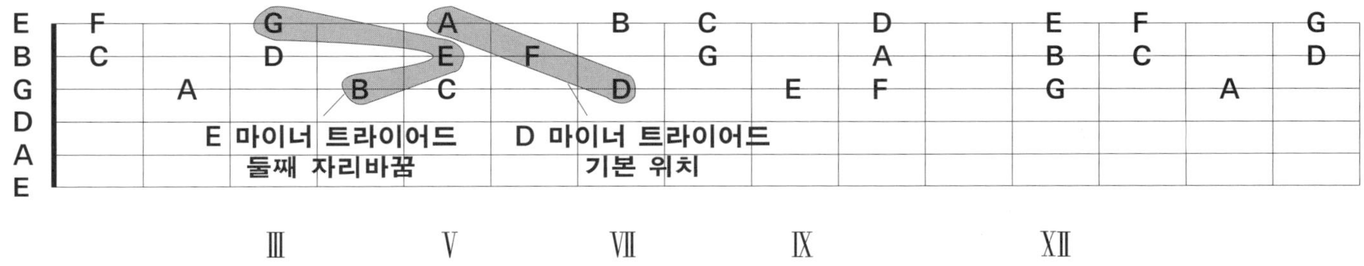

- 찾은 코드 세 개를 Ami-Dmi-Emi-Ami 순으로 연주하자.

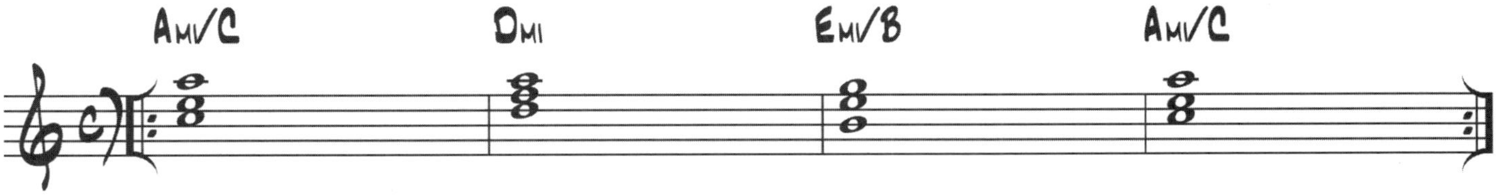

◈ F Minor Key의 I-IV-V-I, 3~5번 줄, 둘째 자리바꿈(2nd Inversion)에서 시작

- F Minor Key의 I-IV-V-I은 Fmi, Bbmi, Cmi, Fmi이다. 계산하기 어려우면 6번 줄 1프렛에서 5칸 위가 IV이고, 7칸 위가 V인 것을 확인하자.
- 먼저 F 마이너 코드의 둘째 자리바꿈(2nd Inversion)을 3~5번 줄에서 찾자.
- 다이어그램에서 3~5번 줄에 흰 건반(White Keys) 음을 표기한다.

• F 마이너 트라이어드의 세 가지 자리바꿈(Inversion)을 표시한다.

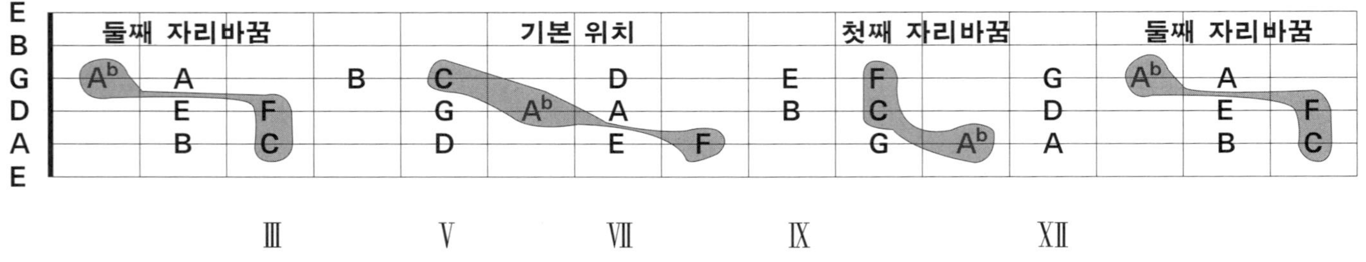

• 우리가 찾는 F 마이너 코드의 둘째 자리바꿈(2nd Inversion)이 두 곳에 있다.
• 두 곳에서 모두 연주할 수 있지만 개방현 쪽에서 연주하자.
• 이제 Bb 마이너 코드와 C 마이너 코드를 찾아야 한다. F 마이너 코드와 같은 방법으로 찾자.

• 찾은 코드 세 개를 Fmi-Bbmi-Cmi-Fmi 순으로 연주하자.

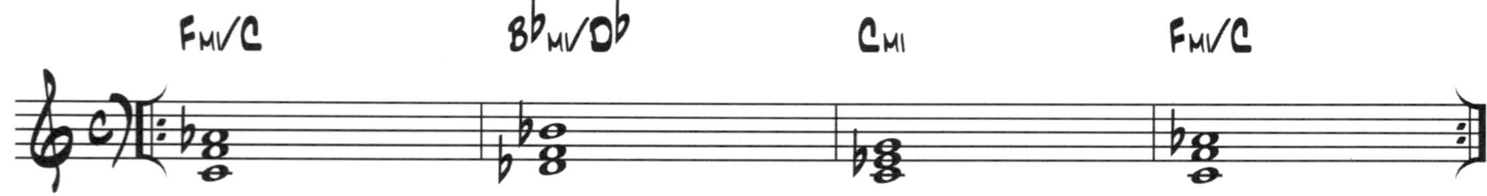

◆ G Minor Key의 I-IV-V-I, 4~6번 줄, 기본 위치(Root Position)에서 시작

• G Minor Key의 I-IV-V-I은 Gmi, Cmi, Dmi, Gmi이다. 계산하기 어려우면 3번 줄 개방현에서 5칸 위가 IV이고, 7칸 위가 V인 것을 확인하자.
• 먼저 G 마이너 코드의 기본 위치(Root Position)를 4~6번 줄에서 찾자.
• 다이어그램에서 4~6번 줄에 흰 건반(White Keys) 음을 표기한다.
• G 마이너 트라이어드의 세 가지 자리바꿈(Inversion)을 표시한다.

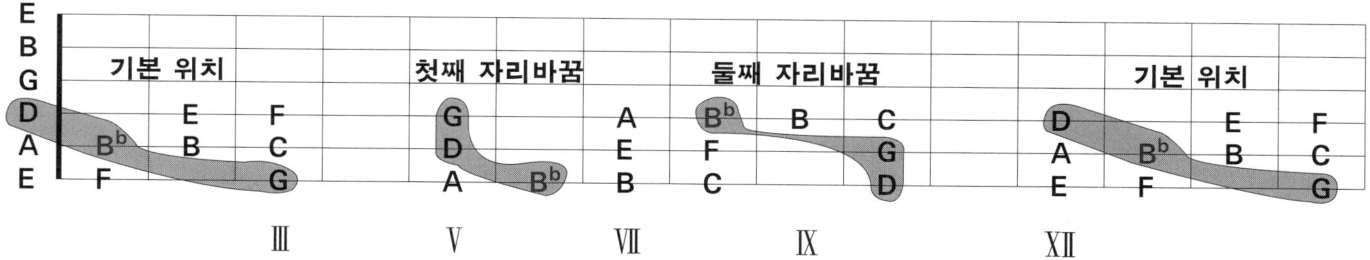

- 우리가 찾는 G 마이너 코드의 기본 위치(Root Position)가 두 곳에 있다.
- 두 곳에서 모두 연주할 수 있지만 개방현 쪽에서 연주하자.
- 이제 C 마이너 코드와 D 마이너 코드를 찾아야 한다. G 마이너 코드와 같은 방법으로 찾자.

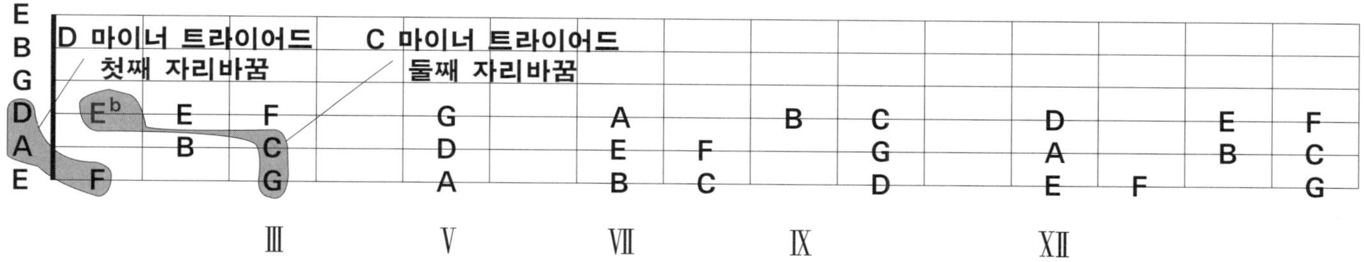

- 찾은 코드 세 개를 Gmi-Cmi-Dmi-Gmi 순으로 연주하자.

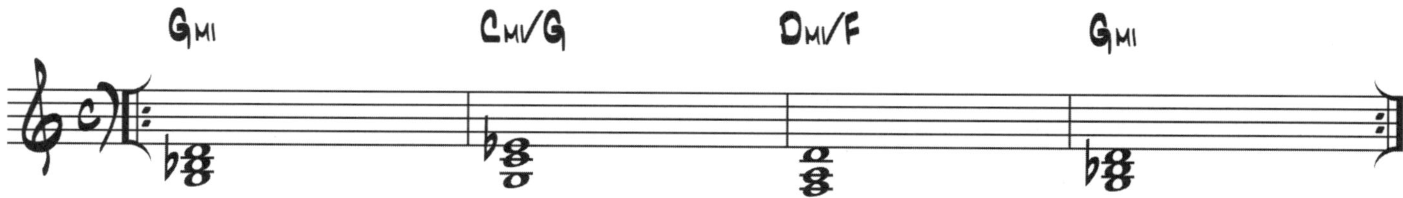

8장
리딩(Reading) - Level Ⅱ

◈ 도레미 송: Richard Rogers 작곡

다음 악보는 영화 사운드 오브 뮤직 삽입곡인 도레미 송이다.

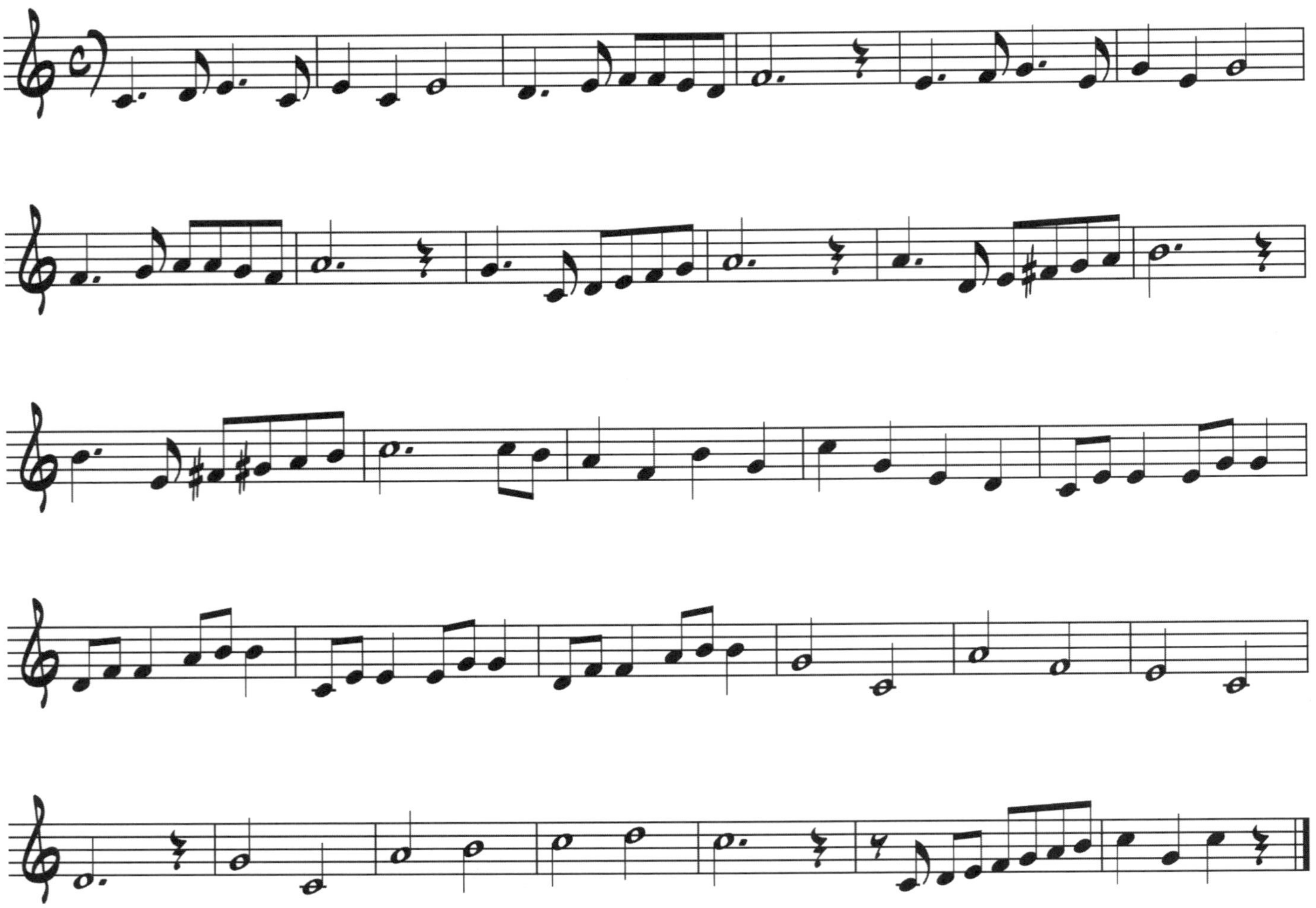

먼저 임의로 포지션을 선택하여 연습하는데 6th 포지션에서 연주하자.

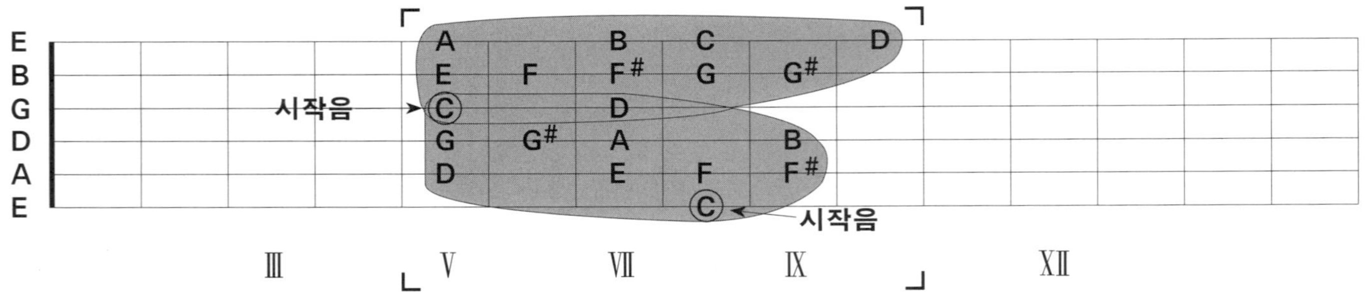

- 악보에 기보된 음역대로 연주하려면 6번 줄 8프렛 C에서 시작한다. 한 옥타브 올려 연주하려면 3번 줄 5프렛 C에서 시작한다. 두 가지를 모두 연습하자.
- 음이름을 가사로 삼아 노래하며 연습한다.

10th 포지션에서도 연주하자.

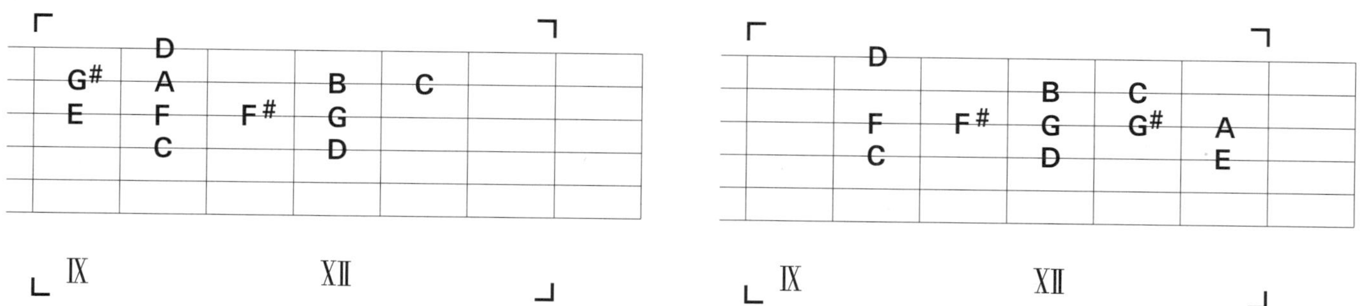

- 위와 같이 두 가지 방법으로 연주할 수 있는데 악보에 기보된 것보다 한 옥타브 높게 연주한다.
- 음이름을 가사로 삼아 노래하며 연습한다.
- 다른 포지션을 선택하여 같은 방법으로 연습한다.

◆ O Canada : Calixa Lavallée 작곡

다음 악보는 캐나다의 국가인 O Canada이다. 한 번만 들어도 기억에 남을 정도로 선율이 인상적인 곡이다.

먼저 임의로 포지션을 선택하여 연습하는데 8th 포지션에서 연주하자.

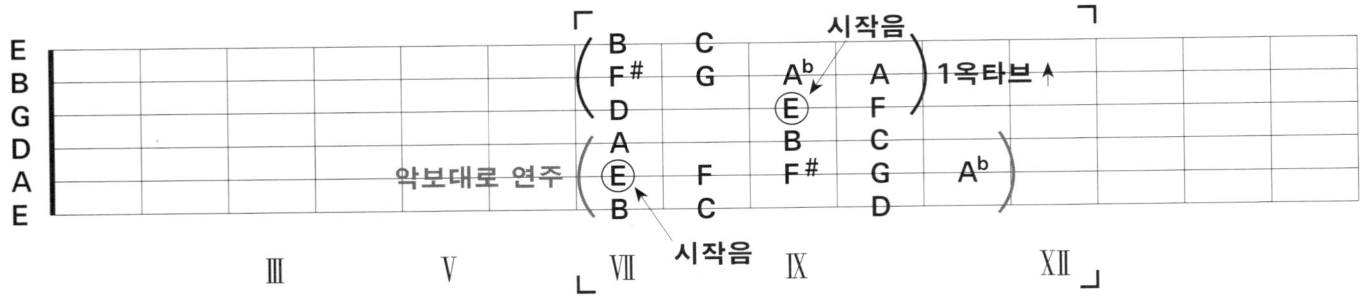

- 악보에 기보된 음역대로 연주하려면 5번 줄 7프렛 E에서 시작한다. 한 옥타브 올려 연주하려면 3번 줄 9프렛 E에서 시작한다. 두 가지를 모두 연습하자.
- 음 이름을 가사로 삼아 노래하며 연습한다.

4th 포지션에서도 연주하자.

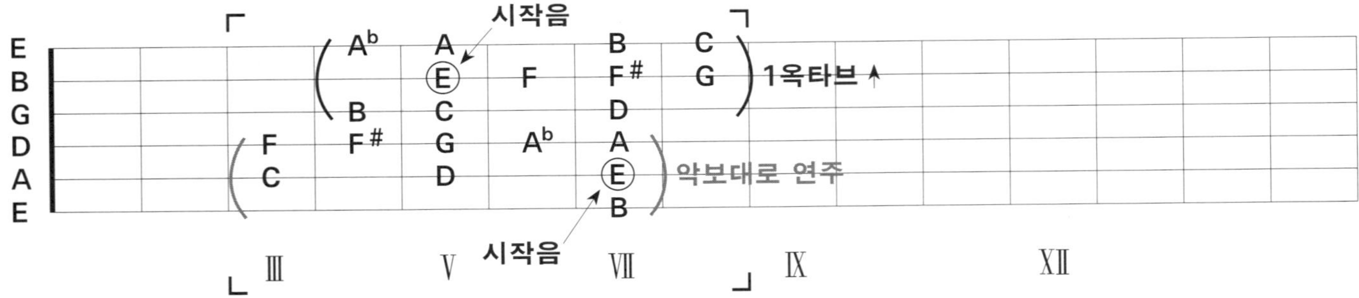

- 악보에 기보된 음역대로 연주하려면 5번 줄 7프렛 E에서 시작한다. 한 옥타브 올려 연주하려면 2번 줄 5프렛 E에서 시작한다. 두 가지를 모두 연습하자.
- 음 이름을 가사로 삼아 노래하며 연습한다.

◆ Greensleeves: 영국 민요

다음 악보는 영국 민요인 푸른 옷소매(Greensleeves)이다. 제목이 생소하더라도 멜로디는 익숙할 것이다.

우리는 이미 6장 코드(Chord)-Level 1과 7장 체인지(Change)-Level 1에서 트라이어드(Triad)를 충분히 연습하였다. 따라서 지금부터는 악보의 코드도 함께 읽도록 한다. 코드가 함께 있는 악보를 읽는 방법은 크게 세 가지이다. 세 가지 방법을 모두 연습하자.

    1. 멜로디만 리딩

    2. 코드만 리딩

    3. 멜로디와 코드를 함께 리딩

1. 멜로디만 연주하자. 6th 포지션과 1st 포지션에서 연주하자.

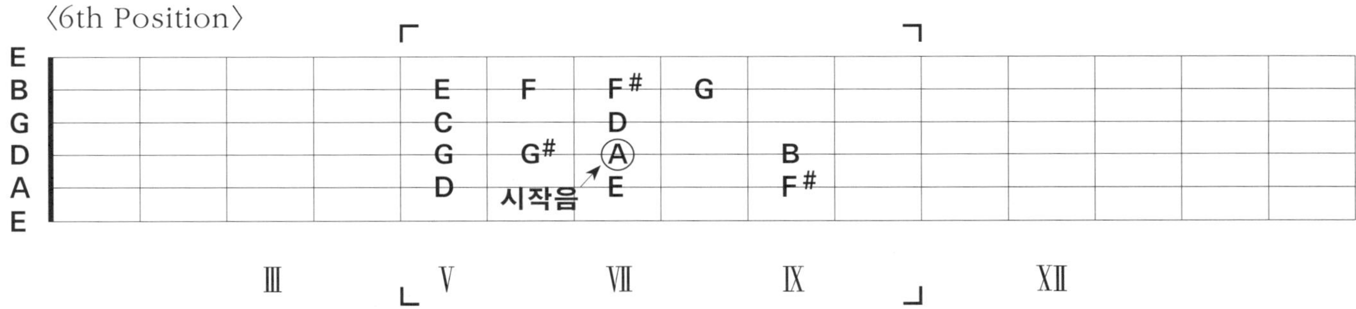

• 위에 표시한 음을 사용하여 악보에 기보된 것과 같은 음역대에서 연주할 수 있다.

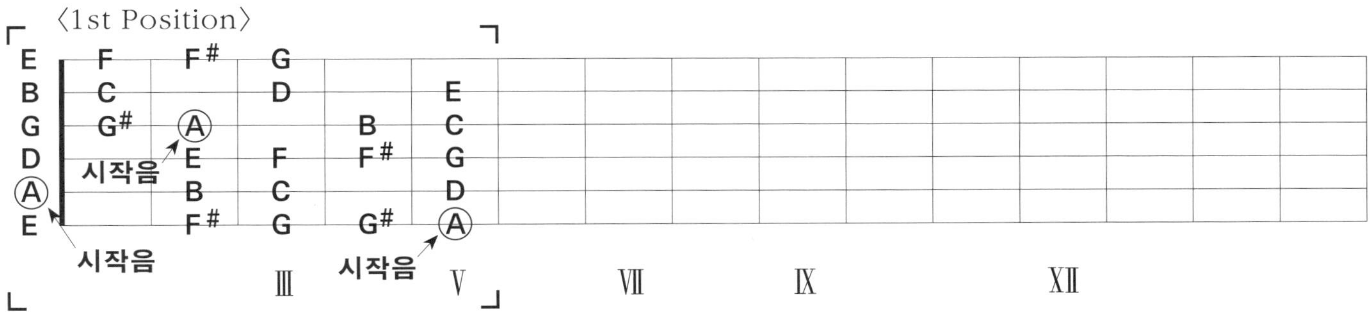

- 3번 줄 2프렛 A에서 시작하면 악보에 기보된 것과 같은 음역대를 연주할 수 있는데, 개방현을 사용하여 연주할 수도 있고 개방현을 사용하지 않고 연주할 수도 있다.
- 6번 줄 5프렛 A나 5번 줄 개방현 A에서 시작하면 악보에 기보된 멜로디보다 한 옥타브 낮게 연주할 수 있다.

2. 코드만 연주하자.

- 가장 먼저 나오는 코드는 Ami이다.
- 1~3번 줄, 2~4번 줄, 3~5번 줄, 4~6번 줄 가운데 하나를 고른다.
- 기본 위치(Root Position), 첫째 자리바꿈(1st Inversion), 둘째 자리바꿈(2nd Inversion) 가운데 하나를 고른다.
- 필자는 4~6번 줄, 첫째 자리바꿈(1st Inversion)을 선택하였다.
- Ami의 구성음은 근음, 단 3도, 완전 5도로 A, C, E이다.
- 첫째 자리바꿈(1st Inversion)은 3, 5, 1 순서이므로 저음부터 C, E, A이다.
- 4~6번 줄의 흰 건반(White Keys) 음을 다이어그램에 표기한다.
- 6번 줄에서 C를, 5번 줄에서 E를, 4번 줄에서 A를 찾아 묶는다.

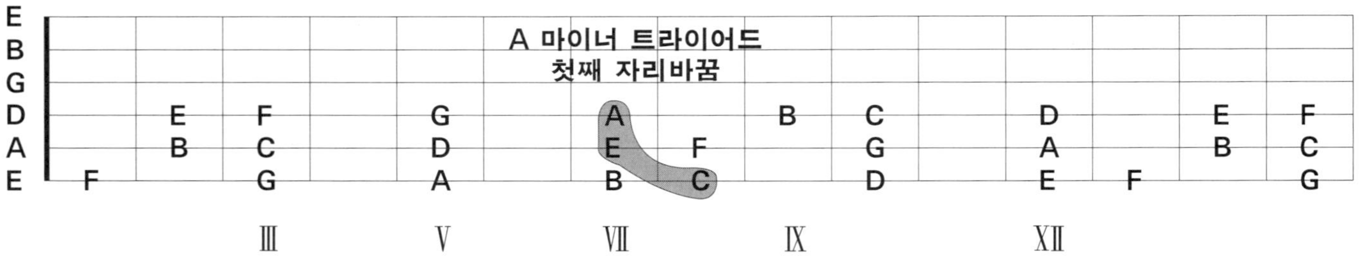

- C, G, F, E 코드를 더 찾아야 한다. 위에 있는 Ami 코드와 가까운 위치에서 찾자. (G/B와 C/A는 각각 G와 C로 연주한다. 아직 7th 코드를 다루지 않았으므로 E7은 E로 연주한다.)

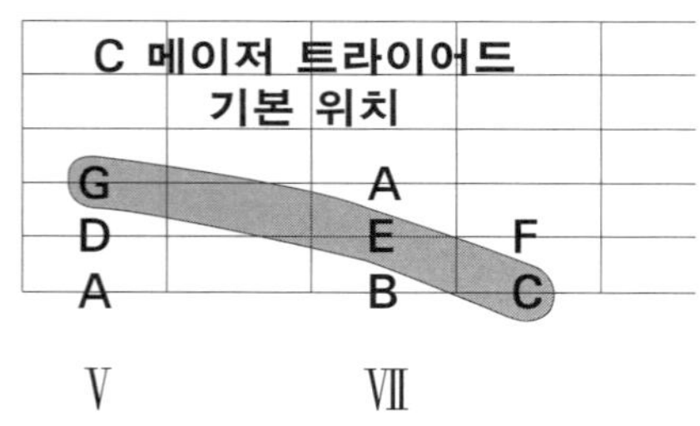

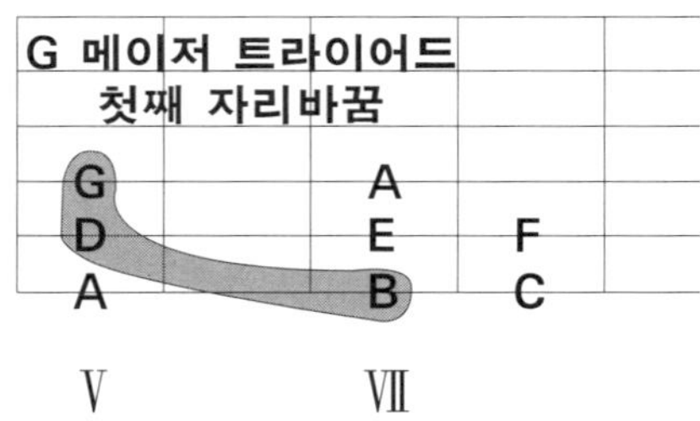

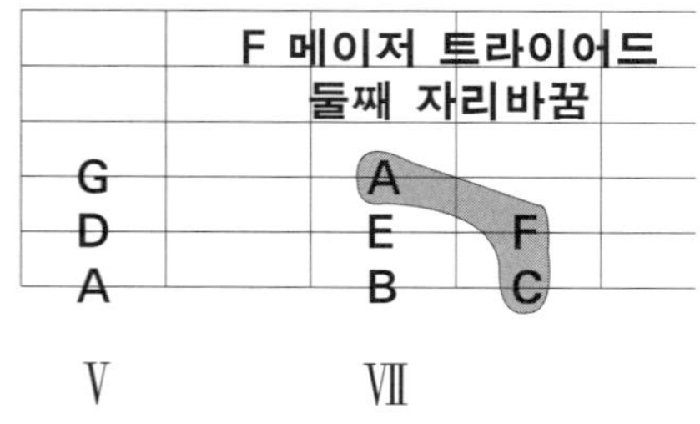

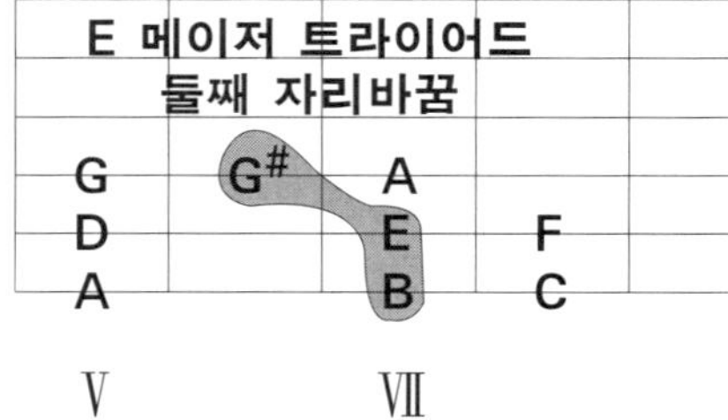

앞에서 찾은 코드로 다음 악보를 연주할 수 있다. 피크를 써도 좋고 손가락으로 연주해도 좋다. 함께 연습할 선생님이나 학생, 동료가 있으면 멜로디와 코드로 파트를 나누어 연주하면 더 효과적이다.

3. 다른 위치에서 코드를 연주하자.

- 2~4번 줄, 기본 위치(Root Position)를 선택하였다.

- Ami 코드의 구성음은 A, C, E이다.

- 기본 위치(Root Position)는 1, 3, 5 순서이므로 저음부터 A, C, E이다.

- 2~4번 줄의 흰 건반(White Keys) 음을 다이어그램에 표기한다.

- 4번 줄에서 A를, 3번 줄에서 C를, 2번 줄에서 E를 찾아 묶는다.

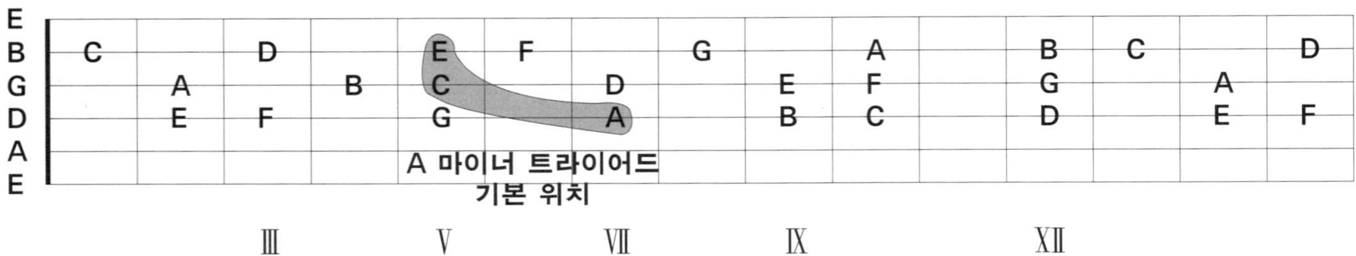

- C, G, F, E 코드를 더 찾아야 한다. 위에 있는 Ami 코드와 가까운 위치에서 찾자.

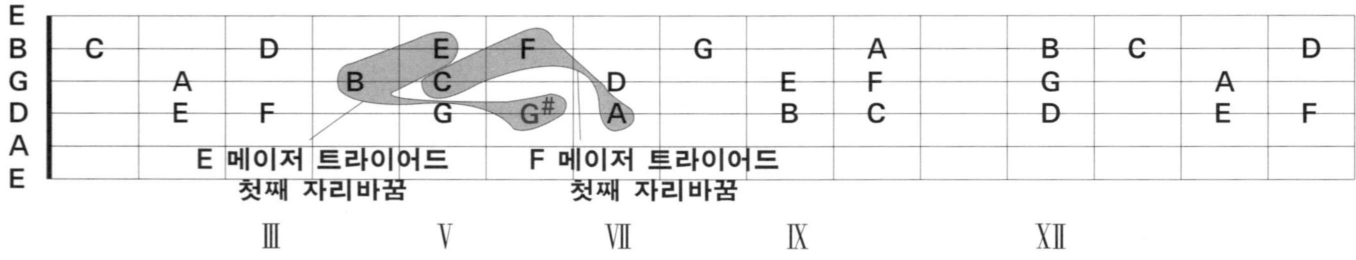

앞에서 찾은 코드로 다음 악보를 연주할 수 있다. 피크를 써도 좋고 손가락으로 연주해도 좋다. 함께 연습할 선생님이나 학생, 동료가 있으면 멜로디와 코드로 파트를 나누어 연주하면 더 효과적이다.

4. 코드와 멜로디를 함께 연주하자.

- 피아노를 칠 때 왼손은 주로 코드를 연주하고 오른손은 주로 멜로디를 연주한다. 왼손에 해당하는 코드 연주와 오른손에 해당하는 멜로디 연주를 따로 연습한 다음에 두 손으로 동시에 연주하자.
- 멜로디 아래에 코드를 붙이려면 세 개의 줄이 필요하다.
- 5번 줄이나 6번 줄에서 멜로디를 연주하면 해당 줄을 포함하여 아래에 있는 세 개의 줄에서 코드를 연주할 수 없으므로 1번 줄, 2번 줄, 3번 줄, 4번 줄을 사용하여 멜로디를 연주한다.
- 포지션을 정하지 말고 자유롭게 연주하자.
- 포지션 마크, 줄 번호, 손가락 번호를 참고하며 다음 악보처럼 멜로디를 연주하자.

• 위 멜로디를 다음 위치에서 연주할 수 있다.

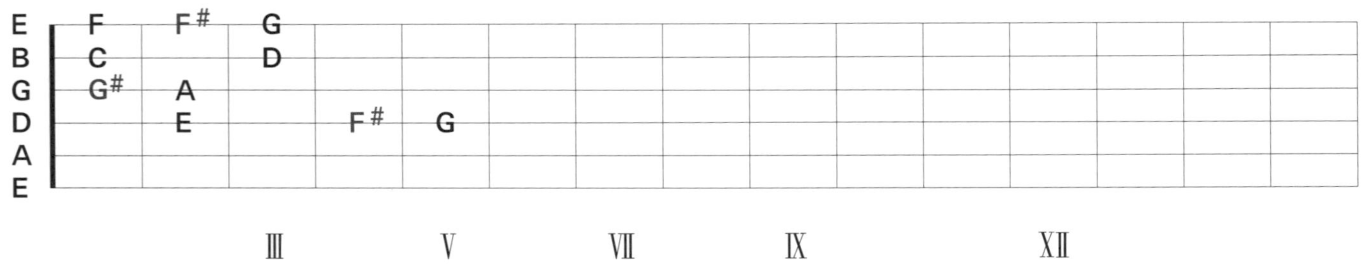

5. 멜로디 아래에 트라이어드(3화음)를 붙이는 방법

트라이어드는 음 세 개로 이루어진 코드이다. 멜로디 아래로 코드를 쌓을 때는 근음에서 코드를 쌓아올리는 것과 달리 세 개의 음 가운데 가장 높은 음이 몇 도인지가 중요하다.

앞에서 공부한 것처럼 트라이어드의 자리바꿈은 세 가지이다.
   • 기본 위치(Root Position)는 1, 3, 5 순서이므로 가장 높은 음(Top Note)이 5도 음이다.
   • 첫째 자리바꿈(1st Inversion)은 3, 5, 1 순서이므로 가장 높은 음(Top Note)이 1도 음, 즉 근음이다.

• 둘째 자리바꿈(2nd Inversion)은 5, 1, 3 순서이므로 가장 높은 음(Top Note)이 3도 음이다.

Greensleeves의 첫 네 마디 멜로디를 살펴보자.

• 첫 마디의 코드는 Ami이고 멜로디는 C이다. 이것은 A 마이너 코드의 3도 음이므로 아래에 근음과 5도 음을 쌓으면 둘째 자리바꿈(2nd Inversion)에 해당한다.
• 둘째 마디의 코드는 C이고 멜로디는 E이다. 이것은 C 메이저 코드의 3도 음이므로 아래에 근음과 5도 음을 쌓으면 둘째 자리바꿈(2nd Inversion)에 해당한다.
• 셋째 마디의 코드는 G이고 멜로디는 D이다. 이것은 G 메이저 코드의 5도 음이므로 아래에 3도 음과 근음을 쌓으면 기본 위치(Root Position)에 해당한다.
• 넷째 마디의 코드는 G이고 멜로디는 G이다. 이것은 G 메이저 코드의 근음이므로 아래에 5도 음과 3도 음을 쌓으면 첫째 자리바꿈(1st Inversion)에 해당한다.

이런 방식으로 모든 마디에서 멜로디 첫 음 아래로 트라이어드를 쌓으면 다음과 같은 악보가 된다. 이 악보를 연주하자. 피크를 써도 좋고 손가락으로 연주해도 좋다. 멜로디에 코드를 기계적으로 달아놓은 악보이니 연주곡보다 연습곡이라는 생각으로 연주에 임하자. 또 연주에 필요한 코드의 위치는 악보 아래에 있다.

각 코드의 위치를 다이어그램에 표기하자.

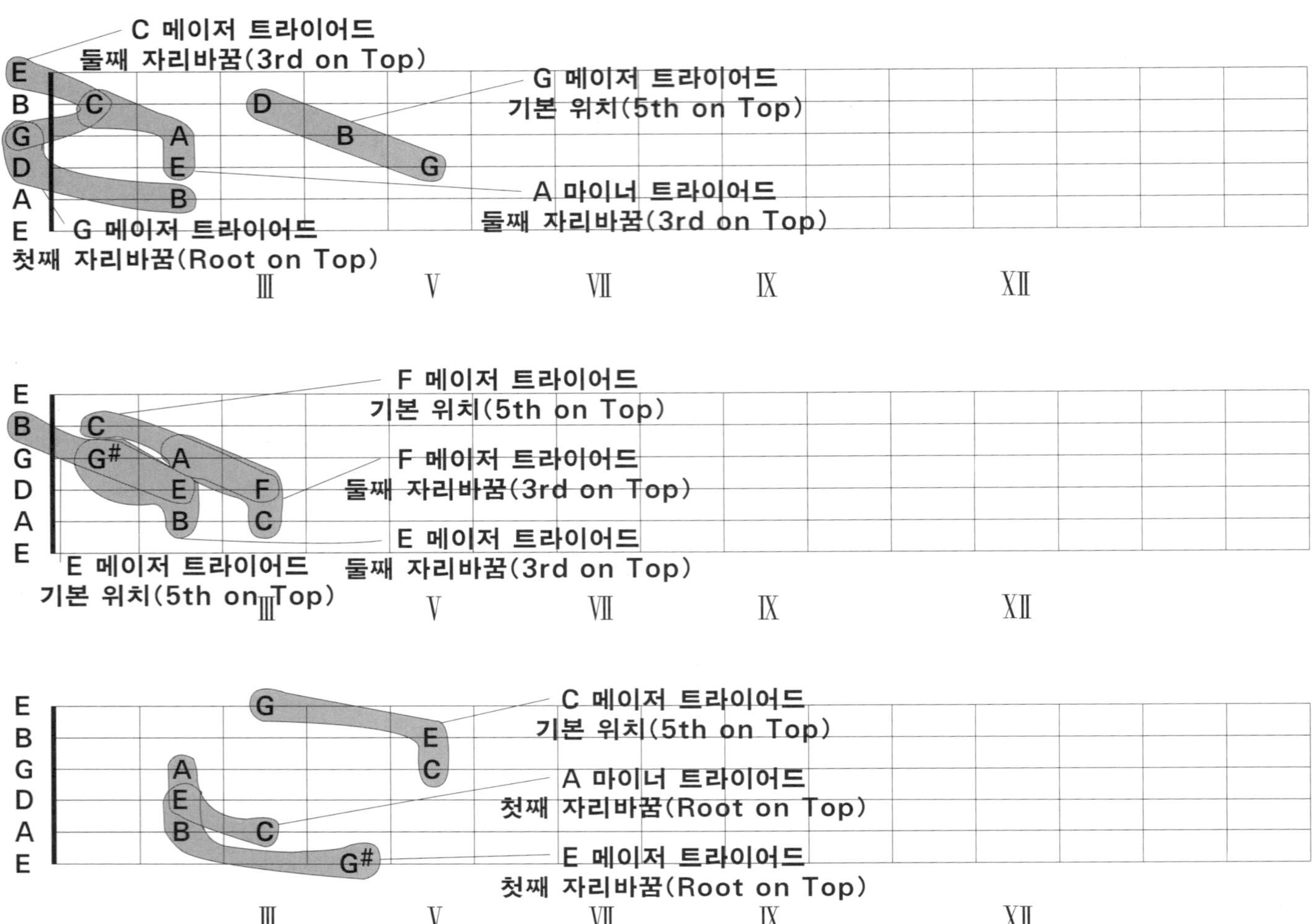

이 곡의 멜로디와 코드를 지판 위의 다른 위치에서도 연주 할 수 있는데 다음 다이어그램에서 표기한 음을 사용하여 연주할 수 있다.

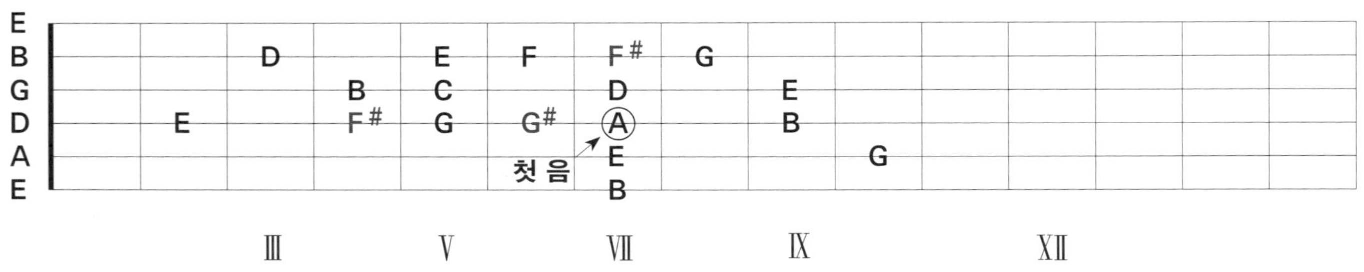

이 경우 멜로디 아래에 연주할 수 있는 코드는 다음과 같다.

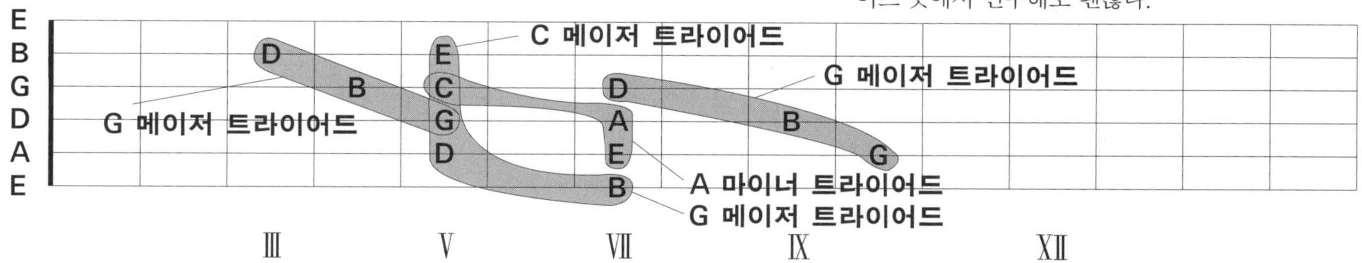

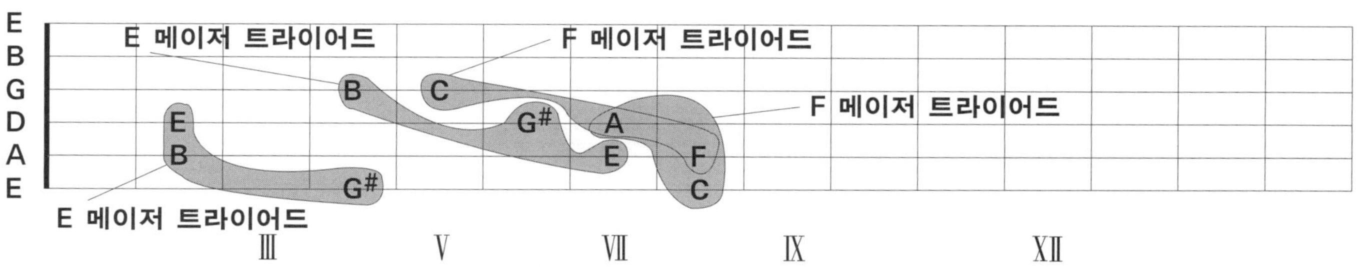

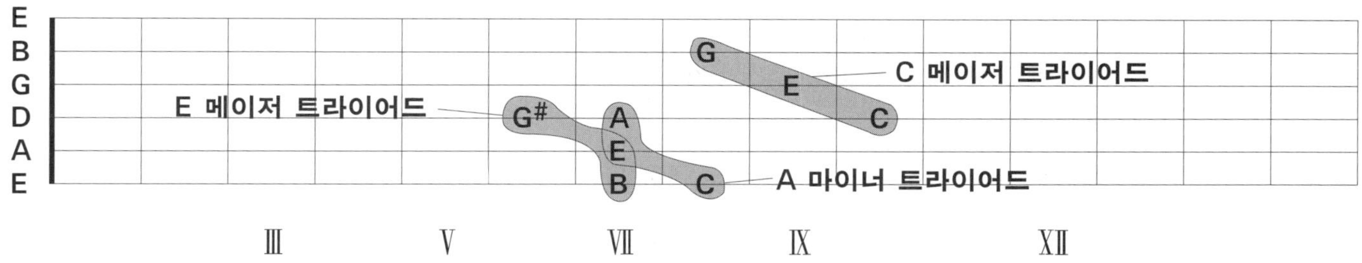

◆ Yesterday: John Lennon 작곡

다음 악보는 비틀즈의 명곡 Yesterday를 C 키로 조옮김 한 것이다. 이 곡을 다음 과정으로 연습하자.

1. 멜로디만 연주(피아노의 오른손)

2. 코드만 연주(피아노의 왼손)

3. 멜로디와 코드를 함께 연주(양손 함께 연주)

1. 멜로디만 연주하자.

· 임의로 포지션을 정하여 연습하는데 2nd 포지션과 10th 포지션에서 연주하자.

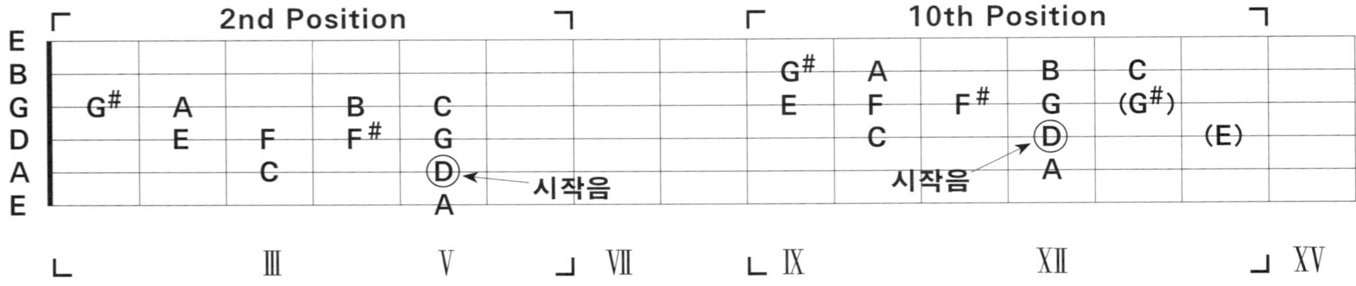

· 10th 포지션의 경우에는 악보에 기보된 음보다 한 옥타브 올려 연주한다.
· 한 포지션에도 중복된 음이 여럿이므로 위에 표기된 음 말고도 다른 위치에서 연주할 수 있다. 예를 들어 10th 포지션의 경우에 E를 4번 줄 14프렛에서 연주할 수 있고, G#을 3번 줄 13프렛에서 연주할 수 있다.

· 6th 포지션에서도 연주하자.
· 5번 줄 5프렛의 D에서 시작하면 악보에 기보된 음역대로 연주하고, 3번 줄 7프렛의 D에서 시작하면 악보에 기보된 음보다 한 옥타브 높게 연주한다.

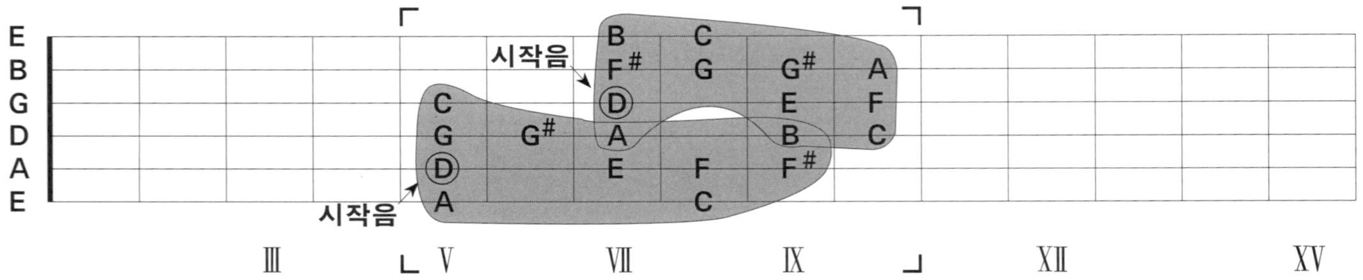

2. 코드만 연주하자.

- 가장 먼저 나오는 코드는 C이다.
- 1~3번 줄, 2~4번 줄, 3~5번 줄, 4~6번 줄 가운데 하나를 고른다.
- 기본 위치(Root Position), 첫째 자리바꿈(1st Inversion), 둘째 자리바꿈(2nd Inversion) 가운데 하나를 고른다.
- 필자는 1~3번 줄, 첫째 자리바꿈(1st Inversion)을 선택하였다.
- C 코드의 구성음은 근음, 장 3도, 완전 5도이므로 C(Root), E(3rd), G(5th)이다.
- 첫째 자리바꿈(1st Inversion)은 3, 5, 1 순서이므로 저음부터 E, G, C이다.
- 1~3번 줄의 흰 건반(White Keys) 음을 다이어그램에 표기한다.
- 3번 줄에서 E를, 2번 줄에서 G를, 1번 줄에서 C를 찾아 묶는다.

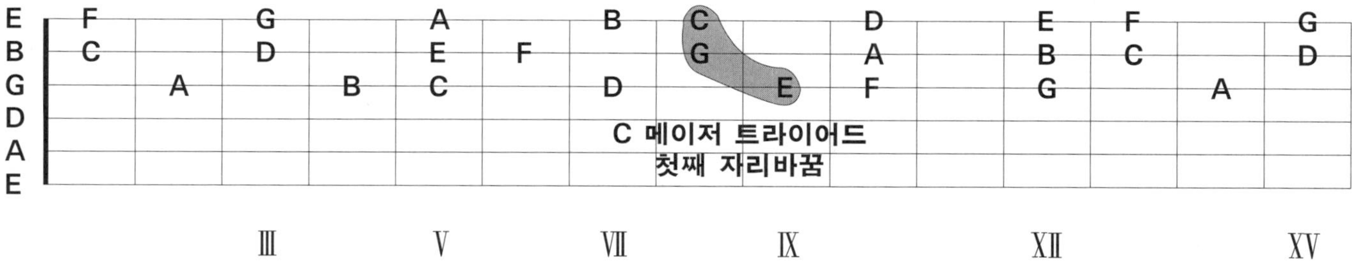

- Bmi, E, Ami, F, G, D, Emi 코드를 더 찾아야 한다. 위에 있는 C 코드와 가까운 위치에서 찾자.

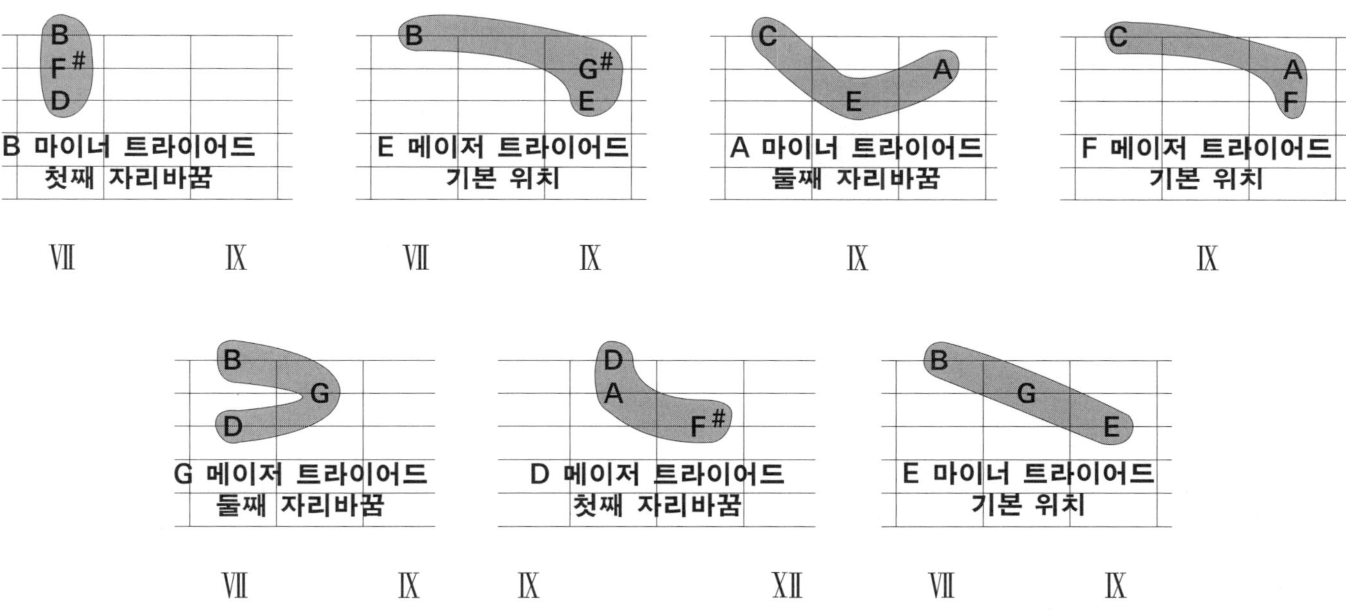

찾은 코드로 다음 악보를 연주하자. 함께 연습할 선생님이나 학생, 동료가 있으면 멜로디와 코드로 파트를 나누어 연주하면 더 효과적이다.

3. 다른 위치에서 코드를 연주하자.

 • 3~5번 줄, 기본 위치(Root Position)를 선택하였다.

- C 코드의 구성음은 C, E, G이다.
- 기본 위치(Root Position)는 1, 3, 5 순서이므로 저음부터 C, E, G이다.
- 3~5번 줄의 흰 건반(White Keys) 음을 다이어그램에 표기한다.
- 5번 줄에서 C를, 4번 줄에서 E를, 3번 줄에서 G를 찾아 묶는다.

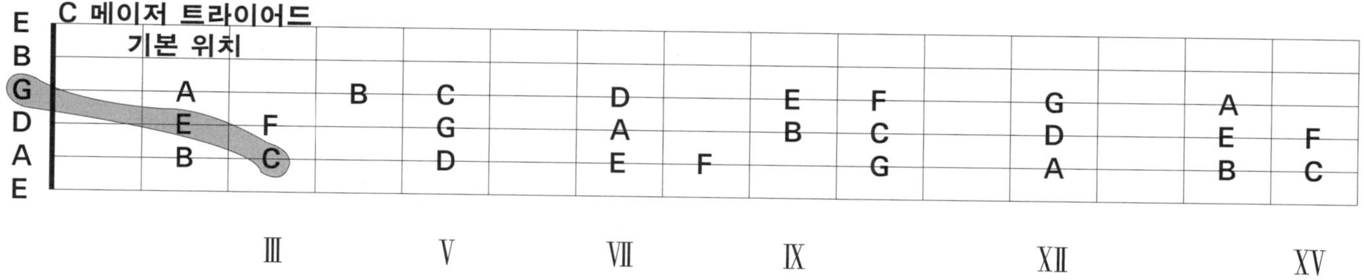

- Bmi, E, Ami, F, G, D, Emi 코드를 더 찾아야 한다. 위에 있는 C 코드와 가까운 위치에서 찾자.

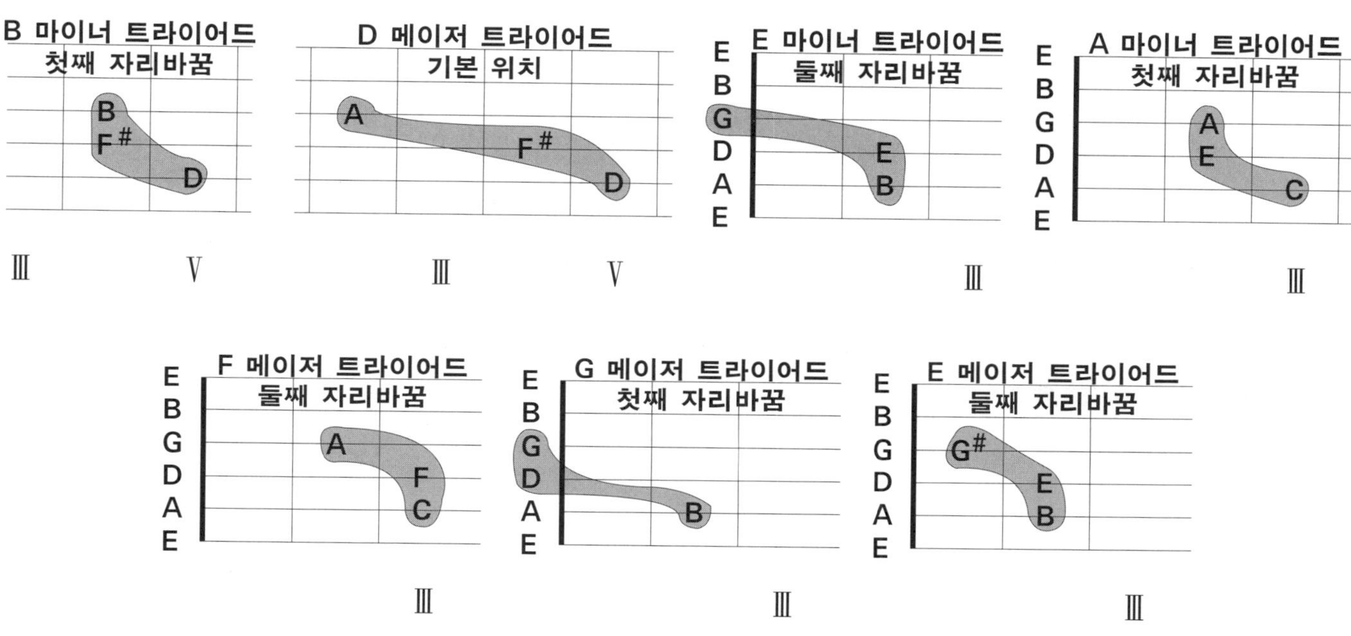

4. 또 다른 위치에서 코드를 연주하자.

- 2~4번 줄, 둘째 자리바꿈(2nd Inversion)에서 연주하자.
- C 코드의 구성음은 C, E, G이다.
- 둘째 자리바꿈(2nd Inversion)은 5, 1, 3 순서이므로 저음부터 G, C, E이다.
- 2~4번 줄의 흰 건반(White Keys) 음을 다이어그램에 표기한다.
- 4번 줄에서 G를, 3번 줄에서 C를, 2번 줄에서 E를 찾아 묶는다.

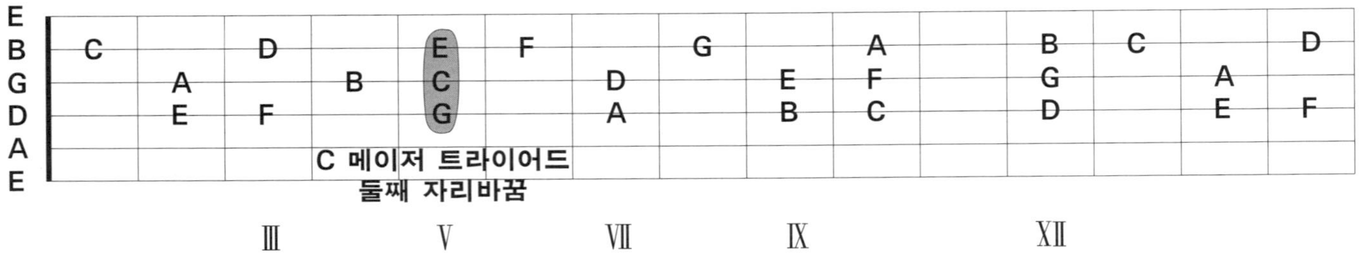

• Bmi, E, Ami, F, G, D, Emi 코드를 더 찾아야 한다. 위에 있는 C 코드와 가까운 위치에서 찾자.

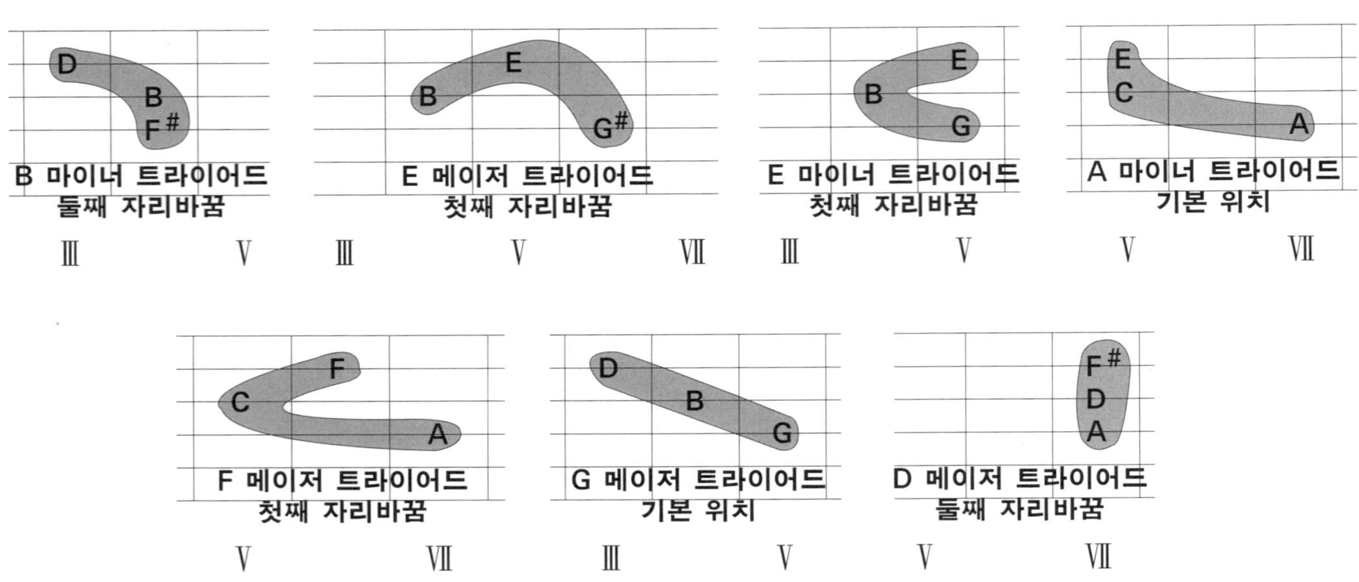

5. 코드와 멜로디를 함께 연주하자.

〈Bar 1〉

첫 마디 코드는 C이고 멜로디는 D-C이다. 첫 음이 C 코드의 2도에 해당한다. 다음 장에 나오는 add9 보이싱을 익히면 D를 Top으로 하여 코드를 연주할 수 있지만, 지금은 그 다음 음인 C에만 코드를 붙이자.

이처럼 세 번째 박자에 코드를 붙여 연주하자.

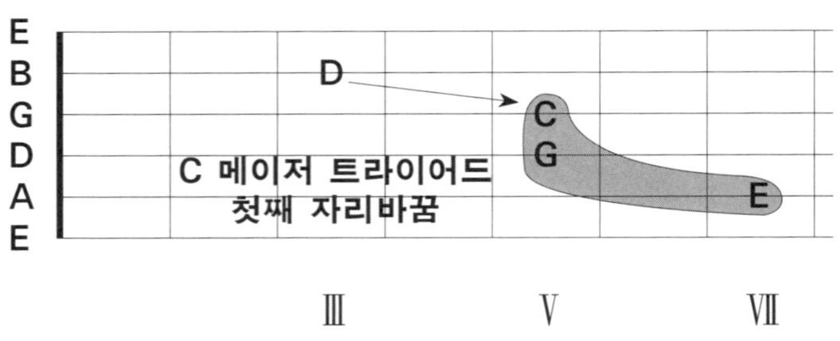

둘째 마디는 첫 박자가 쉼표이다. 이런 때는 멜로디와 관계없이 첫 박자에 Bmi를 연주하되 음역대와 자리바꿈을 자유롭게 선택할 수 있다. 셋째 박자의 음은 G#으로 E코드의 3도이므로 둘째 자리바꿈(2nd Inversion)을 연주할 수 있다.

이처럼 코드를 붙여 연주하자.

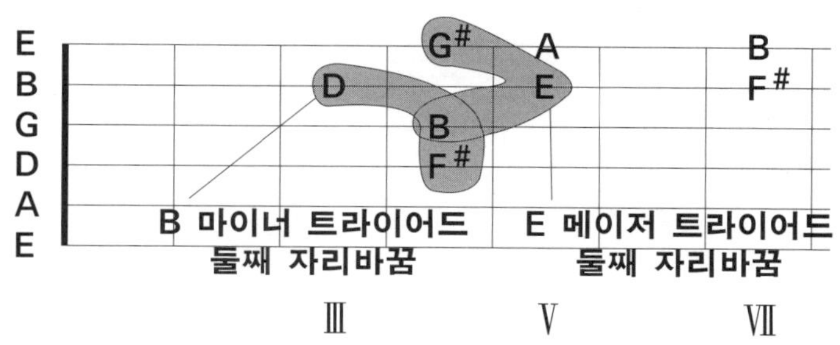

첫 음인 B는 Ami의 9th에 해당한다. 아직 9th 보이싱을 배우지 않았으므로 두 번째 음인 A 아래에 A 마이너 트라이어드를 붙이자.

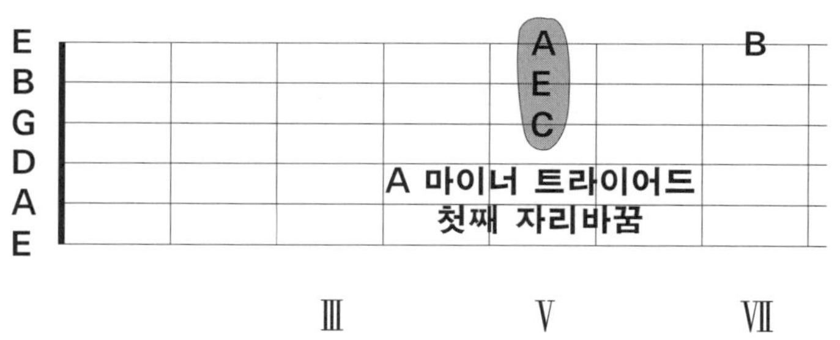

첫 박자가 쉼표라 모든 자리바꿈을 연주할 수 있지만 첫 음이 A이므로 A를 Top으로 하는 둘째 자리바꿈(2nd Inversion)을 붙이자. G 코드의 첫 음은 G이므로 첫째 자리바꿈(1st Inversion)을 붙이자.

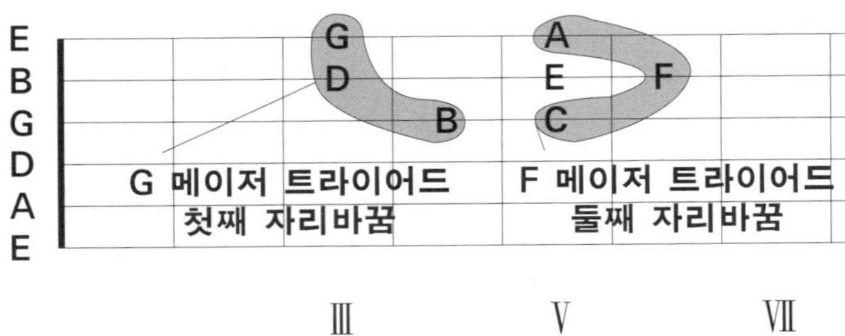

〈Bar 5〉

첫 코드가 F이고 첫 음도 F이므로 첫째 자리바꿈(1st Inversion)으로 연주할 수 있다. C 코드의 음은 E이므로 둘째 자리바꿈(2nd Inversion)을 붙이고, B 마이너 코드는 음이 D이므로 둘째 자리바꿈(2nd Inversion)을 붙이자.

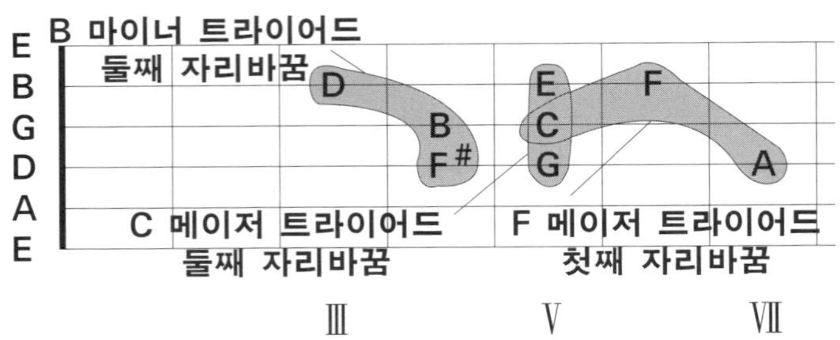

〈Bar 6〉

A 마이너 코드의 첫 음은 C이므로 둘째 자리바꿈(2nd Inversion)을 붙이고. D 코드의 첫 음은 D이므로 첫째 자리바꿈(1st Inversion)을 붙이자.

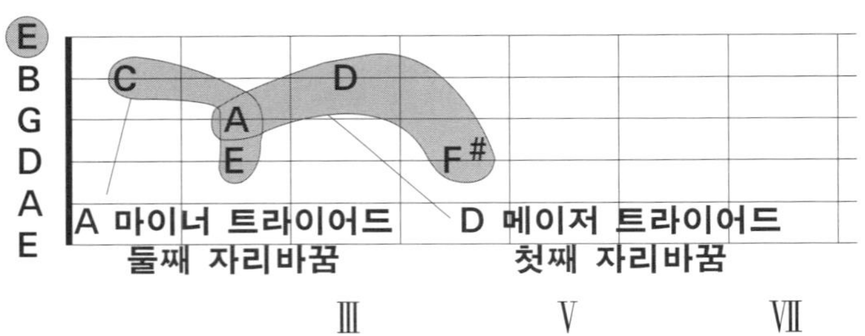

〈Bar 7〉

F 코드의 첫 음은 C이므로 기본 위치(Root Position)를 붙이고, C 코드의 첫 음은 E이므로 둘째 자리바꿈(2nd Inversion)을 붙이자.

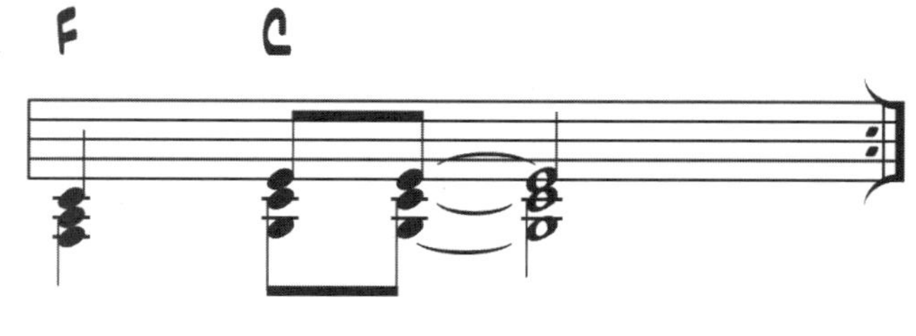

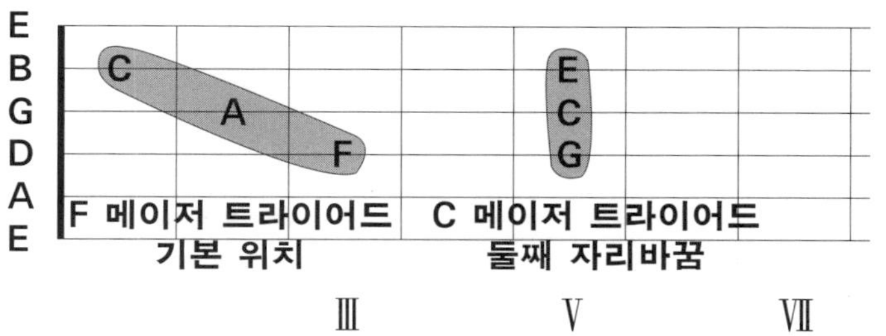

〈Bar 8〉

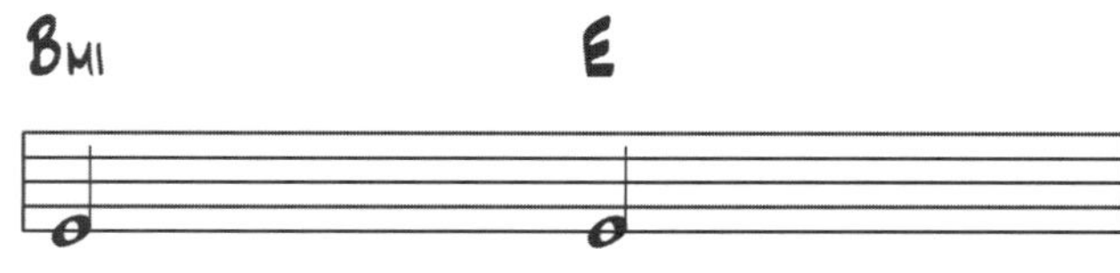

첫 음 E는 B 마이너 코드의 4th이다. 다른 음이 없으므로 둘째 자리바꿈(2nd Inversion)의 3도 음을 한 음 올려 3rd를 생략한 Bm11로 바꿔 잡는다. E 코드의 음은 E이므로 첫째 자리바꿈(1st Inversion)을 붙이자.

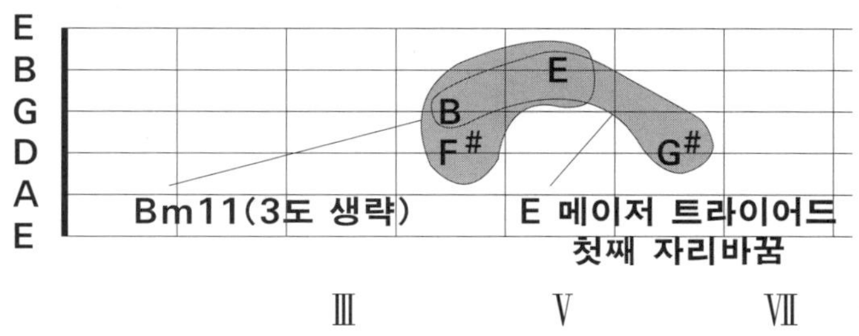

〈Bar 9〉

코드가 네 개 나오는데 A는 A 마이너 코드의 근음이므로 첫째 자리바꿈(1st Inversion)을 붙이고, B는 G 코드의 3rd이므로 둘째 자리바꿈(2nd Inversion)을 붙이고, C는 F 코드의 5th이므로 기본 위치(Root Position)를 붙이고, B는 E 마이너 코드의 5th이므로 기본 위치(Root Position)을 붙이자.

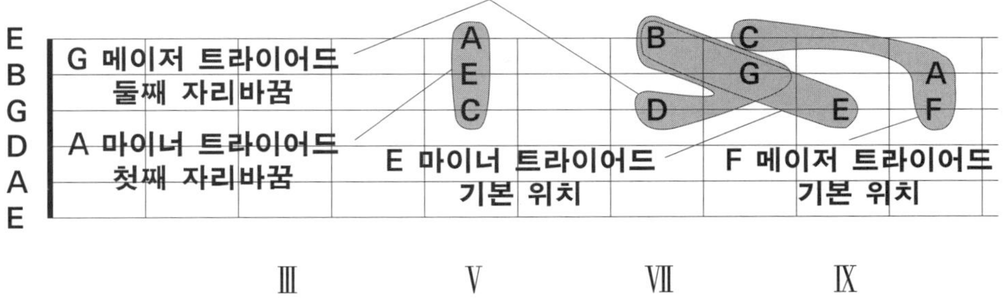

〈Bar 10 & 14〉

첫 음 B는 G 코드의 3rd이므로 둘째 자리바꿈(2nd Inversion)을 붙이자. 마지막 음 E는 다음 마디와 붙임줄로 이어진 음으로 〈Bar 11〉의 C 코드에 해당된다. 이는 C 코드의 3rd이므로 〈bar 11〉에서는 C 코드의 둘째 자리바꿈(2nd Inversion)을 붙이자.

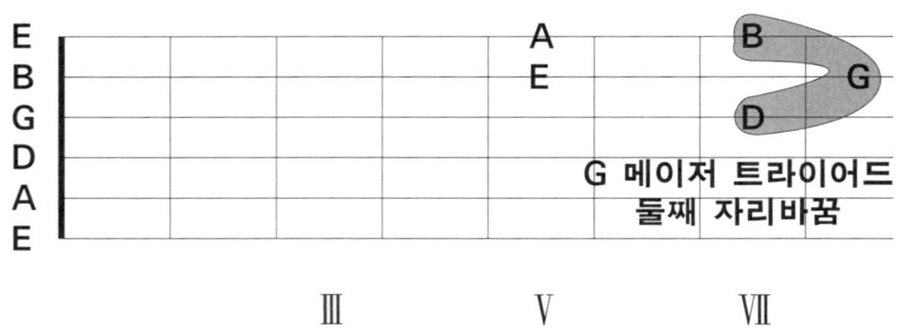

〈Bar 15〉

첫 음은 C이므로 첫째 자리바꿈(1st Inversion)을 붙이고, 둘째 음 G는 기본 위치(Root Position)를 붙이고, 셋째 음 F는 F 코드의 첫째 자리바꿈(1st Inversion)을 붙이고, 마지막 음 E는 C 코드의 둘째 자리바꿈(2nd Inversion)을 붙이자.

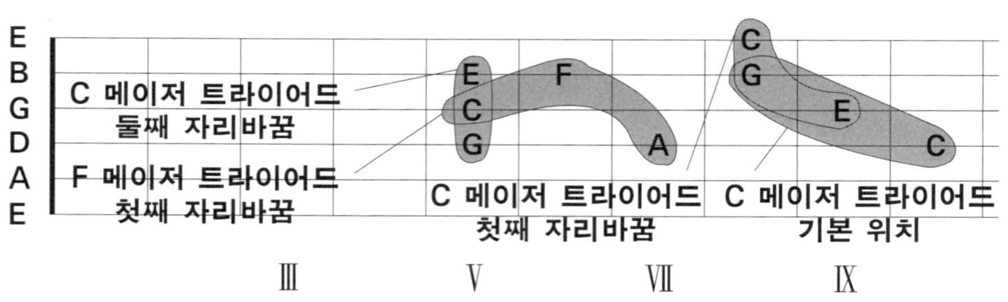

9장
스케일(Scales) - Level Ⅱ

재즈를 비롯한 대중음악 화성 이론을 공부하다 보면 모드(mode)라는 단어를 접한다. Ionian, Dorian, Phrygian, Lydian, Mixo-Lydian, Aeolian, Locrian이라는 골치 아픈 일곱 단어가 등장한다. 이것은 고대 그리스 시대의 지명(地名)을 딴 이름으로 큰 의미를 둘 필요가 없고, 단순히 다이아토닉 하모니(Diatonic Harmony)를 펼쳐 놓은 스케일로 생각하면 된다. 예를 들어 이오니아(Ionia)는 터키 지중해 연안의 지명이고 이오니안(Ionian)은 그곳에 살았던 사람이다.

Ⅰ. 다이아토닉 하모니(Diatonic Harmony)를 펼쳐 놓은 스케일

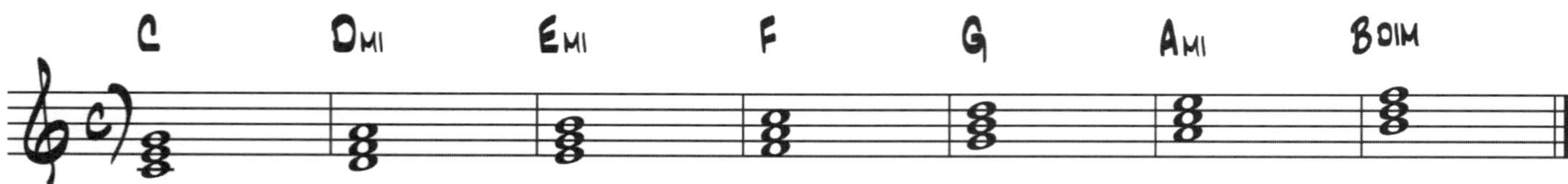

- 피아노의 흰 건반 일곱 개를 나열하면 C Major Scale이 된다.
- 이 일곱 개의 음을 3도 간격으로 세 개씩 쌓으면 위와 같다.
- 이 일곱 개의 음을 3도 간격으로 네 개씩 쌓으면 아래와 같다.

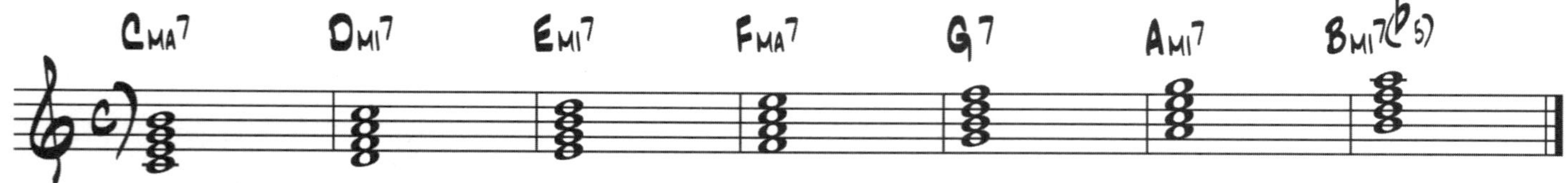

- 위에 있는 일곱 개의 코드를 하나씩 떼어놓고 음정을 정리하자. 7th 코드의 구조는 나중에 설명한다.
  1. Cmaj7: C(근음), E(장 3도), G(완전 5도), B(장 7도)
  2. Dm7: D(근음), F(단 3도), A(완전 5도), C(단 7도)
  3. Em7: E(근음), G(단 3도), B(완전 5도), D(단 7도)
  4. Fmaj7: F(근음), A(장 3도), C(완전 5도), E(장 7도)
  5. G7: G(근음), B(장 3도), D(완전 5도), F(단 7도)
  6. Am7: A(근음), C(단 3도), E(완전 5도), G(단 7도)
  7. Bm7(b5): B(근음), D(단 3도), F(감 5도), A(단 7도)

Ⅱ. Diatonic Harmony(뼈대)에 Extensions(살, 텐션)를 더한 것이 Church Mode이다.

1. Ionian Scale

CM7의 코드 톤(Chord Tones) C, E, G, B (뼈대) + D, F, A (살)

2. Dorian Scale

Dm7의 코드 톤(Chord Tones) D, F, A, C + E, G, B

3. Phrygian Scale

Em7의 코드 톤(Chord Tones) E, G, B, D + F, A, C

4. Lydian Scale

FM7의 코드 톤(Chord Tones) F, A, C, E + G, B, D

5. Mixo-Lydian Scale

G7의 코드 톤(Chord Tones) G, B, D, F + A, C, E

6. Aeolian Scale

Am7의 코드 톤(Chord Tones) A, C, E, G + B, D, F

7. Locrian Scale

Bm7(b5)의 코드 톤(Chord Tones) B, D, F, A + C, E, G

- 즉 교회선법(Church Mode)으로 도출한 이 일곱 개의 스케일은 일곱 개의 다이아토닉 하모니(예: C Key의 경우에 CM7, Dm7, Em7, FM7, G7, Am7, Bm7(b5))를 각각 독립적으로 펼쳐 만든 음계라 할 수 있다. 코드 톤(Chord Tones) 네 개를 수직으로 세우면 코드이고, 옆으로 펼치면 코드 톤 또는 아르페지오이다. 펼쳐 놓은 코드 톤 사이에 살을 더하면 스케일이 된다.

- 더 쉽게 설명하면 일곱 개의 코드를 하나씩 떼어 코드 각각의 색깔이 가장 잘 나타나도록 음계 배열을 재구성한 것이다. 예를 들어 C Ionian Scale은 C, D, E, F, G, A, B이고, D Dorian Scale은 D, E, F, G, A, B, C이다. 두 스케일은 재료가 같지만 배열 순서가 다르다. CM7 코드의 색깔에 맞게 음계를 배열한 것이 C Ionian Scale이고, Dm7 코드의 색깔에 맞게 음계를 배열한 것이 D Dorian Scale이다.

III. Mode를 연습하는 이유

이렇게 복잡한 Mode를 연습하는 이유가 무엇일까? 현대 대중음악은 기타리스트에게 유연한 즉흥성을 요구한다. 클래식 음악처럼 치밀하게 편곡된 악보대로 연주하는 것이 아니다. 멜로디와 코드만 적힌 단순한 악보를 보고 솔로 연주를 하든, Fill in(중간의 허전함을 채우는 꾸밈 멜로디나 리듬)을 넣든, 리듬을 연주하든 기타리스트 스스로 해야 한다. 가령 악보에 Fmi7이라 쓰여있고 그 위에서 솔로 연주를 해야 한다면 Fmi7의 구성음인 F, Ab, C, Eb이라는 네 개 음이 다른 음보다 길게 연주되거나 강박(강한 박자: 4/4박자의 경우에 홀수 박자가 강박이다.)에 위치할 때 멜로디가 Fmi7 코드의 색깔을 잘 표현한다. 따라서 스케일을 연습할 때는 항상 뼈대가 되는 코드와 연관 지어야 하며 Mode를 연습하는 것이 그 출발점이다.

IV. 음정(Interval)의 색깔

스케일을 다룰 때 가장 중요한 것이 음정의 색깔이다. 일곱 개로 구성된 스케일은 일곱 가지 색의 물감을 팔레트 위에 짜놓은 것과 같다.

1. 3rd Interval(3도 음정)
   - 3도는 스케일과 코드의 밝음과 어두움을 결정하는 가장 큰 단서이다.
   - 장 3도(Major 3rd): 3rd가 Major(장)이라면 스케일/코드는 밝은 계열로 구분할 수 있다. 기타 지판에서는 4칸 거리이다.
   - 단 3도(minor 3rd): 3rd가 minor(단)이라면 스케일/코드는 어두운 계열로 구분할 수 있다. 기타 지판에서는 3칸 거리이다.

2. 6th Interval(6도 음정)
   - 6도 음정도 3도와 마찬가지로 밝음/어두움으로 나뉘지만 3도만큼 뚜렷하지 않다.
   - 기타 지판에서 장 6도는 9칸이고, 단 6도는 8칸이다.

3. 2nd Interval(2도 음정)
   - 2도 음정도 3도나 6도와 마찬가지로 밝음/어둠으로 나뉘지만 3도나 6도 음정보다 밝고 어두운 색깔이 덜 뚜렷하다. 3도와 같이 Major(장)는 밝은 색깔을 내고 minor(단)는 어두운 색깔을 내지만, 단 2도는 근음과 반음 차이로 Cluster(조밀하게 모였다는 뜻)라고 하는데 어두운 색깔 말고도 상당히 불안한 색깔을 띤다.
   - 기타 지판에서 장 2도는 2칸이고, 단 2도는 1칸이다.

4. 5th Interval(5도 음정)
   - 5도 음정은 뼈대나 척추라고 생각할 수 있는데, 간단히 말해 완전(Perfect)은 안정적이고 Diminish(감)와 Augment(증)는 불안하다.
   - 기타 지판에서 완전 5도는 7칸이고, 감 5도는 6칸이고, 증 5도는 8칸이다.

5. 4th Interval(4도 음정)
   - 4도 음정이 5도와 마찬가지로 안정/불안정을 결정하지만 5th만큼 성격이 뚜렷하지 않다.
   - 완전 4도는 안정적인 색깔을 띠지만 증 4도는 성격이 다소 특이하다. 증 4도와 감 5도는 결과적으로는 같은 거리의 음정으로 불안한 느낌을 띤다. 하지만 증 4도는 장 3도나 완전 5도와 함께 쓰일 때 장 3도를 더 밝게 한다. 완전 4도가 장 3도와 반음 차이로 바짝 붙어 그늘을 드리워 장 3도의 밝은 색깔을 살짝 가리지만, 증 4도는 장 3도와 한 음 차이로 벌어져 장 3도를 자유롭게 하므로 장 3도가 더 밝은 색깔을 띤다.
   - 기타 지판에서 완전 4도는 5칸이고, 증 4도는 6칸이다.

6. 7th Interval(7도 음정)
   - 장 7도는 밝은 색깔 말고도 한 옥타브 위의 근음과 반음 차이인 반음 위의 근음으로 중력에 이끌리듯 끌려가는 느낌이 있어 리딩 톤(Leading Tone)이라고도 한다.
   - 단 7도는 어두운 색깔을 내지만 단 3도나 단 6도만큼 어둡지 않다.

〈예〉 스케일이 근음 - 단 2도 - 단 3도 - 완전 4도 - 감 5도 - 단 6도 - 단 7도로 나열되었으면

1. 3도가 단(minor)이므로 마이너 계열의 스케일이 되고

2. 밝음과 어두움을 결정하는 2음, 3음, 6음, 7음이 모두 단이므로 어둡기로 작정한 스케일이다.

3. 4도가 완전(Perfect)이지만 척추 역할을 하는 5도가 감(Diminish)이므로 어두우며 매우 불안정한 스케일이다.
즉 연주에 이 스케일을 사용한다는 것은 어둡고 불안정한 분위기를 연출하기로 작정한 것이다. 이는 화가가 팔
레트에 어둡고 불안정한 일곱 가지 색깔의 물감을 짜놓고 그림을 그리려는 것과 같다

Ⅴ. 이오니안 스케일(Ionian Scale)

- 위 악보를 보면 첫 마디는 코드를 수직으로 올려 쌓은 것이고 둘째 마디는 같은 코드의 네 음을 펼쳐 놓은 것
  이다. 이를 분산화음(Arpeggio)이라 한다.
- 셋째 마디의 Extensions는 흔히 텐션이라고 하는 것으로 나중에 다시 다룬다. 지금은 일곱 개의 Diatonic
  Scale 음 가운데 Chord Tone을 뺀 나머지 세 음으로 생각하면 된다.
- Chord Tone Arpeggio(4개의 음) + 텐션(Extensions)(3개)을 하면 이오니안 스케일(Ionian Scale)이 된다.
- 텐션(Extension) 가운데 완전 4도는 3도와 반음 차이인 어보이드 노트이므로 코드에는 될 수 있으면 사용하
  지 않는다.

〈이오니안 스케일(Ionian Scale)의 성격〉
- 장음계(Major Scale)와 같은 음계이고 이름만 다르다.
- 장 3도, 장 6도, 장 2도: 밝음/어둠을 결정짓는 세 가지 음정이 모두 밝은 색깔이다.
- 완전 5도, 완전 4도: 두 음정이 모두 안정적인 색깔을 띤다.
- 장 7도: 밝은 7도이며 리딩 톤(Leading Tone)이라고 하는데 근음인 C로 올라가려는 성격이 있기 때문이다.
- 결론: 밝고 안정적인 스케일이다.

- C 이오니안 스케일에서 장 7도 음인 B를 반음 낮추어 단 7도인 Bb으로 만들면 C 믹솔리디안 스케일이 된다.

Ⅵ. 믹솔리디안 스케일(Mixo-Lydian scale)

- 다이아토닉 하모니의 V(5도 코드)인 도미넌트 세븐 코드에 해당한다.
- C7의 Chord Tone Arpeggio(4개의 음) + 텐션(Extensions)(3개)을 하면 Mixo-Lydian Scale이 된다.
- 텐션(Extensions) 가운데 완전 4도(P4)는 3도와 반음 차이인 어보이드 노트이므로 코드에는 될 수 있으면 사용하지 않는다.

〈믹솔리디안 스케일(Mixo-Lydian Scale)의 성격〉
- 장음계(Major Scale)의 장 7도 음을 반음 내려 단 7도로 만든 스케일이다.
- 장 3도, 장 6도, 장 2도: 밝음/어둠을 결정짓는 세 가지 음정이 밝은 색깔이다.
- 완전 5도, 완전 4도: 두 음정이 모두 안정적이다.
- 단 7도: 어두운 느낌의 7도이지만 2도와 3도, 6도가 밝은색이라 큰 영향이 없다. 하지만 장 3도인 E와 단 7도인 Bb이 감 5도(트라이톤)이므로 구조적인 불안감이 있는 스케일이 만들어진다.
- 결론: 전체적으로 밝고 안정적이지만 3rd~7th의 감 5도가 구조적인 불안감을 더한 스케일이다. 이오니안 스케일에 불안감을 살짝 더한 것으로 생각하면 된다.

- C 믹솔리디안 스케일에서 장 3도 음인 E를 반음 낮추어 단 3도인 Eb으로 만들면 C 도리안 스케일이 된다.

VII. 도리안 스케일(Dorian Scale)

- 다이아토닉 하모니의 II(2도 코드)인 마이너 세븐 코드에 해당한다.
- Cmi7의 Chord Tone Arpeggio(4개의 음) + 텐션(Extensions)(3개)을 하면 Dorian Scale이 된다.

<도리안 스케일(Dorian Scale)의 성격>
- Mixo-Lydian 음계의 장 3도 음을 반음 내려 단 3도로 만든 스케일이다.
- 단 3도 때문에 스케일 전체가 어두운 색깔의 음계로 바뀐다.
- 단 7도 때문에 어두운 색깔이 더해진다.
- 장 6도, 장 2도: 밝음/어둠을 결정짓는 두 가지 음정이 밝은 색깔이다.
- 완전 5도, 완전 4도: 두 음정이 모두 안정적인 색깔을 띤다.
- 결론: 단 3도 때문에 마이너 스케일에 속하지만, 2nd와 6th 두 음정이 밝은 색깔을 유지하므로 마이너 스케일 가운데 가장 밝은 쪽에 속한다. Mixo-Lydian Scale을 마이너로 전환한 스케일이라고 생각하면 된다.

- C 도리안 스케일에서 장 6도 음인 A를 반음 낮춰서 단 6도인 Ab으로 만들면 C 에올리안 스케일이 된다.

VIII. 에올리안 스케일(Aeolian Scale)

- 다이아토닉 하모니의 VI(6도 코드)인 마이너 세븐 코드에 해당한다.
- Cmi7의 Chord Tone Arpeggio(4개의 음) + 텐션(Extensions)(3개)을 하면 Aeolian Scale이 된다.

<에올리안 스케일(Aeolian Scale)의 성격>
- Dorian 음계의 장 6도 음을 반음 내려 단 6도로 만든 스케일이다.
- 단 3도, 단 6도, 단 7도 때문에 전체적으로 어두운 음계이다.
- 장 2도가 밝은 색깔을 유지하지만 영향은 크지 않다.
- 완전 5도, 완전 4도: 두 음정이 모두 안정적인 색깔을 띤다.
- 결론: Dorian 음계에 단 6도의 어두움이 더해져 Dorian보다 어두운 색깔의 음계이다. 에올리안 스케일은 자연단음계(Natural Minor Scale)와 같은 음계이며 이름만 다르다.

- C 에올리안 스케일에서 장 2도 음인 D를 반음 낮추어 단 2도인 Db으로 만들면 C 프리지안 스케일이 된다.

IX. 프리지안 스케일(Phrygian Scale)

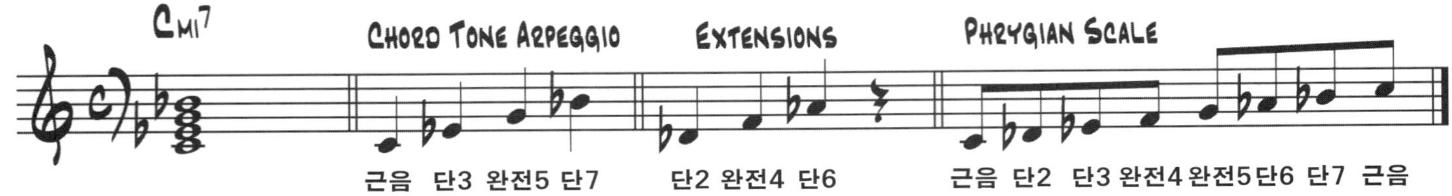

- 다이아토닉 하모니의 III(3도 코드)인 마이너 세븐 코드에 해당한다.
- Cmi7의 Chord Tone Arpeggio(4개의 음) + 텐션(Extensions)(3개)을 하면 Phrygian Scale이 된다.

〈프리지안 스케일(Phrygian Scale)의 성격〉
- Aeolian 음계의 장 2도 음을 반음 내려 단 2도로 만든 스케일이다.
- 단 3도, 단 6도, 단 7도, 단 2도 때문에 밝음/어둠을 결정짓는 모든 음정이 어둡다.
- 완전 5도, 완전 4도: 두 음정이 모두 안정적인 색깔을 띤다.
- 결론: Aeolian 음계에 단 2도를 더하여 더 어둡게 만든 음계이다. 매우 어두운 음계이지만 완전 5도와 완전 4도라는 뼈대는 안정적이다.

- C 프리지안 스케일에서 완전 5도 음인 G를 반음 낮추어 감 5도인 Gb으로 만들면 C 로크리안 스케일이 된다.

X. 로크리안 스케일(Locrian Scale)

• 다이아토닉 하모니의 VII(7도 코드)인 mi7(b5)(하프디미니쉬 코드)에 해당한다.
• Cmi7(b5)의 Chord Tone Arpeggio(4개의 노트) + 텐션(Extensions)(3개)을 하면 Locrian Scale이 된다.

〈로크리안 스케일(Locrian Scale)의 성격〉
• Phrygian 음계의 완전 5도 음을 반음 내려 감 5도로 만든 스케일이다.
• 단 3도, 단 6도, 단 7도, 단 2도 때문에 밝음/어둠을 결정짓는 모든 음정이 어둡다.
• 감 5도로 어두움에 불안감까지 더해졌다.
• 결론: Phrygian 음계에 감 5도를 더하여 불안감을 더한 음계이다. 매우 어두운 음계이며 불안하다.

XI. 리디안 스케일(Lydian Scale)

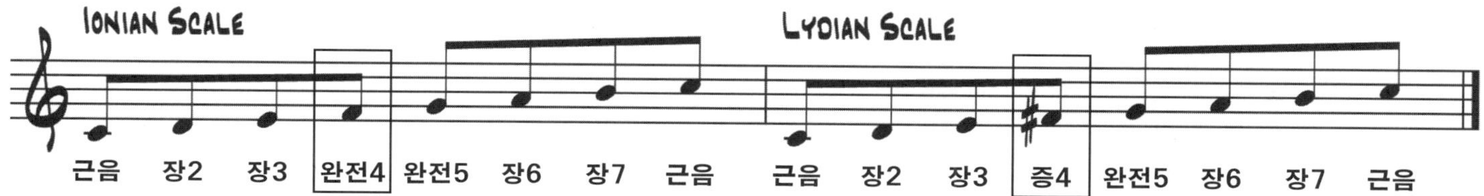

• 다이아토닉 하모니의 IV(4도 코드)인 메이저 세븐 코드에 해당한다.
• CM7의 Chord Tone Arpeggio(4개의 음) + 텐션(Extensions)(3개)을 하면 Lydian Scale이 된다.

〈리디안 스케일(Lydian Scale)의 성격〉
• Ionian 음계의 완전 4도 음을 반음 올려 증 4도로 만든 스케일이다.
• 증 4도는 감 5도와 같은 길이의 음정이지만 완전 5도와 장3 도 사이에 놓이면 밝은 색깔을 띠어 스케일과 코드를 더욱 밝게 한다. 이에 관한 더 자세한 설명은 네이버 카페 '재즈기타 연구소'의 카페 게시판을 참고하라.
• 결론: Ionian 음계에 증 4도를 더하여 Ionian보다 더 밝은 음계이다. 따라서 일곱 개의 모드 가운데 가장 밝은 음계이다.

※ 일곱 개의 모드를 밝은 음계에서 어두운 음계로 순서대로 나열하면 다음과 같다.

리디안 ⟶ 이오니안 ⟶ 믹솔리디안 ⟶ 도리안 ⟶ 에올리안 ⟶ 프리지안 ⟶ 로크리안

I. 싱글 스트링(Single String) 연습

포지션 연습보다 쉬운 연습 방법이 있는데 싱글 스트링 연습이다. 이것은 기타 한 줄만으로 스케일을 연습하는 방법으로 오래전부터 널리 사용되었다.

- 12개의 음 가운데 하나를 근음으로 선택한다.
- 6개의 줄(String) 가운데 하나를 선택한다.
- 근음부터 상행하여 적당한 고음까지 왕복한다. 22프렛이나 24프렛까지 왕복해도 상관없지만, 편의상 이 책에는 15프렛으로 제한한다.

실제로 예를 들어 연습하자. 다음 두 가지 옵션을 필자가 임의로 골랐다.

◆ 이오니안 스케일(Ionian Scale)

- 임의로 근음은 Ab을 선택하였고, 줄은 6번 줄을 선택하였다.
- 이오니안 스케일(Ionian Scale)은 근음-장 2도-장 3도-완전 4도-완전 5도-장 6도-장 7도이다.
- 음정 계산이 쉽게 되면 곧바로 연습한다.
- 음정 계산이 쉽지 않으면 지판에서 Ab-2칸-4칸-5칸-7칸-9칸-11칸으로 찾는다.

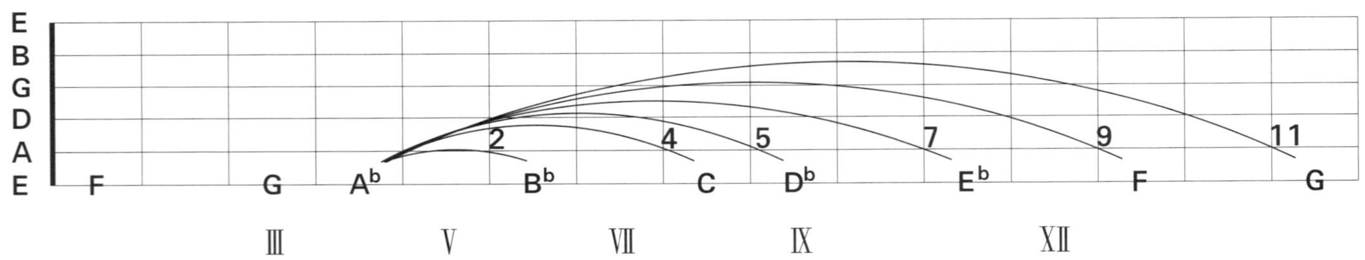

- 아래와 같이 연습하되 다운-업 피킹을 번갈아 하고 에이 플랫~비 플랫~씨~~~ 라고 음이름을 부르며 연습한다.
- 어느 손가락으로 운지하여도 괜찮다.
- 다른 근음과 다른 줄을 선택하여 같은 방법으로 여러 차례 연습하자.

◆ 리디안 스케일(Lydian Scale)

- 근음은 D를 선택하였고, 줄은 4번 줄을 선택하였다.
- 리디안 스케일(Lydian Scale)은 근음 - 장 2도 - 장 3도 - 증 4도 - 완전 5도 - 장 6도 - 장 7도이다.
- 음정 계산이 쉽게 되면 곧바로 연습한다.
- 음정 계산이 쉽지 않으면 지판에서 근음 - 2칸 - 4칸 - 6칸 - 7칸 - 9칸 - 11칸으로 찾는다.

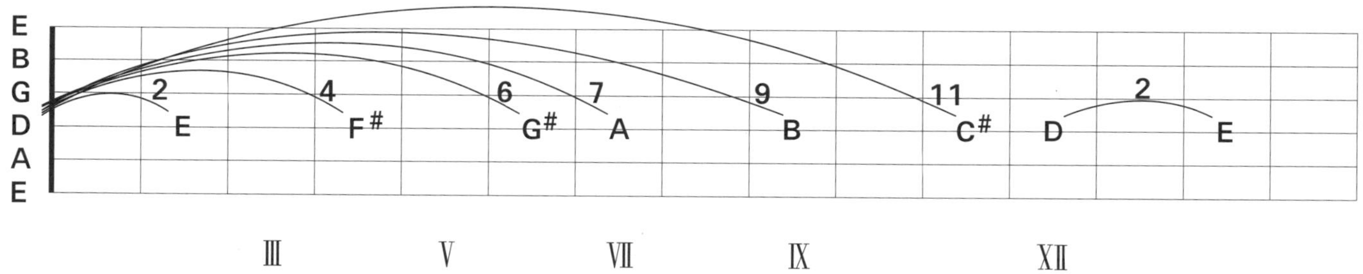

- 다음과 같이 연습하되 다운 - 업 피킹을 번갈아 하고 디~이~에프 샾~~~ 라고 음이름을 부르며 연습한다.
- 다른 근음과 다른 줄을 선택하여 같은 방법으로 여러 차례 연습하자.

◆ 믹솔리디안 스케일(Mixo-Lydian Scale)

- 근음은 B를 선택하였고 줄은 1번 줄을 선택하였다.
- 믹솔리디안 스케일(Mixo-Lydian Scale)은 근음 - 장 2도 - 장 3도 - 완전 4도 - 완전 5도 - 장 6도 - 단 7도이다.
- 음정 계산이 쉽게 되면 곧바로 연습한다.
- 음정 계산이 쉽지 않으면 지판에서 근음 - 2칸 - 4칸 - 5칸 - 7칸 - 9칸 - 10칸으로 찾는다.
- 1번 줄에서 B가 7프렛에 있으므로 5번 줄 2프렛부터 따져 구성음을 도출하자.
- 찾아낸 음을 1번 줄에 정리하자.

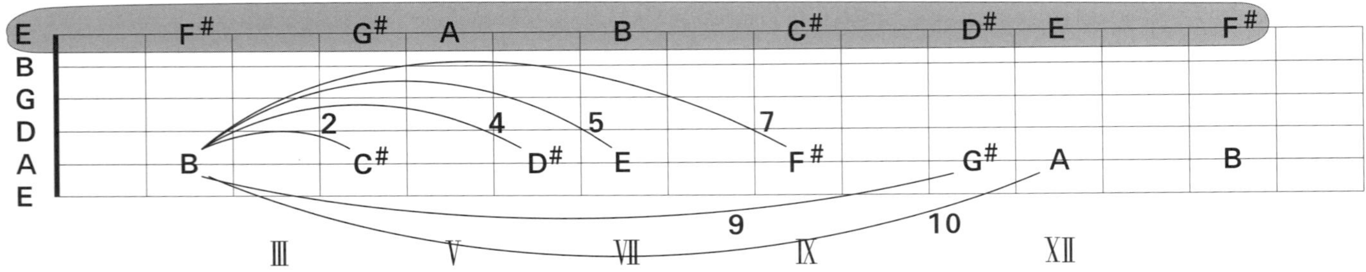

- 다음과 같이 연습하되 다운 - 업 피킹을 번갈아 하고 비~씨 샾~디 샾~~~ 라고 음이름을 부르며 연습한다.
- 다른 근음과 다른 줄을 선택하여 같은 방법으로 여러 차례 연습하자.
- 편의상 한 옥타브 낮추어 기보하였다.

◆ 도리안 스케일(Dorian Scale)

- 근음은 E를 선택하였고 줄은 3번 줄을 선택하였다.
- 도리안 스케일(Dorian Scale)은 근음 - 장 2도 - 단 3도 - 완전 4도 - 완전 5도 - 장 6도 - 단 7도이다.
- 음정 계산이 쉽게 되면 곧바로 연습한다.
- 음정 계산이 쉽지 않으면 지판에서 근음 - 2칸 - 3칸 - 5칸 - 7칸 - 9칸 - 10칸으로 찾는다.
- 3번 줄에서 E가 9프렛에 있으므로 6번 줄 개방현부터 따져 구성음을 도출하자.
- 찾아낸 음을 3번 줄에 정리하자.

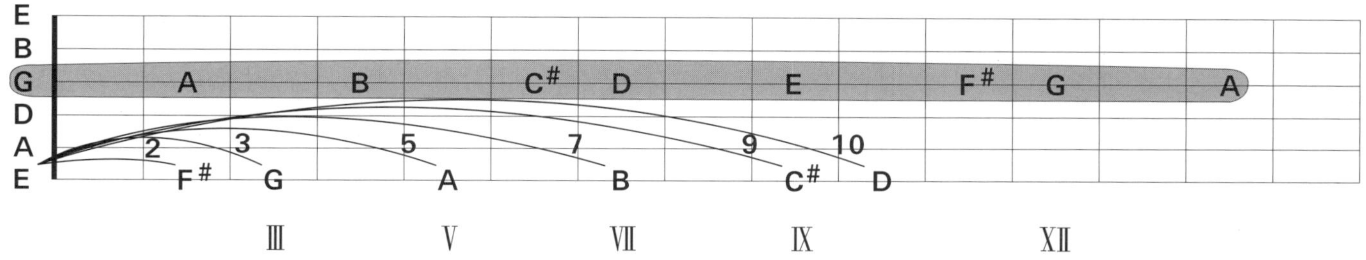

- 다음과 같이 연습하되 다운 - 업 피킹을 번갈아 얼터네이트 피킹하고 이~에프 샾~쥐~~~ 라고 음이름을 부르며 연습한다. 또 다른 근음과 다른 줄을 선택하여 같은 방법으로 여러 차례 연습하자.

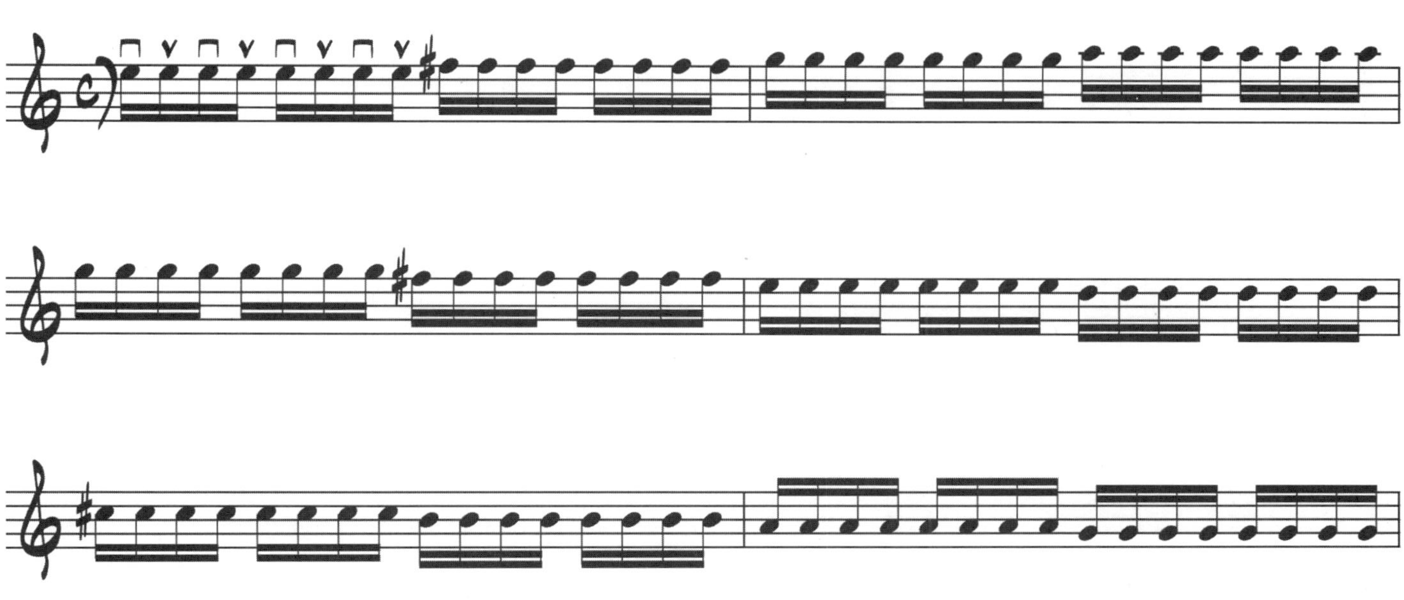

◆ 에올리안 스케일(Aeolian Scale)

- 근음은 C를 선택하였고 줄은 2번 줄을 선택하였다.
- 에올리안 스케일(Aeolian Scale)은 근음 - 장 2도 - 단 3도 - 완전 4도 - 완전 5도 - 단 6도 - 단 7도이다.
- 음정 계산이 쉽게 되면 곧바로 연습한다.
- 음정 계산이 쉽지 않으면 지판에서 근음 - 2칸 - 3칸 - 5칸 - 7칸 - 8칸 - 10칸으로 찾는다.
- 2번 줄에서 C가 1프렛에 있으므로 이곳부터 따져 구성음을 도출하자.
- 찾아낸 음을 2번 줄에 정리하자.

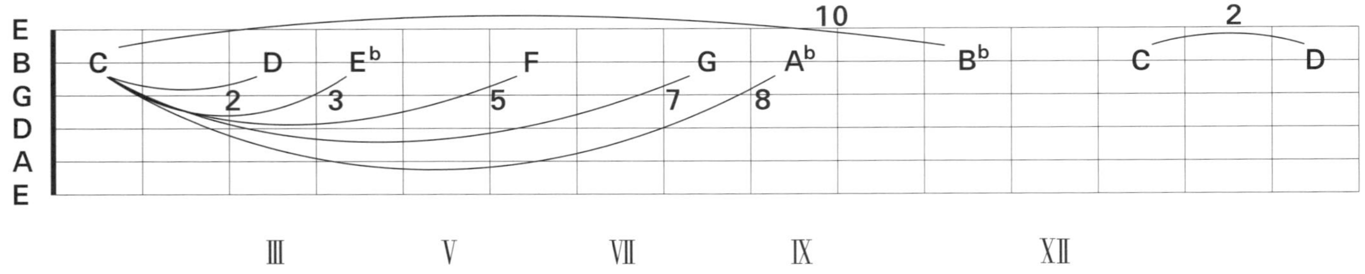

- 다음과 같이 연습하되 다운 - 업 피킹을 번갈아 얼터네이트 피킹하고 씨~디~이 플랫~~~ 라고 음이름을 부르며 연습한다. 또 다른 근음과 다른 줄을 선택하여 같은 방법으로 여러 차례 연습하자.

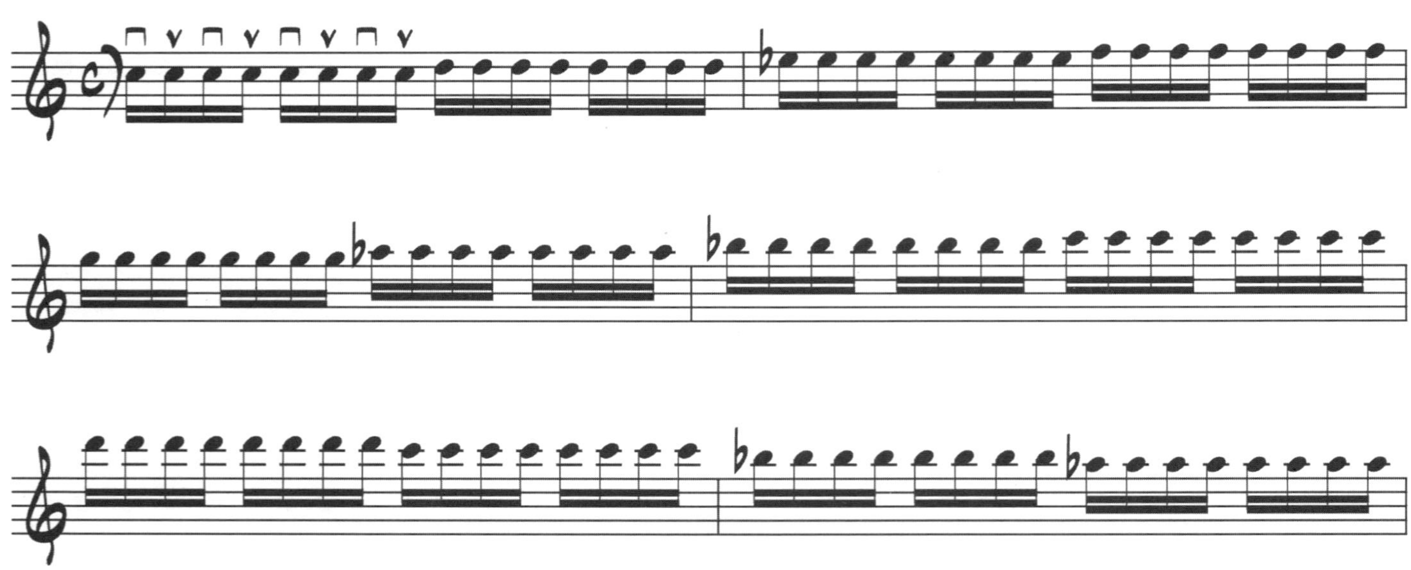

◆ 프리지안 스케일(Phrygian Scale)

- 근음은 B를 선택하였고 줄은 5번 줄을 선택하였다.
- 프리지안 스케일(Phrygian Scale)은 근음 - 단 2도 - 단 3도 - 완전 4도 - 완전 5도 - 단 6도 - 단 7도이다.
- 음정 계산이 쉽게 되면 곧바로 연습한다.
- 음정 계산이 쉽지 않으면 지판에서 근음 - 1칸 - 3칸 - 5칸 - 7칸 - 8칸 - 10칸으로 찾는다.
- 5번 줄에서 B가 2프렛에 있으므로 이곳부터 따져 구성음을 도출하자.
- 찾아낸 음을 5번 줄에 정리하자.

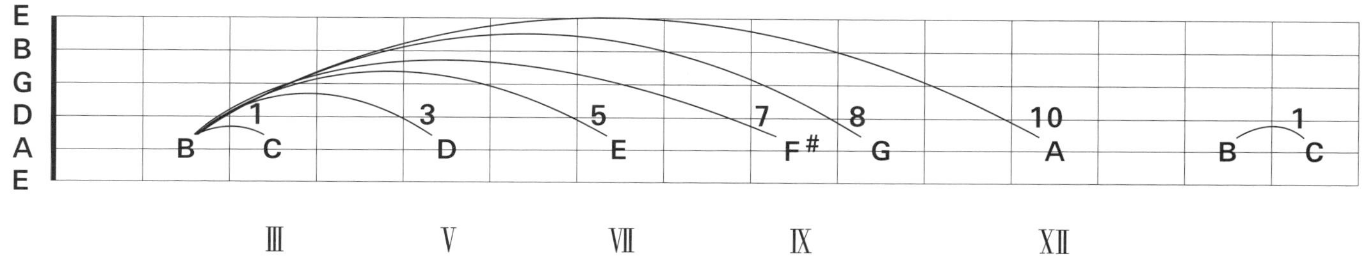

- 다음과 같이 연습하되 다운-업 피킹을 번갈아 얼터네이트 피킹하고 비~씨~디~이~ 에프 샵~~~ 라고 음이름을 부르며 연습한다. 또 다른 근음과 다른 줄을 선택하여 같은 방법으로 여러 차례 연습하자.

◆ 로크리안 스케일(Locrian Scale)

- 근음은 A를 선택하였고 줄은 4번 줄을 선택하였다.
- 로크리안 스케일(Locrian Scale)은 근음 - 단 2도 - 단 3도 - 완전 4도 - 감 5도 - 단 6도 - 단 7도이다.
- 음정 계산이 쉽게 되면 곧바로 연습한다.
- 음정 계산이 쉽지 않으면 지판에서 근음 - 1칸 - 3칸 - 5칸 - 6칸 - 8칸 - 10칸으로 찾는다.
- 4번 줄에서 A가 7프렛에 있으므로 5번 줄 개방현부터 따져 구성음을 도출하자.
- 찾아낸 음을 5번 줄에 정리하자.

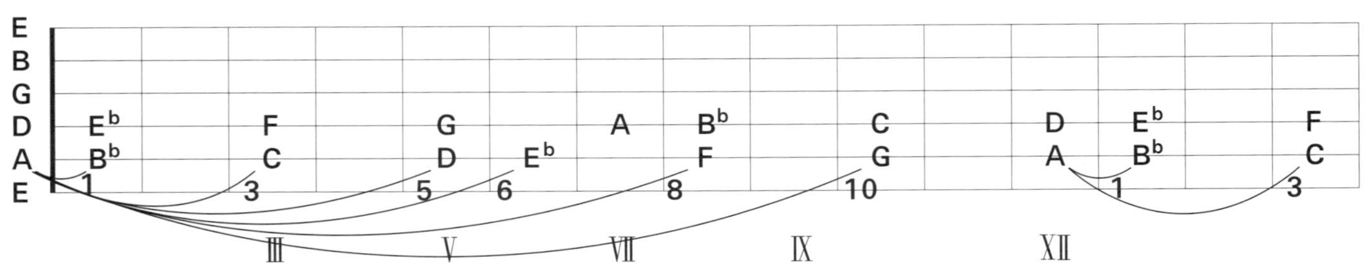

- 다음과 같이 연습하되 다운 - 업 피킹을 번갈아 얼터네이트 피킹하고 에이~비 플랫~씨~디~이 플랫~~~ 라고 음이름을 부르며 연습한다. 또 다른 근음과 다른 줄을 선택하여 같은 방법으로 여러 차례 연습하자.

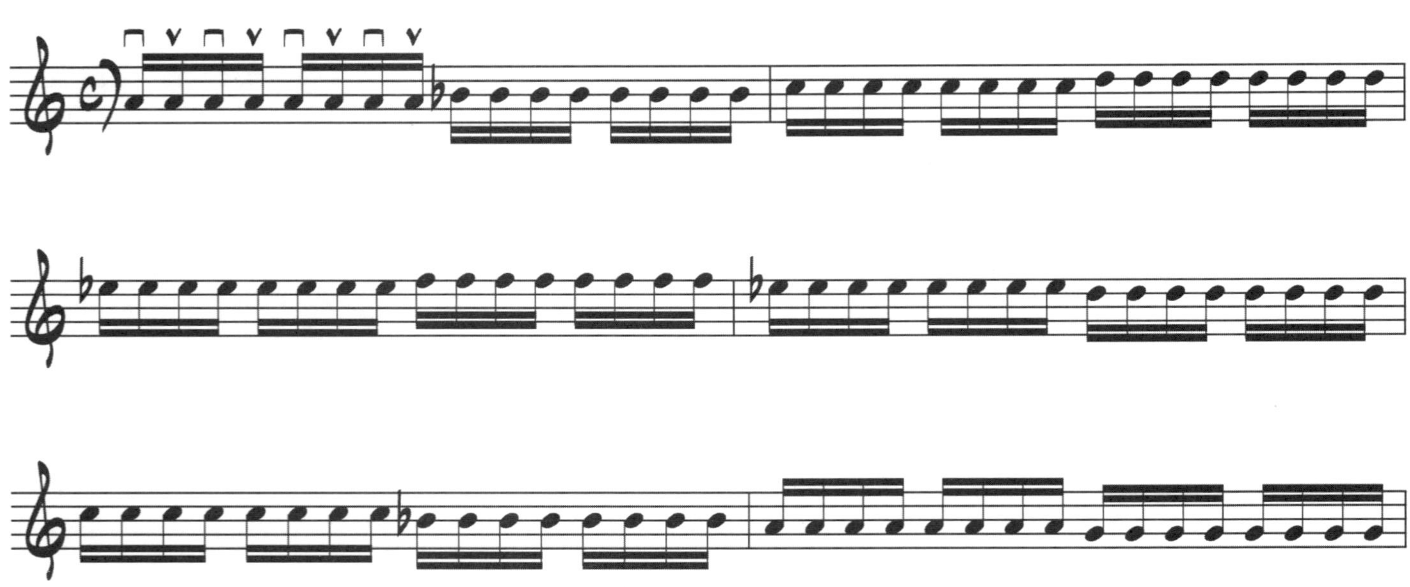

II. 더블 스트링(Double String) 연습 - 3rd Interval

이 방법은 스케일을 기타 두 줄만 사용하여 횡으로 연습하는 방법이다. 싱글 스트링(Single String) 연습보다 조금 어렵지만 매우 효과적인 연습 방법으로 널리 사용된다.

- 일곱 개의 교회선법(Church Mode) 가운데 하나를 고른다.
- 열두 개의 음 가운데 하나를 골라 근음으로 정하고, 줄(String) 여섯 개 가운데 인접한 두 개를 고른다.
- 가장 낮은 음부터 상행하여 적당한 고음까지 왕복한다.
- 22프렛까지 왕복하거나 끝(24프렛)까지 왕복해도 괜찮지만, 이 책에서는 15프렛으로 제한한다.

실제로 예를 들어 연습하는데, 스케일(Scale)의 근음을 저음역대에서 소리 낸 상태에서 연습하자. 예를 들면 E 이오니안 스케일(Ionian Scale) 연습은 피아노의 서스테인 페달을 밟고 근음인 E를 낮은 옥타브로 쳐서 소리가 길게 나게 한 다음에 한다.

◆ **이오니안 스케일(Ionian Scale)**: 근음(Root): E, 줄(Strings): 3~4번 줄

E 이오니안 스케일(Ionian Scale)을 3~4번 줄에 횡으로 나열하고 3도 음정 간격으로 두 음씩 묶어 다이어그램에 표기하면 다음과 같다.

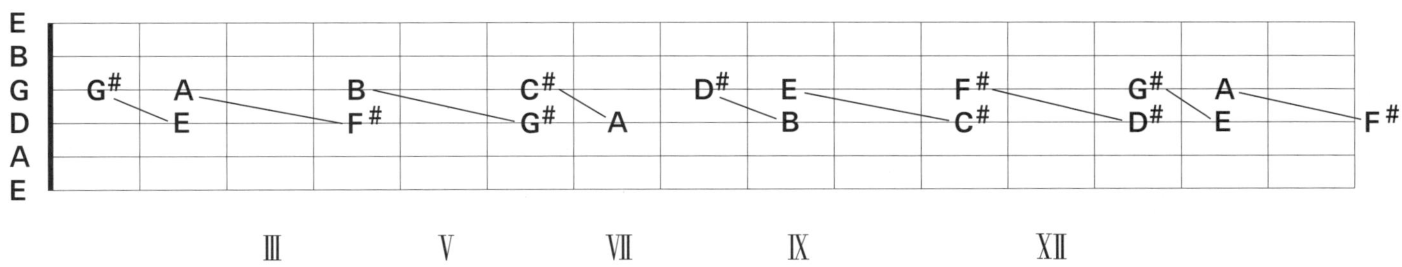

앞 장에서 찾은 3도 음정을 다음과 같이 나열하여 연습하자.

다음 패턴도 연습하자. 또 임의로 다른 근음과 줄을 선택하여 같은 방법으로 여러 차례 연습하자.

◆ **리디안 스케일(Lydian Scale)** : 근음(Root): Ab, 줄(Strings): 5~6번 줄

Ab 리디안 스케일(Lydian Scale)의 구성음은 Ab, Bb, C, D, Eb, F, G이다. Ab 리디안 스케일(Lydian Scale)을 5~6번 줄에 횡으로 나열하고 3도 음정 간격으로 두 음씩 묶어 다이어그램에 표기하면 다음과 같다.

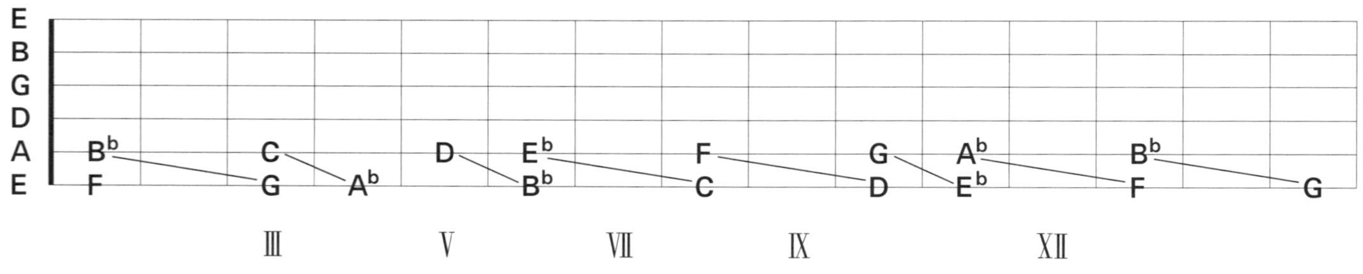

다음 악보를 연주하자. 저음역대에서 근음인 Ab을 길게 소리 낸 다음에 연습한다. 또 임의로 다른 근음과 줄을 선택하여 같은 방법으로 여러 차례 연습하자.

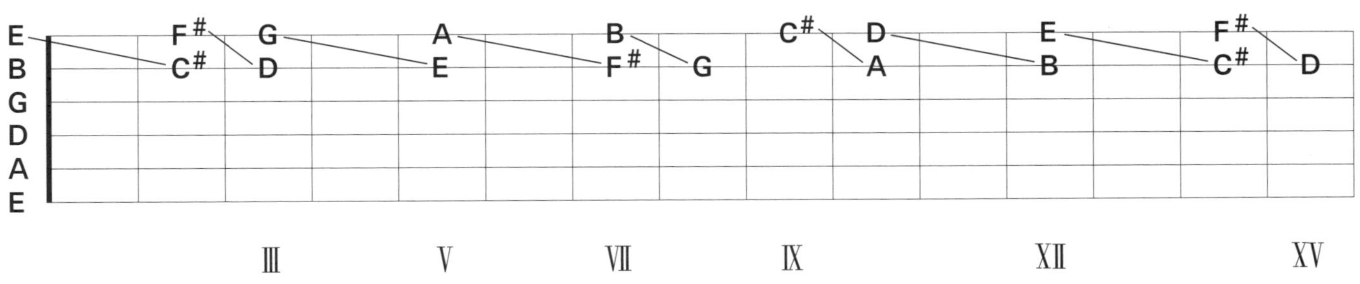

◆ 믹솔리디안 스케일(Mixo-Lydian Scale): 근음(Root): A, 줄(Strings): 1~2번 줄

A 믹솔리디안 스케일(Mixo-Lydian Scale)의 구성음은 A, B, C#, D, E, F#, G이다. A 믹솔리디안 스케일(Mixo-Lydian Scale)을 1~2번 줄에 횡으로 나열하고 3도 음정 간격으로 두 음씩 묶어 다이어그램에 표기하면 다음과 같다.

다음 악보를 연주하자. 저음역대에서 근음인 A를 길게 소리 낸 다음에 연습한다. 또 임의로 다른 근음과 줄을 선택하여 같은 방법으로 여러 차례 연습하자.

◆ **도리안 스케일(Dorian Scale)**: 근음(Root): F, 줄(Strings): 2~3번 줄

F 도리안 스케일(Dorian Scale)의 구성음은 F, G, Ab, Bb, C, D, Eb이다. F 도리안 스케일(Dorian Scale)을 2~3번 줄에 횡으로 나열하고 3도 음정 간격으로 두 음씩 묶어 다이어그램에 표기하면 다음과 같다.

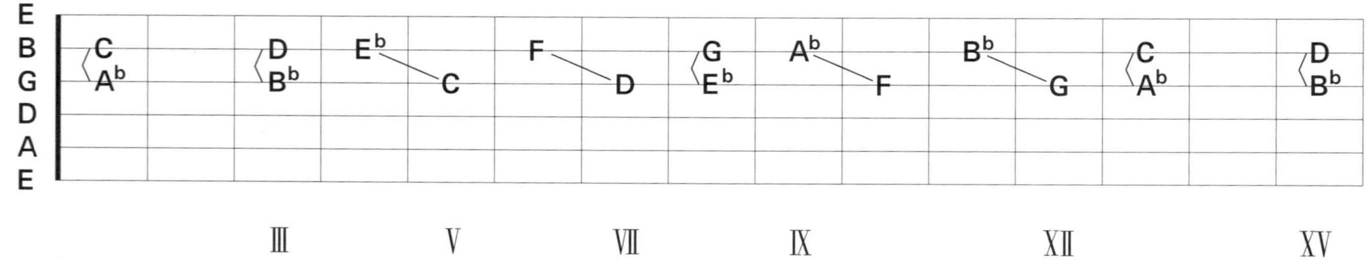

다음 악보를 연주하자. 저음역대에서 근음인 F를 길게 소리 낸 다음에 연습한다. 또 임의로 다른 근음과 줄을 선택하여 같은 방법으로 여러 차례 연습하자.

◆ **에올리안 스케일(Aeolian Scale)**: 근음(Root): B, 줄(Strings): 4~5번 줄

B 에올리안 스케일(Aeolian Scale)의 구성음은 B, C#, D, E, F#, G, A이다. B 에올리안 스케일(Aeolian Scale)을 4~5번 줄에 횡으로 나열하고 3도 음정 간격으로 두 음씩 묶어 다이어그램에 표기하면 다음과 같다.

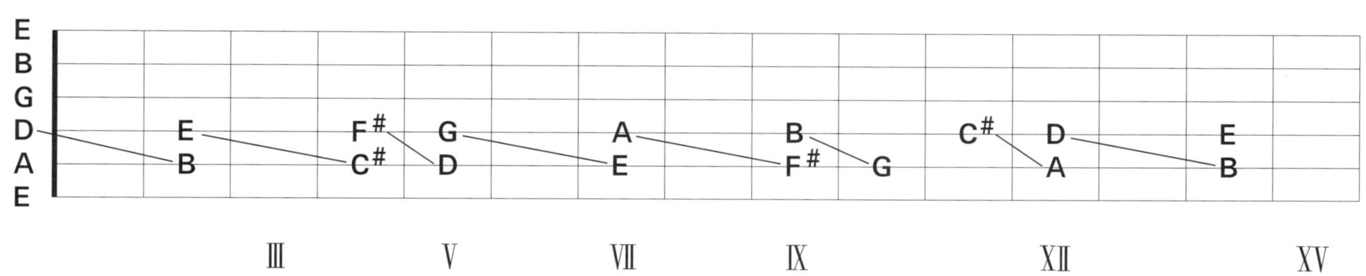

다음 악보를 연주하자. 저음역대에서 근음인 B를 길게 소리 낸 다음에 연습한다. 또 임의로 다른 근음과 줄을 선택하여 같은 방법으로 여러 차례 연습하자.

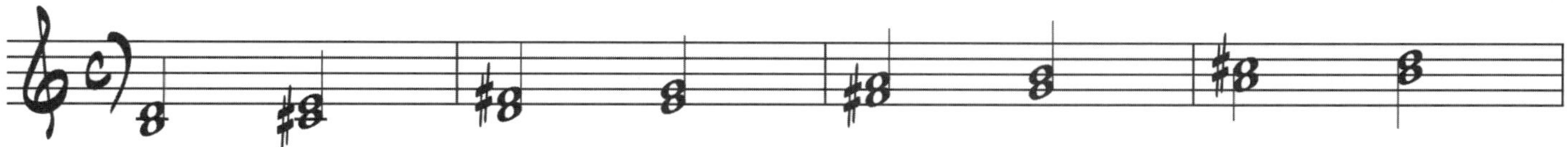

◆ **프리지안 스케일(Phrygian Scale)** : 근음(Root): D, 줄(Strings): 3~4번 줄

D 프리지안 스케일(Phrygian Scale)의 구성음은 D, Eb, F, G, A, Bb, C이다. D 프리지안 스케일(Phrygian Scale)을 3~4번 줄에 횡으로 나열하고 3도 음정 간격으로 두 음씩 묶어 다이어그램에 표기하면 다음과 같다.

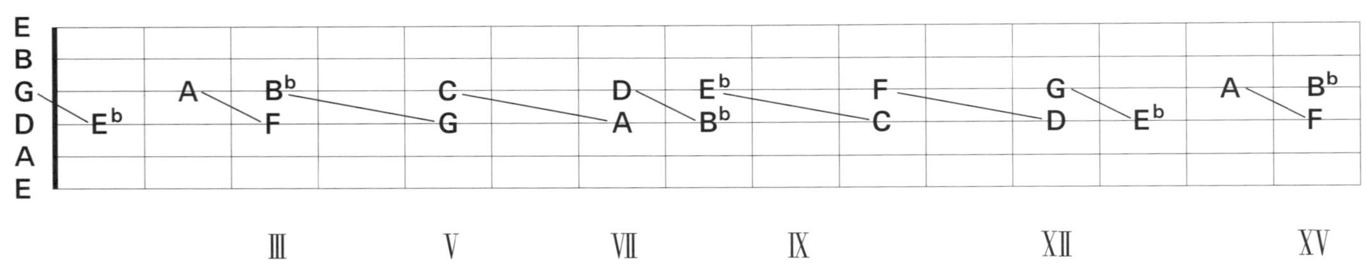

다음 악보를 연주하자. 저음역대에서 근음인 D를 길게 소리 낸 다음에 연습한다. 또 임의로 다른 근음과 줄을 선택하여 같은 방법으로 여러 차례 연습하자.

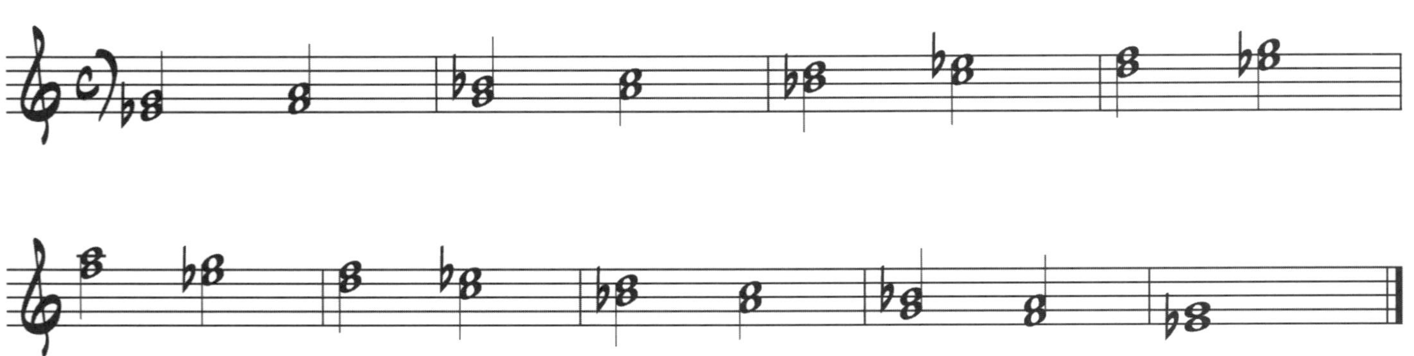

◆ **로크리안 스케일(Locrian Scale):** 근음(Root): C#, 줄(Strings): 1~2번 줄

C# 로크리안 스케일(Locrian Scale)의 구성음은 C#, D, E, F#, G, A, B이다. C# 로크리안 스케일(Locrian Scale)을 1~2번 줄에 횡으로 나열하고 3도 음정 간격으로 두 음씩 묶어 다이어그램에 표기하면 다음과 같다.

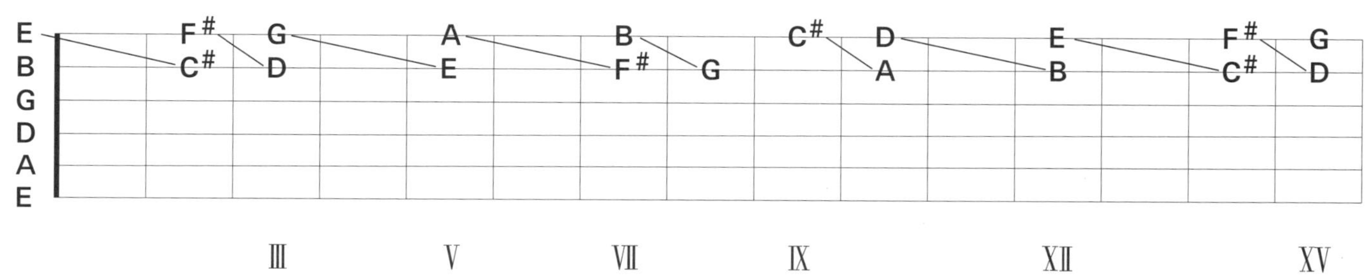

다음 악보를 연주하자. 저음역대에서 근음인 C#을 길게 소리 낸 다음에 연습한다. 또 임의로 다른 근음과 줄을 선택하여 같은 방법으로 여러 차례 연습하자.

Ⅲ. 포지션(Position) 연습

일곱 개의 모드가 모두 코드톤(Chord Tones(1, 3, 5,7))과 텐션(Extensions(2, 4, 6))으로 되었으므로 코드톤을 먼저 연습한 다음에 텐션(Extensions)을 더하여 연습한다. 스케일 연습 방법은 매우 다양하다. 몇 가지 간단한 방법을 소개하겠다. 임의로 포지션과 근음을 정하여 연습하자.

(참고) 텐션은 한 옥타브 위의 확장된 음정으로 9도, 11도, 13도라고 하는 경우가 많다. 이 책에서는 편의상 2도, 4도, 6도라고 한다.

◆ 이오니안 스케일(Ionian Scale): 포지션(Position): 11th, 근음(Root): Eb

- Eb 이오니안 스케일의 코드톤(Chord Tones)은 Eb, G, Bb, D이다. (Ebmaj7의 코드톤)
- Eb 이오니안 스케일의 텐션(Extensions)은 F, Ab, C이다. (장 2도, 완전 4도, 장 6도)
- 둘을 합하면 Eb 이오니안 스케일이 되며 Eb, F, G, Ab, Bb, C, D이다.
- Eb 이오니안 스케일의 구성음을 11th 포지션 안에 배열하면 다음과 같다.

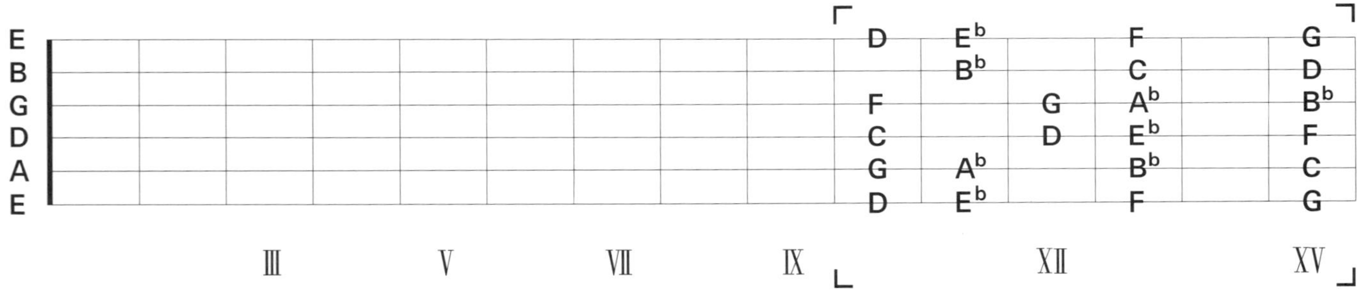

다음과 같이 Ebmaj7의 코드톤을 연습하자.

· 포지션 안의 가장 낮은 근음 Eb(6번 줄 11프렛)에서 시작하여 상행한다.
· 포지션 안의 가장 높은 코드톤인 G(1번 줄 15프렛)까지 연주하고 하행한다.
· 포지션 안의 가장 낮은 코드톤인 D(6번 줄 10프렛)까지 연주하고 상행한다.
· 포지션 안의 가장 낮은 근음 Eb(6번 줄 11프렛)에서 마무리한다.

다음과 같이 Ebmaj7의 코드톤을 네 개씩 묶어(Group of 4 Sequence) 연습하자. 손가락이 꼬일 수 있는 부분이 몇 군데 있으니 유의하자.

다음 악보는 포지션 안에서 스케일을 상행하고 하행한 것이다. 가장 낮은 근음에서 출발하여 가장 높은 음까지 상행했다가 다시 하행하여 가장 낮은 음까지 내려왔다가 처음 시작한 근음에서 마무리한다.

다음 악보는 Eb 이오니안 스케일을 3도 간격(3rd Interval)으로 나열한 것이다.

다음과 같이 Eb 이오니안 스케일의 구성음을 네 개씩 묶어(Group of 4 Sequence) 연습하자. 포지션 안에 중복되는 음이 많으니 연주자의 핑거링 성향에 맞게 운지한다.

◆ **도리안 스케일(Dorian Scale)** : 포지션(Position): 3rd, 근음(Root): C

- C 도리안 스케일의 코드톤(Chord Tones)은 C, Eb, G, Bb이다. (Cmi7의 코드톤)
- C 도리안 스케일의 텐션(Extensions)은 D, F, A이다. (장 2도, 완전 4도, 장 6도)
- 둘을 합하면 C 도리안 스케일이 되며 C, D, Eb, F, G, A, Bb이다.
- C 도리안 스케일의 구성음을 3rd 포지션 안에 배열하면 다음과 같다.

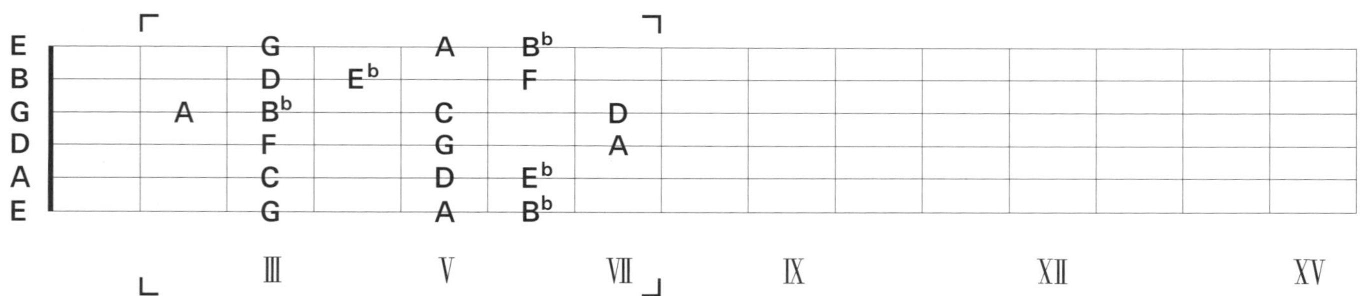

다음과 같이 Cmi7의 코드톤을 연습하자.

164

- 포지션 안의 가장 낮은 근음 C(5번 줄 3프렛)에서 시작하여 상행한다.
- 포지션 안의 가장 높은 코드톤인 Bb(1번 줄 6프렛)까지 연주하고 하행한다.
- 포지션 안의 가장 낮은 코드톤인 G(6번 줄 3프렛)까지 연주하고 상행한다.
- 포지션 안의 가장 낮은 근음 C(5번 줄 3프렛)에서 마무리한다.

다음과 같이 Cmi7의 코드톤을 네 개씩 묶어(Group of 4 Sequence) 연습하자. 손가락이 꼬일 수 있는 부분이 몇 군데 있으니 유의하자.

다음 악보는 포지션 안에서 스케일을 상행하고 하행한 것이다. 가장 낮은 근음에서 출발하여 가장 높은 음까지 상행했다가 다시 하행하여 가장 낮은 음까지 내려왔다가 처음 시작한 근음에서 마무리한다.

3도 간격(3rd Interval)으로 연주하자.

Group of 4 Sequence로 연습하자. 포지션 안에 중복되는 음이 많으니 연주자의 핑거링 성향에 맞게 운지한다.

◆ **프리지안 스케일(Phrygian Scale)** : 포지션(Position): 8th, 근음(Root): F

- F 프리지안 스케일의 코드톤(Chord Tones)은 F, Ab, C, Eb이다. (Fmi7의 코드톤)
- F 프리지안 스케일의 텐션(Extensions)은 Gb, Bb, Db이다. (단 2도, 완전 4도, 단 6도)
- 둘을 합하면 F 프리지안 스케일이 되며 F, Gb, Ab, Bb, C, Db, Eb이다.
- F 프리지안 스케일의 구성음을 8th 포지션 안에 배열하면 다음과 같다.

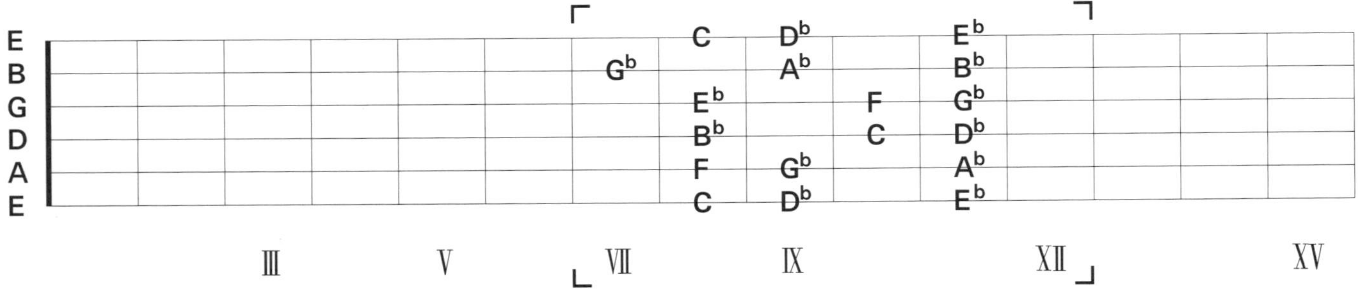

다음과 같이 Fmi7의 코드톤을 연습하자.

- 포지션 안의 가장 낮은 근음 F(5번 줄 8프렛)에서 시작하여 상행한다.
- 포지션 안의 가장 높은 코드톤인 Eb(1번 줄 11프렛)까지 연주하고 하행한다.
- 포지션 안의 가장 낮은 코드톤인 C(6번 줄 8프렛)까지 연주하고 상행한다.
- 포지션 안의 가장 낮은 근음 F(5번 줄 8프렛)에서 마무리한다.

다음과 같이 Fmi7의 코드톤을 Group of 4 Sequence로 연습하자. 손가락이 꼬일 수 있는 부분이 몇 군데 있으니 유의하자.

다음 악보는 포지션 안에서 스케일을 상행하고 하행한 것이다. 가장 낮은 근음에서 출발하여 가장 높은 음까지 상행했다가 다시 하행하여 가장 낮은 음까지 내려왔다가 처음 시작한 근음에서 마무리한다.

3도 간격(3rd Interval)으로 연주하자.

Group of 4 Sequence로 연습하자. 포지션 안에 중복되는 음이 있으니(2, 3번 줄의 Gb) 연주자의 핑거링 성향에 맞게 운지한다.

◆ **리디안 스케일(Lydian Scale)** : 포지션(Position): 5th, 근음(Root): A

- A 리디안 스케일의 코드톤(Chord Tones)은 A, C#, E, G#이다. (Amaj7의 코드톤)
- A 리디안 스케일의 텐션(Extensions)은 B, D#, F#이다. (장 2도, 증 4도, 장 6도)
- 둘을 합하면 A 리디안 스케일이 되며 A, B, C#, D#, E, F#, G#이다.
- A 리디안 스케일의 구성음을 5th 포지션 안에 배열하면 다음과 같다.

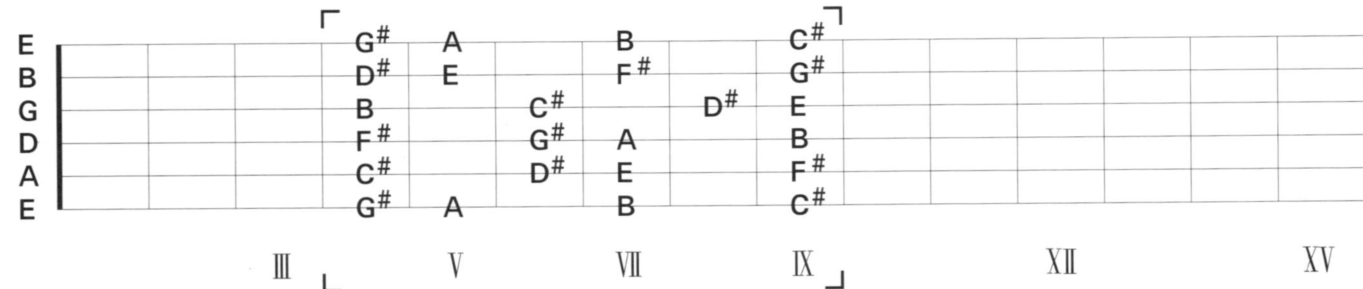

다음과 같이 Amaj7의 코드톤을 연습하자. 포지션 안에 중복되는 음이 많으니 연주자의 핑거링 성향에 맞게 운지한다.

- 포지션 안의 가장 낮은 근음 A(6번 줄 5프렛)에서 시작하여 상행한다.
- 포지션 안의 가장 높은 코드톤인 C#(1번 줄 9프렛)까지 연주하고 하행한다.
- 포지션 안의 가장 낮은 코드톤인 G#(6번 줄 4프렛)까지 연주하고 상행한다.
- 포지션 안의 가장 낮은 근음 A(6번 줄 5프렛)에서 마무리한다.

다음과 같이 Amaj7의 코드톤을 Group of 4 Sequence로 연습하자. 손가락이 꼬일 수 있는 부분이 몇 군데 있으니 유의하자.

다음 악보는 포지션 안에서 스케일을 상행하고 하행한 것이다. 가장 낮은 근음에서 출발하여 가장 높은 음까지 상행했다가 다시 하행하여 가장 낮은 음까지 내려왔다가 처음 시작한 근음에서 마무리한다.

3도 간격(3rd Interval)으로 연주하자.

Group of 4 Sequence로 연습하자.

◆ **믹솔리디안 스케일(Mixo-Lydian Scale)** : 포지션(Position): 2nd, 근음(Root): D

- D 믹솔리디안 스케일의 코드톤(Chord Tones)은 D, F#, A, C이다. (D7의 코드톤)
- D 믹솔리디안 스케일의 텐션(Extensions)은 E, G, B이다. (장 2도, 완전 4도, 장 6도)
- 둘을 합하면 D 믹솔리디안 스케일이 되며 D, E, F#, G, A, B, C이다.
- D 믹솔리디안 스케일의 구성음을 2nd 포지션 안에 배열하면 다음과 같다.

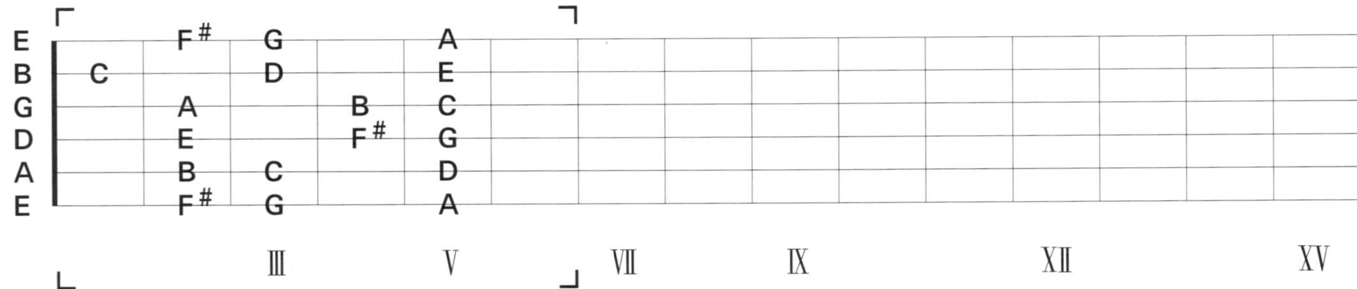

다음과 같이 D7의 코드톤을 연습하자. 포지션 안에 중복되는 음이 많으니 연주자의 핑거링 성향에 맞게 운지한다.

- 포지션 안의 가장 낮은 근음 D(5번 줄 5프렛)에서 시작하여 상행한다.
- 포지션 안의 가장 높은 코드톤인 A(1번 줄 5프렛)까지 연주하고 하행한다.
- 포지션 안의 가장 낮은 코드톤인 F#(6번 줄 2프렛)까지 연주하고 상행한다.
- 포지션 안의 가장 낮은 근음 D(5번 줄 5프렛)에서 마무리한다.

다음과 같이 D7의 코드톤을 Group of 4 Sequence로 연습하자.

다음 악보는 포지션 안에서 스케일을 상행하고 하행한 것이다. 가장 낮은 근음에서 출발하여 가장 높은 음까지
상행했다가 다시 하행하여 가장 낮은 음까지 내려왔다가 처음 시작한 근음에서 마무리한다.

3도 간격(3rd Interval)으로 연주하자.

Group of 4 Sequence로 연습하자.

◆ **에올리안 스케일(Aeolian Scale)** : 포지션(Position): 9th, 근음(Root): B

- B 에올리안 스케일의 코드톤(Chord Tones)은 B, D, F#, A이다. (Bmi7의 코드톤)
- B 에올리안 스케일의 텐션(Extensions)은 C#, E, G이다. (장 2도, 완전 4도, 단 6도)
- 둘을 합하면 B 에올리안 스케일이 되며 B, C#, D, E, F#, G, A이다.
- B 에올리안 스케일의 구성음을 9th 포지션 안에 배열하면 다음과 같다.

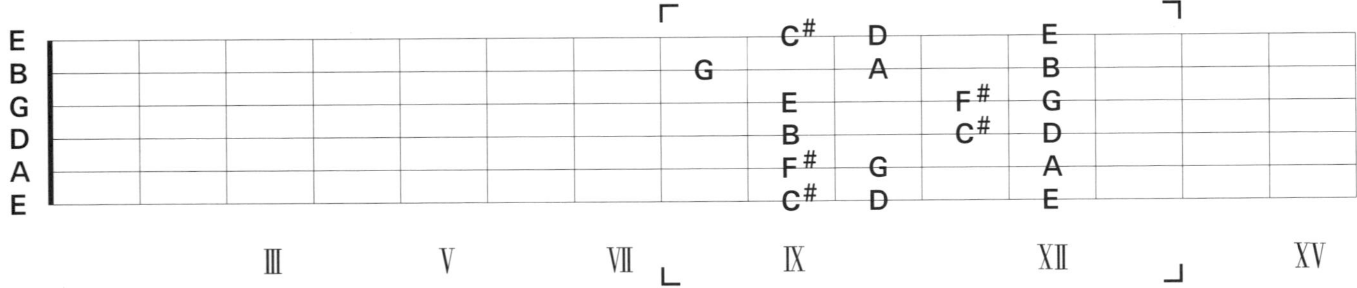

다음과 같이 Bmi7의 코드톤을 연습하자.

- 포지션 안의 가장 낮은 근음 B(4번 줄 9프렛)에서 시작하여 상행한다.
- 포지션 안의 가장 높은 코드톤인 D(1번 줄 10프렛)까지 연주하고 하행한다.
- 포지션 안의 가장 낮은 코드톤인 D(6번 줄 10프렛)까지 연주하고 상행한다.
- 포지션 안의 가장 낮은 근음 B(4번 줄 9프렛)에서 마무리한다.

다음과 같이 Bmi7의 코드톤을 Group of 4 Sequence로 연습하자.

  다음 악보는 포지션 안에서 스케일을 상행하고 하행한 것이다. 가장 낮은 근음에서 출발하여 가장 높은 음까지 상행했다가 다시 하행하여 가장 낮은 음까지 내려왔다가 처음 시작한 근음에서 마무리한다.

3도 간격(3rd Interval)으로 연주하자.

Group of 4 Sequence로 연습하자.

◆ **로크리안 스케일(Locrian Scale)**: 포지션(Position): 1st, 근음(Root): D

- D 로크리안 스케일의 코드톤(Chord Tones)은 D, F, Ab, C이다. (Dm7(b5)의 코드톤)
- D 로크리안 스케일의 텐션(Extensions)은 Eb, G, Bb이다. (단 2도, 완전 4도, 단 6도)
- 둘을 합하면 D 로크리안 스케일이 되며 D, Eb, F, G, Ab, Bb, C이다.
- D 로크리안 스케일의 구성음을 1st 포지션 안에 배열하면 다음과 같다.

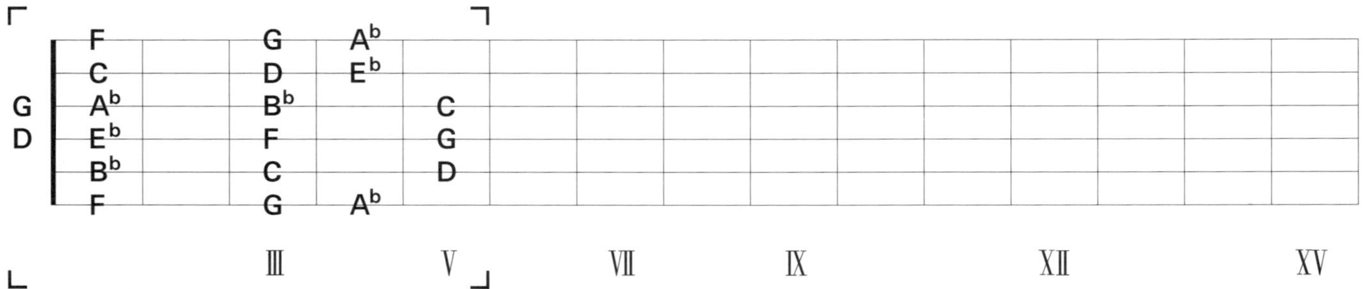

다음과 같이 Dm7(b5)의 코드톤을 연습하자.

- 포지션 안의 가장 낮은 근음 D(5번 줄 5프렛 또는 4번 줄 개방현)에서 시작하여 상행한다.
- 포지션 안의 가장 높은 코드톤인 Ab(1번 줄 4프렛)까지 연주하고 하행한다.
- 포지션 안의 가장 낮은 코드톤인 F(6번 줄 1프렛)까지 연주하고 상행한다.
- 포지션 안의 가장 낮은 근음 D(5번 줄 5프렛 또는 4번 줄 개방현)에서 마무리한다.

다음과 같이 Dm7(b5)의 코드톤을 Group of 4 Sequence로 연습하자.

다음 악보는 포지션 안에서 스케일을 상행하고 하행한 것이다. 가장 낮은 근음에서 출발하여 가장 높은 음까지 상행했다가 다시 하행하여 가장 낮은 음까지 내려왔다가 처음 시작한 근음에서 마무리한다.

3도 간격(3rd Interval)으로 연주하자.

Group of 4 Sequence로 연습하자.

10장
코드(Chords) - Level Ⅱ
(트라이어드의 응용)

트라이어드(Triads)만 잘 활용해도 여러 가지 보이싱을 효과적으로 사용할 수 있다. 메이저 트라이어드 한 개를 사용하여 다른 여러 가지 코드를 만드는 방법을 알아보자.

Ⅰ. 3도(3rd)의 변형

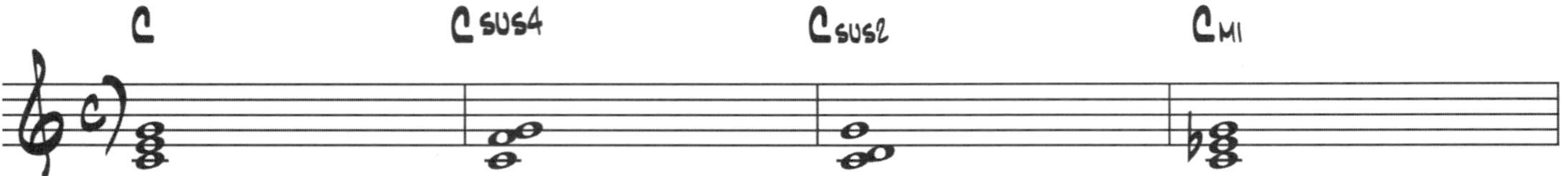

- C 메이저 코드의 3도 음은 E이다.
- E를 반음 올리면 완전 4도가 되며 Csus4 코드가 된다.
- E를 한 음 내리면 장 2도가 되며 Csus2 코드가 된다.
- E를 반음 내리면 단 3도가 되며 앞에서 배웠던 Cmi 코드가 된다.

〈참고〉 Csus2, Cadd2, Cadd9, C2의 구분

가요나 팝송의 악보를 보면 Csus2, Cadd2, Cadd9 같은 코드 이름을 흔히 볼 수 있다. 얼핏 보면 같은 것 같지만 엄밀히 따지면 다른 코드이다. sus는 Suspended의 줄임말로 3도 음이 생략되고 장 2도나 완전 4도로 대체되었다는 뜻이다. 따라서 sus2나 sus4라고 표기된 코드는 3도 음이 없다. add는 글자 그대로 '더하다.'라는 뜻이다. Cadd2라고 표기되었으면 C 메이저 코드에 2도 음을 더했다는 뜻이다. 즉 Cadd2에는 3도 음이 있다. 그렇다면 add9은 무엇일까? 엄밀히 따져 2도(2nd)는 한 옥타브 안에 있는 음정이고 9도(9th)는 한 옥타브 위의 음정이다.

이해가 되지 않으면 다음 악보를 보고 각각의 코드를 비교하자. 간혹 C2처럼 표기한 코드를 볼 수 있는데 엄밀히 말하면 옳지 못한 표기이다.

3도 변형 트라이어드를 기타 지판에서 찾아보자. 근음(Root), 줄(String), 자리바꿈(Inversion)이라는 세 가지 변수를 임의로 선택해서 찾자.

◆ sus4(서스펜디드 4) 코드

: 근음(Root): Gb, 줄(Strings): 3~5번 줄, 자리바꿈(Inversion): 둘째 자리바꿈

Gb 메이저 코드의 구성음은 Gb, Bb, Db이다. 장 3도인 Bb을 반음 올려 B나 Cb(완전 4도)으로 만들면 Gbsus4 코드가 된다. Gb 메이저 코드의 둘째 자리바꿈은 5th, Root, 3rd(Db, Gb, Bb) 순서로 3~5번 줄에서 찾으면 다음과 같다. 오른쪽 다이어그램은 이것을 sus4로 만든 것이다.

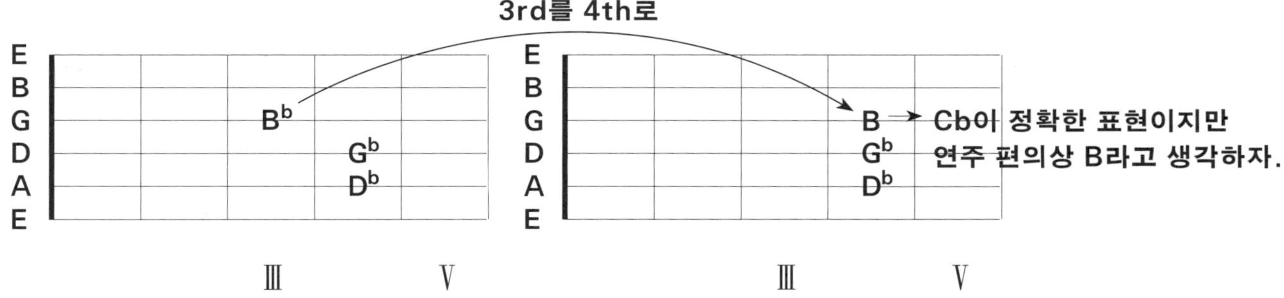

◆ sus2(서스펜디드 2) 코드

: 근음(Root): E, 줄(Strings): 4~6번 줄, 자리바꿈(Inversion): 첫째 자리바꿈

E 메이저 코드의 구성음은 E, G#, B이다. 장 3도인 G#을 한 음 내려 F#(장 2도)으로 만들면 Esus2 코드가 된다. E 메이저 코드의 첫째 자리바꿈은 3rd, 5th, Root(G#, B, E) 순서로 4~6번 줄에서 찾으면 다음과 같다. 오른쪽 다이어그램은 이것을 sus2로 만든 것이다.

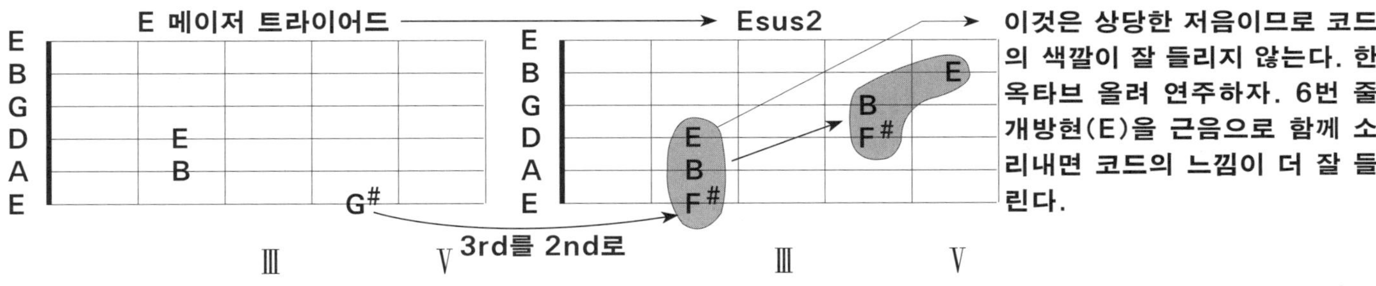

Ⅱ. 5도(5th)의 변형

· C 코드의 완전 5도 음은 G이다.

- G를 반음 내리면 C(b5)나 C(#11)라는 코드가 되는데 C(b5)나 C(#11)라는 식의 코드 표기법은 없다. 이것은 열 손가락을 사용하는 피아노나 키보드와 달리 기본적으로 네 손가락만 사용하여 코드를 만드는 기타에 유용한 보이싱으로 Maj7(#11) 코드를 잡을 때 쓸 수 있다.
- G를 반음 올리면 G#(증 5도)이 되며 C+ 또는 Caug 코드가 된다.
- G를 한 음 올리면 A(장 6도)가 되며 C6 코드가 된다.
- G를 한 음 반 올리면 Bb(단 7도)이 되며 C7 코드가 된다.
- G를 두 음 올리면 B(장 7도)가 되며 CM7 코드가 된다.

◆ Major(b5)/Major(#11)

: 근음(Root): G, 줄(Strings): 2~4번 줄, 자리바꿈(Inversion): 둘째 자리바꿈

G 메이저 코드의 구성음은 G, B, D이다. 완전 5도인 D를 반음 내려 Db(감 5도)으로 만들면 G(b5) 코드가 된다. G 메이저 트라이어드의 둘째 자리바꿈은 5th, Root, 3rd(D, G, B) 순서로 2~4번 줄에서 찾으면 다음과 같다. 오른쪽 다이어그램은 이것을 Major(b5)로 만든 것이다.

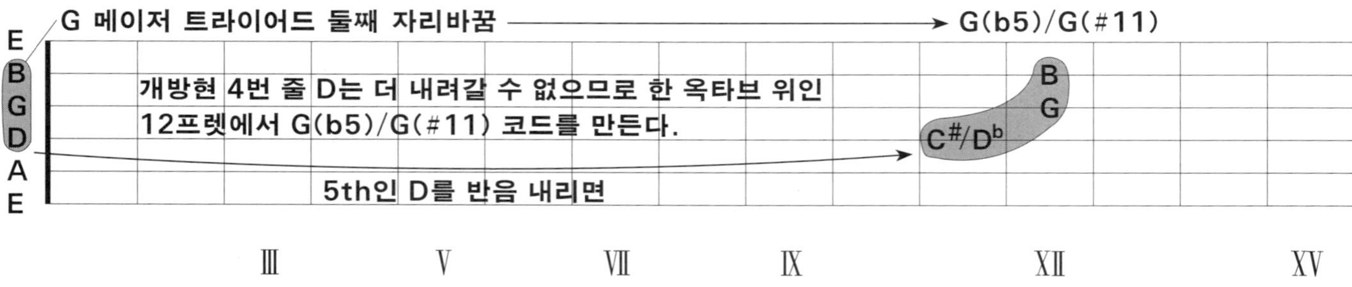

◆ Major Augmented Triad/ Major +

: 근음(Root): Bb, 줄(Strings): 1~3번 줄, 자리바꿈(Inversion): 첫째 자리바꿈

Bb 메이저 코드의 구성음은 Bb, D, F이다. 완전 5도인 F를 반음 올려 F#(증 5도)으로 만들면 Bbaug 코드가 되는데 간단히 Bb+라고 표기하는 경우도 많다. Bb 메이저 트라이어드의 첫째 자리바꿈은 3rd, 5th, Root(D, F, Bb) 순서로 1~3번 줄에서 찾으면 다음과 같다. 오른쪽 다이어그램은 이것을 Augmented Triad로 만든 것이다.

◆ Major 6th

: 근음(Root): G, 줄(Strings): 2~4번 줄, 자리바꿈(Inversion): 기본 위치

G 메이저 코드의 구성음은 G, B, D이다. 완전 5도인 D를 한 음 올려 E(장 6도)로 만들면 G6(G major 6th) 코드가 된다. G 메이저 트라이어드의 기본 위치는 Root, 3rd, 5th(G, B, D) 순서로 2~4번 줄에서 찾으면 다음과 같다. 오른쪽 다이어그램은 이것을 Major 6th Chord로 만든 것이다.

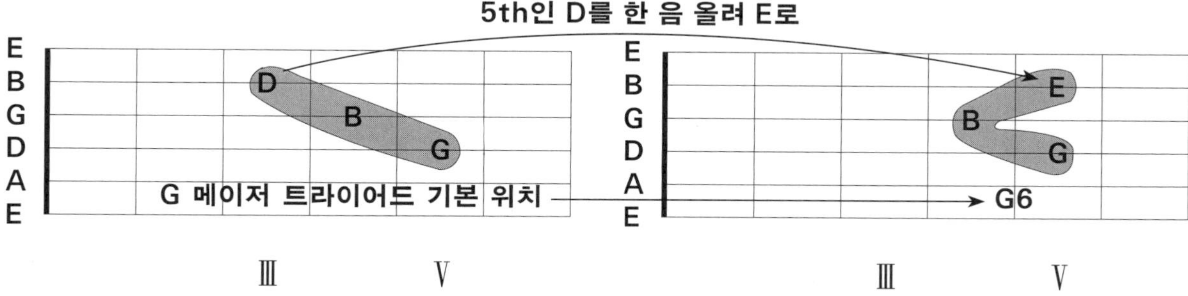

◆ Dominant 7th

: 근음(Root): F, 줄(Strings): 4~6번 줄, 자리바꿈(Inversion): 둘째 자리바꿈

F 메이저 코드의 구성음은 F, A, C이다. 완전 5도인 C를 한 음 반(단 3도) 올려 Eb(단 7도)으로 만들면 F7 코드가 된다. F 메이저 트라이어드의 둘째 자리바꿈은 5th, Root, 3rd(C, F, A) 순서로 4~6번 줄에서 찾으면 다음과 같다. 오른쪽 다이어그램은 이것을 Dominant 7th Chord로 만든 것으로 5th를 생략한 보이싱이다.

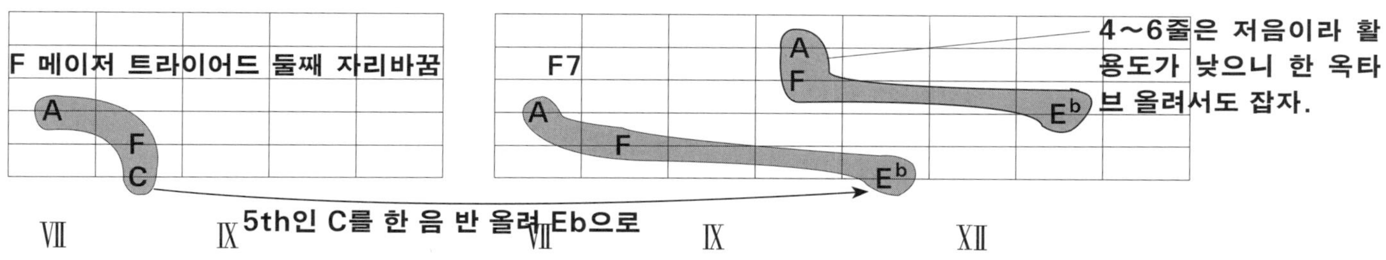

◆ Major 7th/ maj7

: 근음(Root): A, 줄(Strings): 1~3번 줄, 자리바꿈(Inversion): 기본 위치

A 메이저 코드의 구성음은 A, C#, E이다. 완전 5도인 E를 두 음(장 3도) 올려 G#(단 7도)으로 만들면 5th를 생략한 Amaj7 코드가 된다. A 메이저 트라이어드의 기본 위치는 Root, 3rd, 5th(A, C#, E) 순서로 1~3번 줄에서 찾으면 다음과 같다. 오른쪽 다이어그램은 이것을 Major 7th Chord로 만든 것이다.

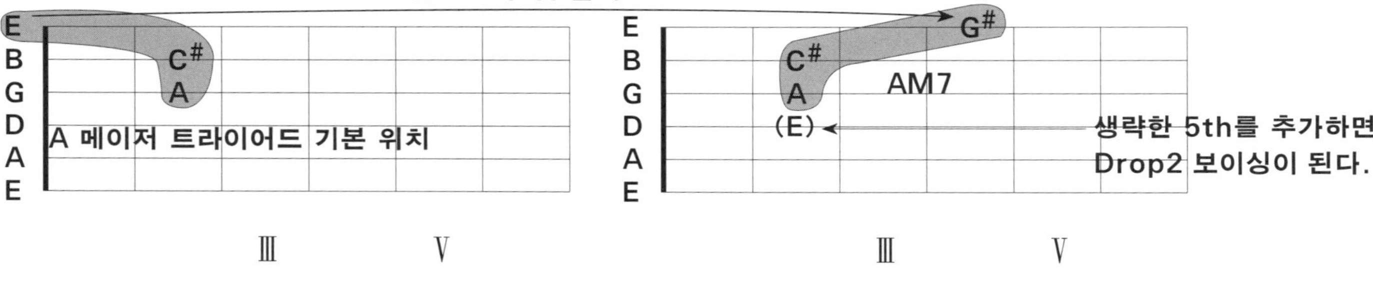

5th인 E를 두 음 올려 G#으로
E
B
G
D
A
E
C#
A
A 메이저 트라이어드 기본 위치
III   V
E
B
G
D
A
E
C#
A
(E)
G#
AM7
생략한 5th를 추가하면
Drop2 보이싱이 된다.
III   V

Ⅰ. 5도(5th)의 변형

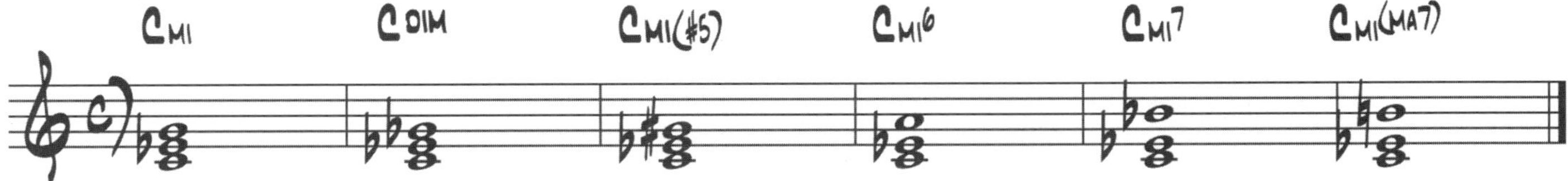

- Cmi 코드의 5th인 G를 반음 내리면 Cdim 코드가 된다.
- Cmi 코드의 5th인 G를 반음 올리면 Cmi(#5) 코드가 되지만, 일반적으로 이 보이싱은 Ab 메이저 트라이어드의 첫째 자리바꿈과 같아 Cm(#5)이라고 표기하는 일이 드물다.
- Cmi 코드의 5th인 G를 한 음 올리면 A(장 6도)가 되며 Cmi6 코드가 된다. 이것은 5th를 생략한 보이싱이다.
- Cmi 코드의 5th인 G를 한 음 반 올리면 Bb(단 7도)이 되며 Cmi7 코드가 된다. 이것은 5th를 생략한 보이싱이다.
- Cmi 코드의 5th인 G를 두 음 올리면 B(장 7도)가 되며 CmMaj7(마이너 메이저 세븐) 코드가 된다. 이것은 5th를 생략한 보이싱이다.

◆ Diminished Triad
: 근음(Root): Ab, 줄(Strings): 1~3번 줄, 자리바꿈(Inversion): 둘째 자리바꿈

 Ab 마이너 코드의 구성음은 Ab, Cb(B), Eb이다. 5th인 Eb을 반음 내려 D(감 5도)로 만들면 Abdim 코드가 된다. Ab 마이너 트라이어드의 둘째 자리바꿈은 5th, Root, 3rd(Eb, Ab, B) 순서로 1~3번 줄에서 찾으면 다음과 같다. 오른쪽 다이어그램은 이것을 Diminished Triad로 만든 것이다.

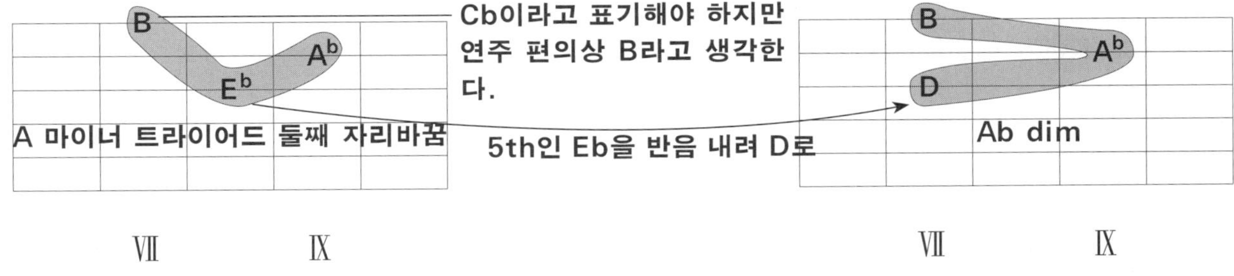

◆ minor(#5)
: 근음(Root): G, 줄(Strings): 2~4번 줄, 자리바꿈(Inversion): 기본 위치

G 마이너 코드의 구성음은 G, Bb, D이다. 5th인 D를 반음 올려 D#(증 5도)으로 만들면 Gm(#5) 코드가 된다. 이 코드는 Eb 메이저 트라이어드와 같은 코드라 혼자서는 잘 쓰이지 않고 5th가 반음씩 상행하거나 하행하는 클리셰 등에 쓰인다. G 마이너 트라이어드의 기본 위치는 Root, 3rd, 5th(G, Bb, D) 순서로 2~4번 줄에서 찾으면 다음과 같다. 오른쪽 다이어그램은 이것을 Minor(#5) 코드로 만든 것이다.

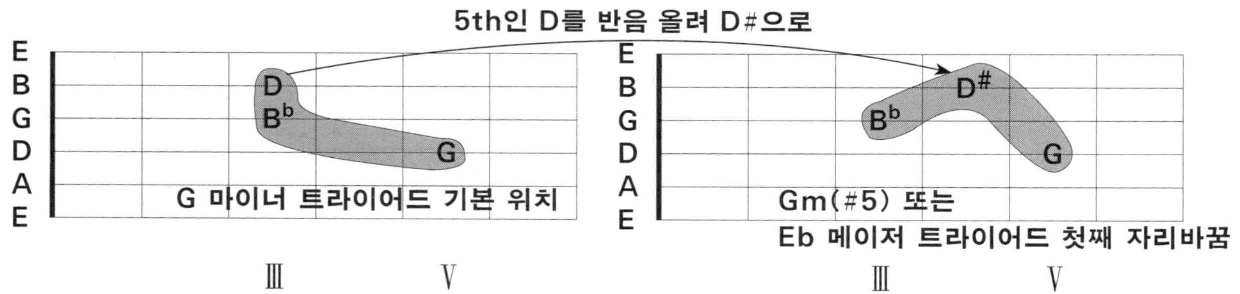

◈ minor 6th
: 근음(Root): C#, 줄(Strings): 4~6번 줄, 자리바꿈(Inversion): 첫째 자리바꿈

C# 마이너 코드의 구성음은 C#, E, G#이다. 5th인 G#을 한 음 올려 A#(장 6도)으로 만들면 5th를 생략한 C#m6 코드가 된다. C# 마이너 트라이어드의 첫째 자리바꿈은 3rd, 5th, Root(E, G#, C#) 순서로 4~6번 줄에서 찾으면 다음과 같다. 오른쪽 다이어그램은 이것을 minor 6th 코드로 만든 것이다.

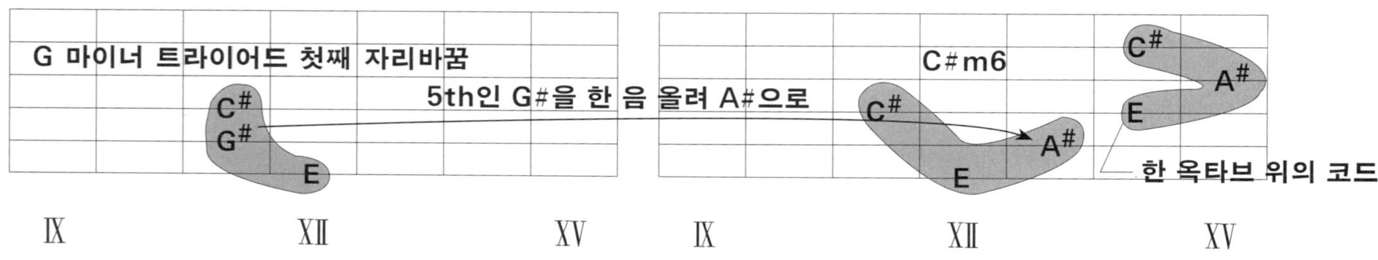

◈ minor 7th
: 근음(Root): Bb, 줄(Strings): 3~5번 줄, 자리바꿈(Inversion): 둘째 자리바꿈

Bb 마이너 코드의 구성음은 Bb, Db, F이다. 5th인 F를 한 음 반 올려 Ab(단 7도)으로 만들면 5th를 생략한 Bbm7 코드가 된다. Bb 마이너 트라이어드의 둘째 자리바꿈은 5th, Root, 3rd(F, Bb, Db) 순서로 3~5번 줄에서 찾으면 다음과 같다. 오른쪽 다이어그램은 이것을 Minor 7th Chord로 만든 것이다.

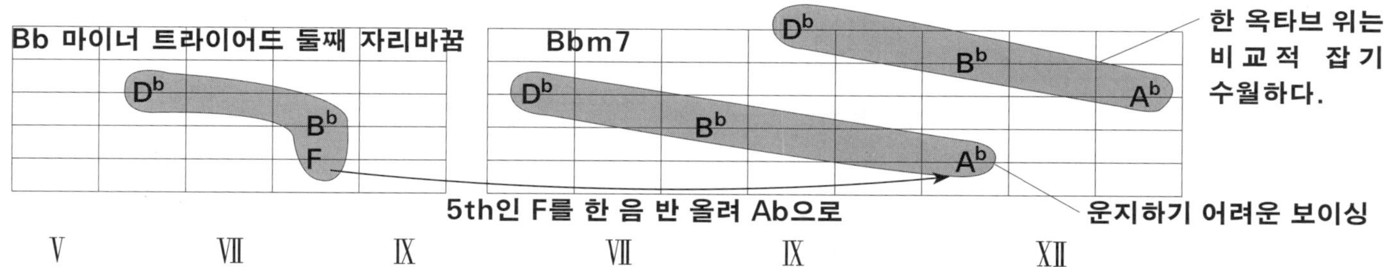

◆ minor-Major 7th

: 근음(Root): A, 줄(Strings): 2~4번 줄, 자리바꿈(Inversion): 첫째 자리바꿈

 A 마이너 코드의 구성음은 A, C, E이다. 5th인 E를 두 음 올려 G#(장 7도)으로 만들면 5th를 생략한 AmM7 코드가 된다. A 마이너 트라이어드의 첫째 자리바꿈은 3rd, 5th, Root(C, E, A) 순서로 2~4번 줄에서 찾으면 다음과 같다. 오른쪽 다이어그램은 이것을 Minor-Major7th로 만든 것이다. (둘째 자리바꿈은 프렛 간격이 너무 벌어져 운지하기 어렵다.)

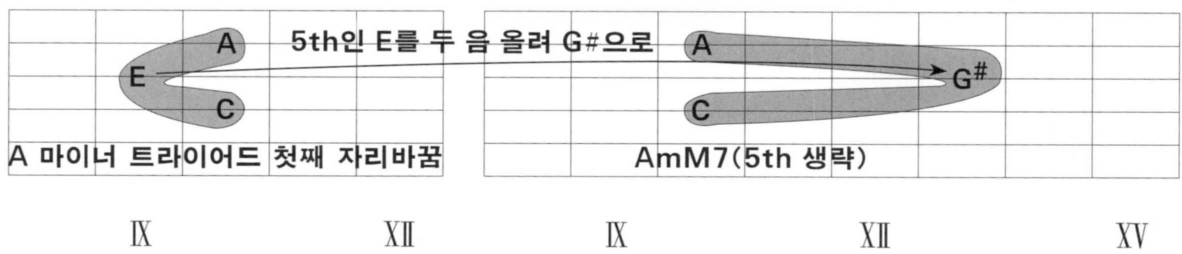

II. 근음(Root)의 변형

- Cm 코드의 근음(Root)인 C를 반음 내리면 근음(Root)을 생략한 CmMaj7 코드가 된다.
- Cm 코드의 근음(Root)인 C를 한 음 내리면 근음(Root)을 생략한 Cm7 코드가 된다.
- Cm 코드의 근음(Root)인 C를 한 음 반 내리면 근음(Root)을 생략한 Cm6 코드가 된다.

◆ minor-Major 7th

: 근음(Root): F, 줄(Strings): 1~3번 줄, 자리바꿈(Inversion): 기본 위치

F 마이너 코드의 구성음은 F, Ab, C이다. 근음인 F를 반음 내려 E(장 7도)로 만들면 근음을 생략한 FmMaj7 코

드가 된다. F 마이너 트라이어드의 기본 위치는 Root, 3rd, 5th(F, Ab, C) 순서로 1~3번 줄에서 찾으면 다음과 같다. 오른쪽 다이어그램은 이것을 Minor-Major7th로 만든 것이다.

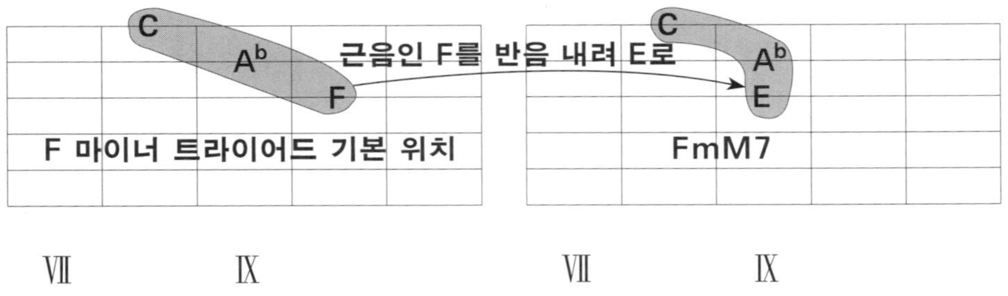

◆ minor 7th
: 근음(Root): B, 줄(Strings): 2~4번 줄, 자리바꿈(Inversion): 첫째 자리바꿈

 B 마이너 코드의 구성음은 B, D, F#이다. 근음인 B를 한 음 내려 A(단 7도)로 만들면 근음을 생략한 Bm7 코드가 된다. B 마이너 트라이어드의 첫째 자리바꿈은 3rd, 5th, Root,(D, F#, B) 순서로 2~4번 줄에서 찾으면 다음과 같다. 오른쪽 다이어그램은 이것을 minor 7th Chord로 만든 것이다.

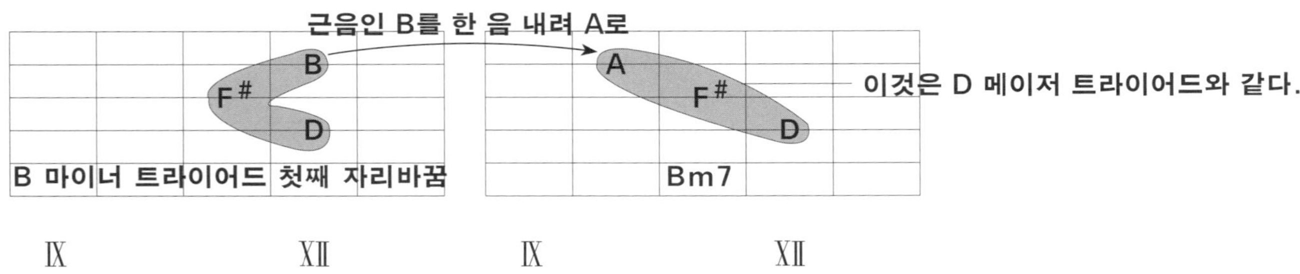

◆ minor 6th
: 근음(Root): G, 줄(Strings): 3~5번 줄, 자리바꿈(Inversion): 둘째 자리바꿈

 G 마이너 코드의 구성음은 G, Bb, D이다. 근음인 G를 한 음 반 내려 E(장 6도)로 만들면 근음을 생략한 Gm6 코드가 된다. G 마이너 트라이어드의 둘째 자리바꿈은 5th, Root, 3rd(D, G, Bb) 순서로 3~5번 줄에서 찾으면 다음과 같다. 오른쪽 다이어그램은 이것을 minor 6th Chord로 만든 것이다.

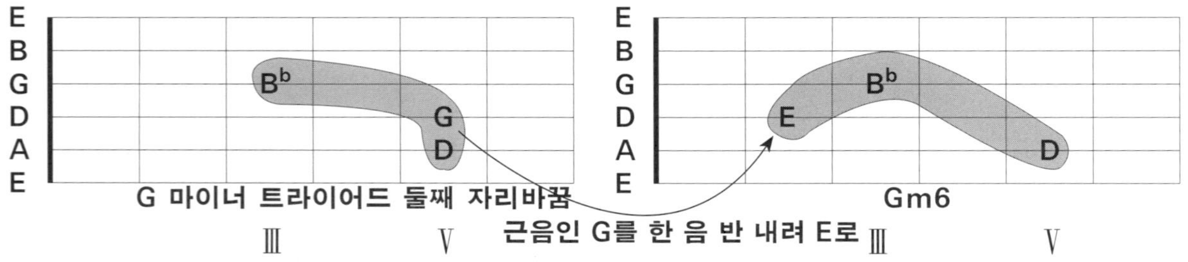

11장
연습곡

월광 소나타(Moonlight Sonata)

베토벤 작곡

베토벤의 월광 소나타는 피아노곡으로 기타 혼자 멜로디와 화성, 베이스 세 가지를 동시에 연주하기가 매우 어렵다. 그러므로 멜로디를 제외한 화성과 베이스를 함께 또는 따로 연습하자. 이 곡에 쓰인 화성은 앞에서 다뤘던 트라이어드와 트라이어드를 변형시킨 보이싱에서 크게 벗어나지 않아 앞에서 배운 내용을 복습하기에 매우 좋다.

〈Bar 1, 2〉

위와 같이 두 가지 방법으로 연주할 수 있다. 첫 번째가 운지하기 쉽다. 두 번째는 둘째 마디에서 베이스를 B로 옮기는 과정에서 운지 전체를 바꿔야 한다. 한편 C#mi는 C#mi의 둘째 자리바꿈이고, C#mi7/B는 베이스만 B로 떨어뜨린 코드로 마이너 코드에서 흔히 보는 움직임이다.

〈Bar 3, 4〉

• Bar 3

: A는 A의 기본 위치이고, D/F#은 D의 둘째 자리바꿈에 F#을 베이스로 추가한 코드이다.

• Bar 4

: G#7은 5th를 생략한 G#7이고, C#mi/G#은 C#mi의 둘째 자리바꿈으로 근음을 생략한 것이다.

: 네 코드 모두를 근음인 G#과 함께 운지할 수 있다.

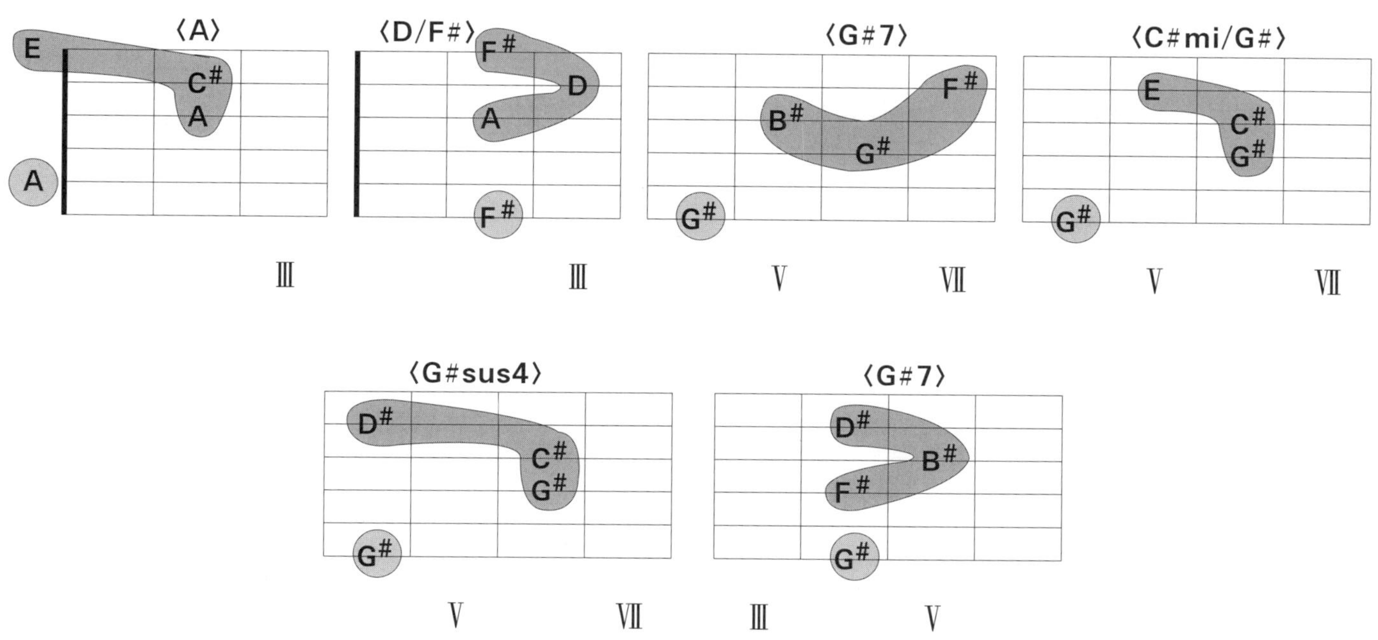

〈Bar 5, 6〉

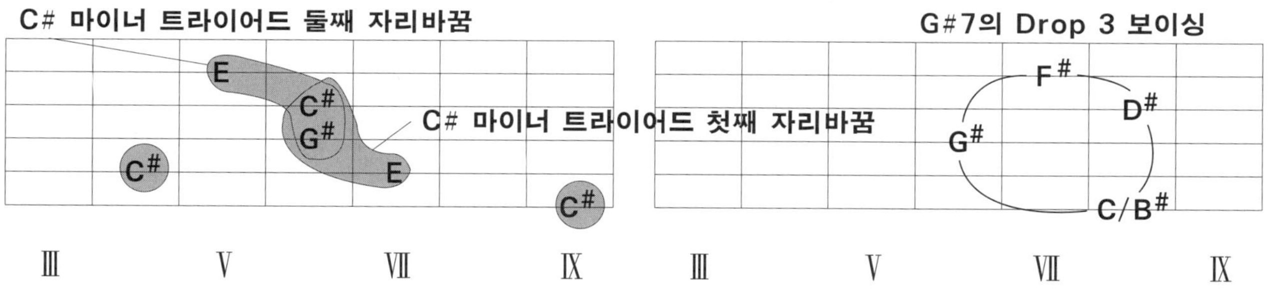

• Bar 5

: 원곡에서는 근음인 C#을 한 번만 연주한다. 하지만 기타 지판에서는 6번 줄에서 C#을 누른 상태에서 C#m
  코드의 첫째 자리바꿈과 둘째 자리바꿈을 바꾸어 운지할 수 없어 C#m의 둘째 자리바꿈으로 이동할 때 근음
  을 한 번 더 연주한다.

· Bar 6

: Dominant 7th 코드는 근음, 장 3도, 완전 5도, 단 7 도의 구조이며 위의 보이싱은 Drop 3 Voicing의 첫째
자리바꿈이다. 지금 당장 7th Chord Voicing과 Drop 2, Drop 3을 이해하지 못하더라도 걱정할 필요가 없
다. 나중에 자세히 다룬다.

: G#7의 구성음은 G#(근음), B#(장 3도이며 C와 같은 음이다.), D#(완전 5도), F#(단 7도)이며 위 보이싱은 저음부터
B#, G#, D#, F# 순서로 쌓은 코드이다.

⟨Bar 7, 8⟩

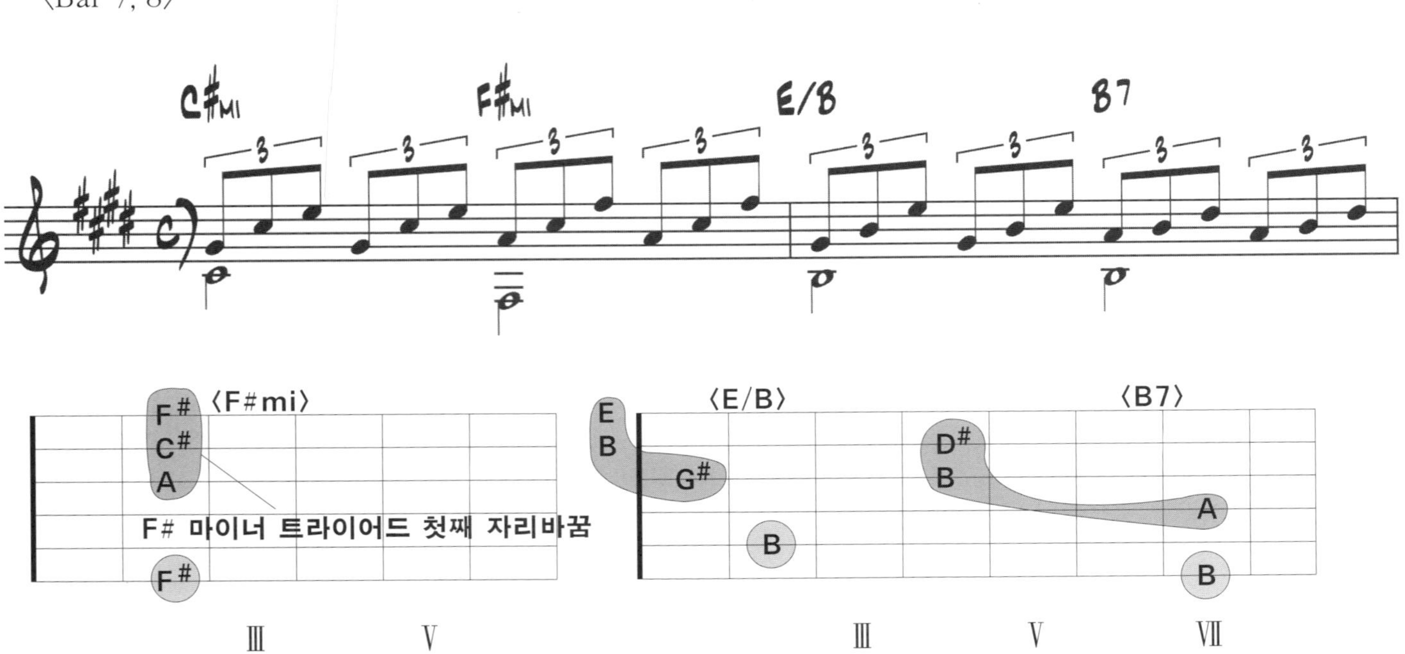

· Bar 7

: C#mi는 C#mi의 둘째 자리바꿈이다. 그림은 생략한다.

: F#mi는 F#mi의 첫째 자리바꿈으로 6번 줄의 F#을 엄지로 누르는 것도 좋은 선택이다.

· Bar 8

: E/B는 E 메이저 코드의 첫째 자리바꿈에 B를 베이스로 추가한 코드이다.

: B7은 B 메이저 코드 둘째 자리바꿈의 5도 음인 F#을 단 3도 올려 A(단 7도)로 만든 코드이다.

⟨Bar 9, 10⟩

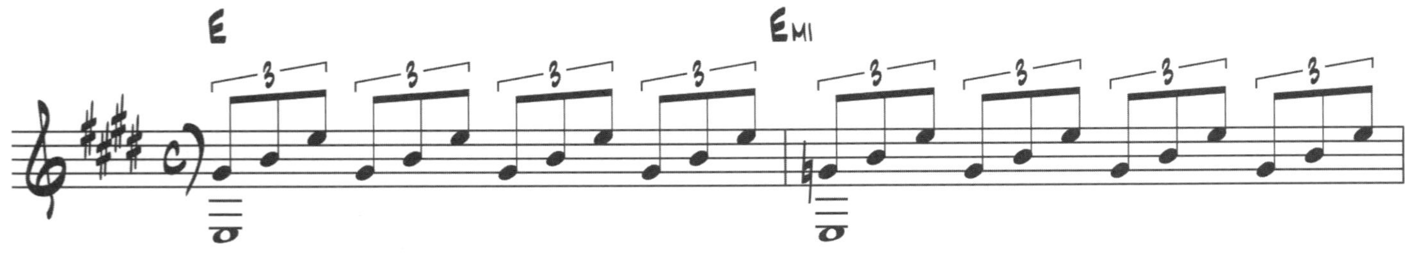

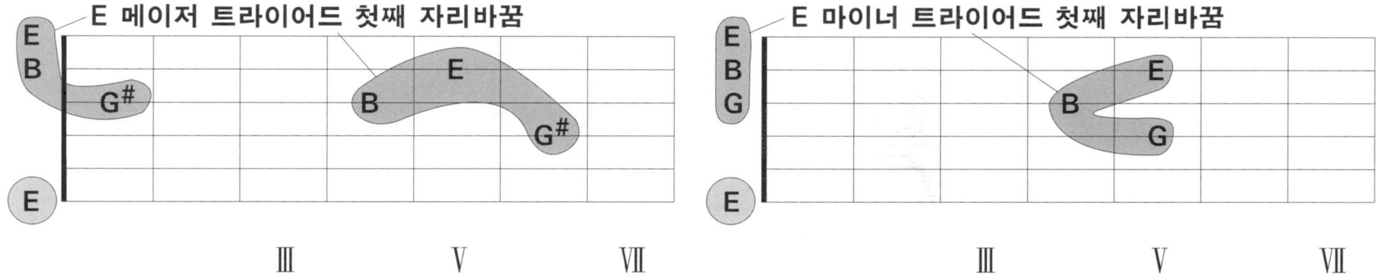

• Bar 9

: 근음인 E가 6번 줄 개방현이라 어느 위치에서도 쉽게 연주할 수 있다.

• Bar 10

: E 메이저 코드의 3도 음인 G#을 반음 내려 G(단 3도)로 연주하면 Emi가 된다.

〈Bar 11, 12〉

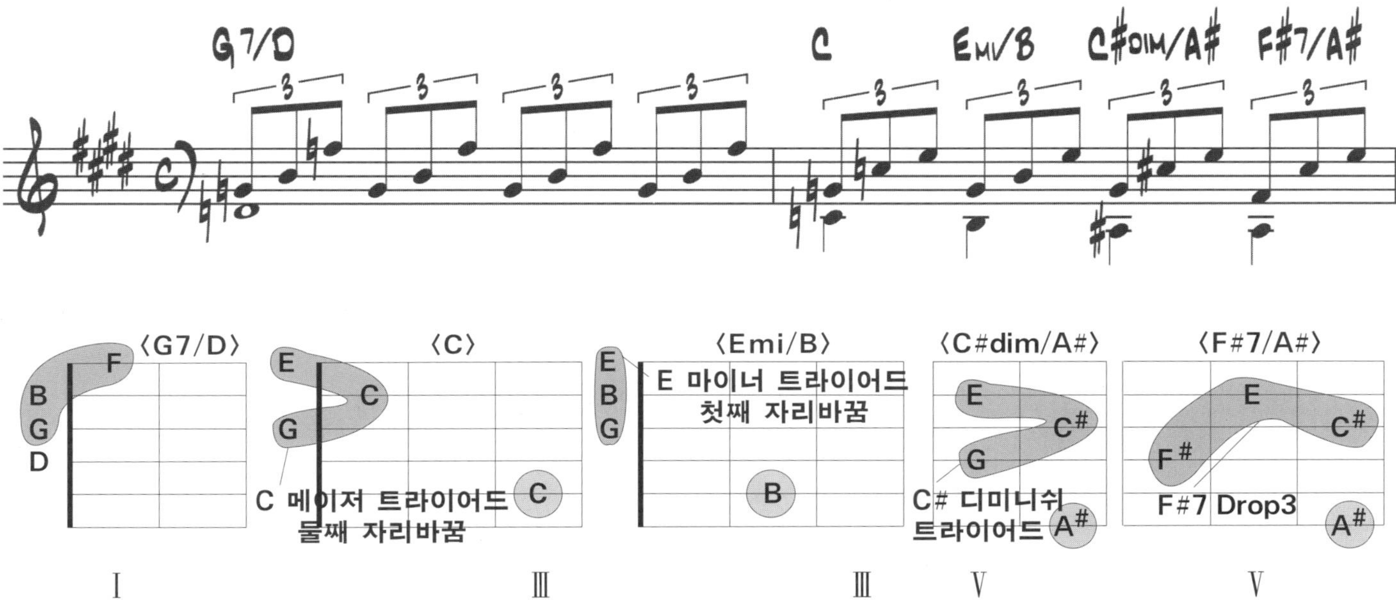

• Bar 11

: G7/D는 G 메이저 코드의 기본 위치인 G, B, D에서 5도 음인 D를 세 칸(단 3도) 올려 F(단 7도)로 만든 코드이다.

• Bar 12

: C는 C 메이저 코드의 둘째 자리바꿈이다.

: Emi/B는 Emi의 첫째 자리바꿈에 B를 베이스로 추가한 코드이다.

: C#dim/A#에서 C#mi의 둘째 자리바꿈은 G#, C#, E 순서이며 5도 음인 G#을 반음 내려 G(감 5도)로 만들면
  C#dim 코드가 된다.

: F#7은 아직 다루지 않은 내용으로 Drop 3 Voicing이라 한다. F#7은 F#, A#, C#, E로 구성되는데 이들은
  저음부터 3도, 근음, 5도, 7도 순서로 나열한 보이싱이다.

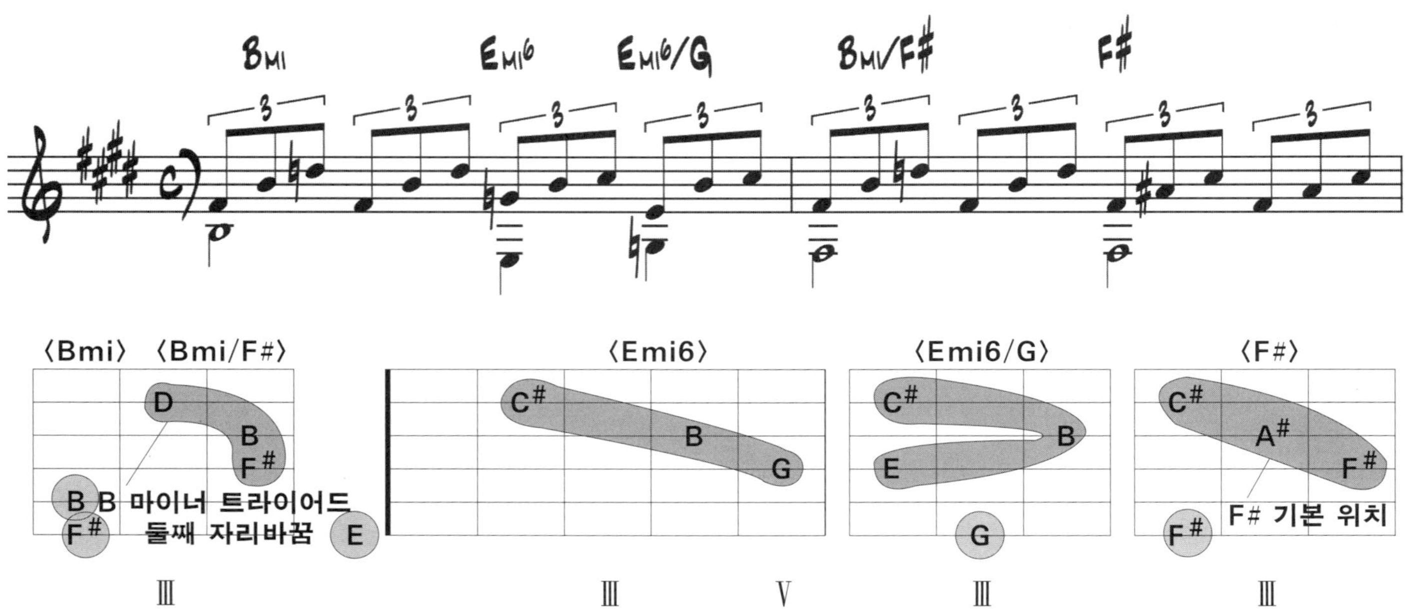

• Bar 13

: Bmi는 Bmi의 둘째 자리바꿈이다.

: Emi6은 Emi 첫째 자리바꿈의 근음인 E를 단 3도 내려 C#(장 6도)으로 만든 코드이다.

: Emi6/G는 아직 다루지 않은 내용으로 Emi6의 Drop 3 Voicing으로 앞에서 연주한 Emi6 코드에서 6번 줄
 E를 G로 바꾸고 4번 줄 G를 E로 바꾼 코드이다.

• Bar 14

: Bmi/F#은 Bmi의 둘째 자리바꿈에서 베이스만 F#으로 바꾼 코드이다.

: F#은 F# 메이저 코드의 기본 위치이다.

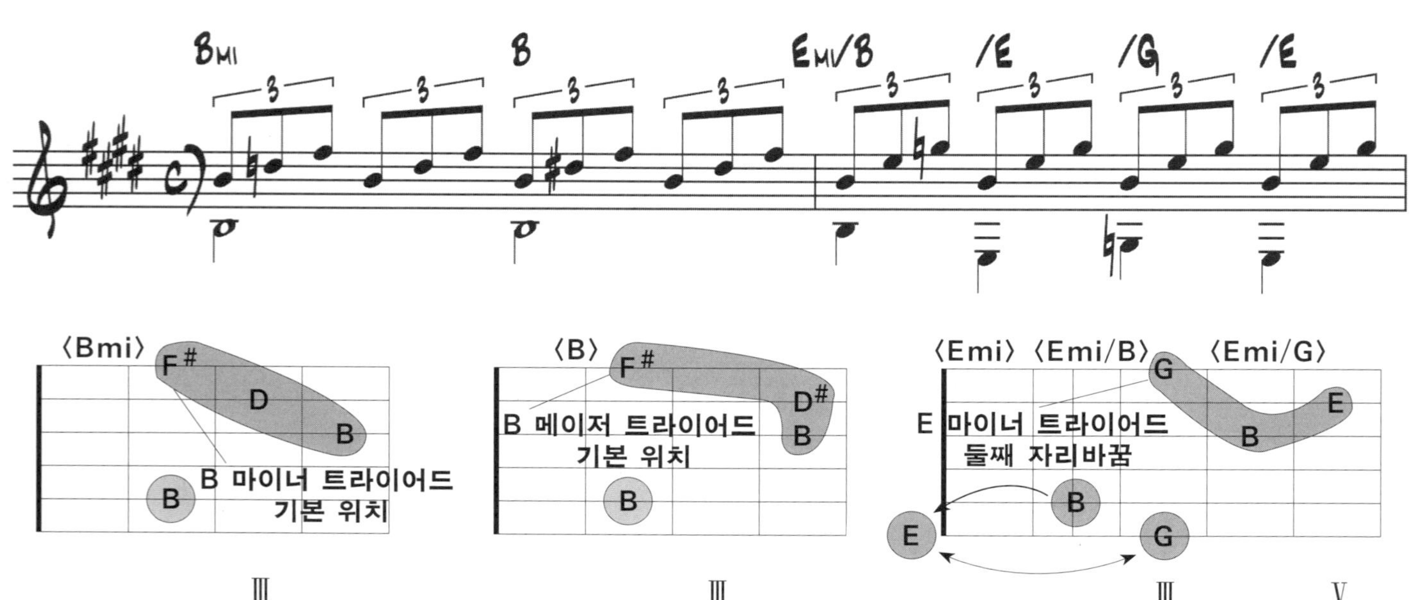

• Bar 15

: Bmi는 Bmi의 기본 위치이다.

: B는 B 메이저 코드의 기본 위치이다.

• Bar 16

: Emi는 Emi의 둘째 자리바꿈이며 코드를 유지한 채 베이스만 B → E → G → E 순으로 바꾸어 연주한다.

〈Bar 17, 18〉

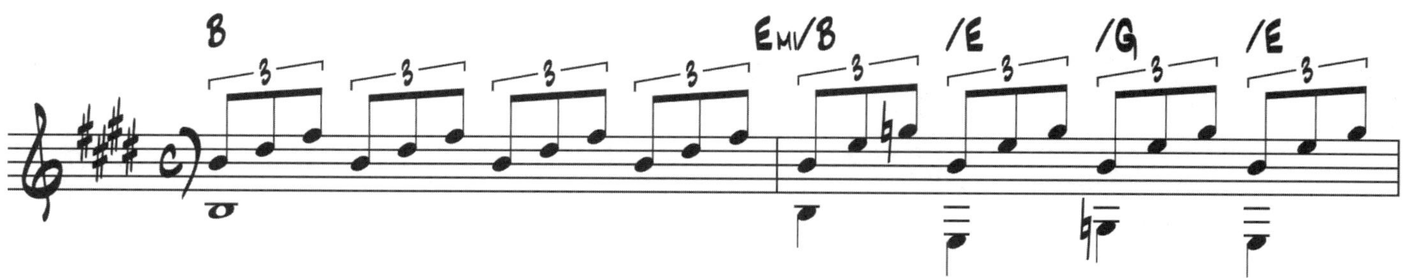

• Bmi가 없는 것만 빼면 〈Bar 15, 16〉과 같으므로 생략한다.

〈Bar 19, 20〉

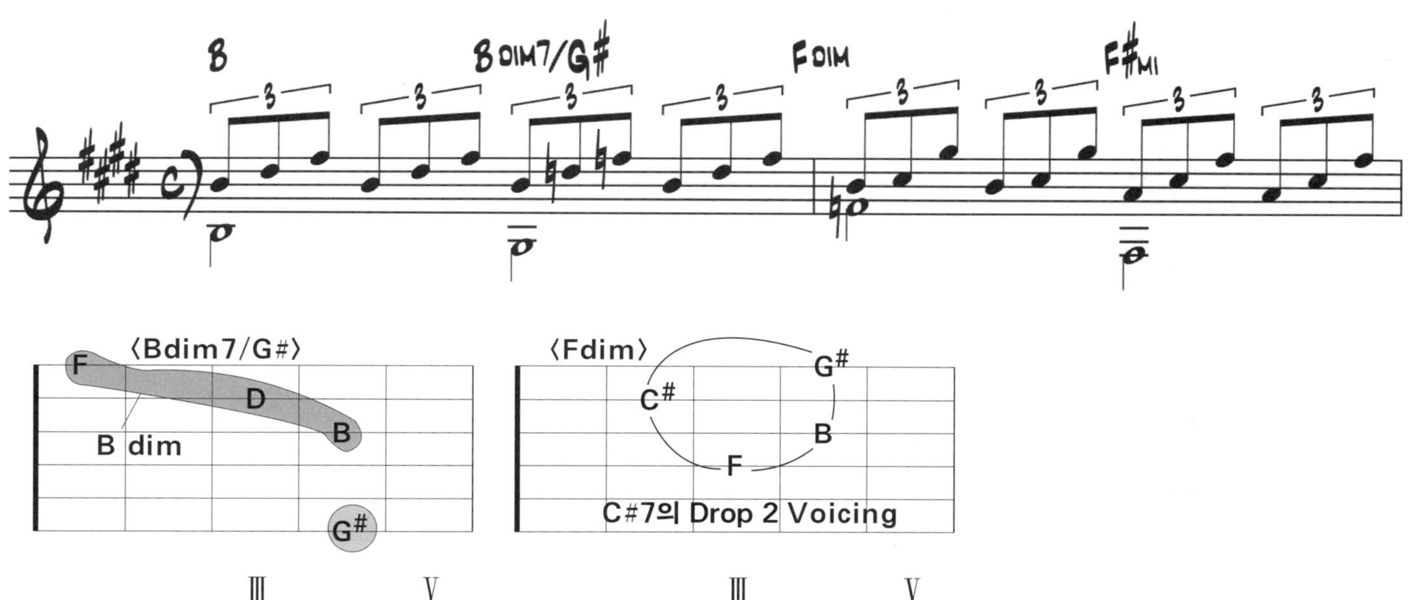

• Bar 19

: B는 〈Bar 15, 16〉에서 다뤘으므로 생략한다.

: Bdim7/G#은 Bmi의 기본 위치에서 5도 음인 F#을 반음 내려 만든 보이싱이다. G#을 베이스로 연주하면
 Bdim7 코드가 된다.

• Bar 20

: Fdim은 지금까지 다룬 트라이어드만으로는 설명하기 어려운 코드이다. 6번 줄 1프렛의 F를 베이스로 연주
　해야 하지만, 운지가 어려워 편의상 한 옥타브 올려 표기하였다. 결과적으로 C#7의 Drop 2 Voicing과 같은
　코드이다.

: F#m은 〈Bar 7〉에서 다뤘으므로 생략한다.

〈Bar 21, 22〉

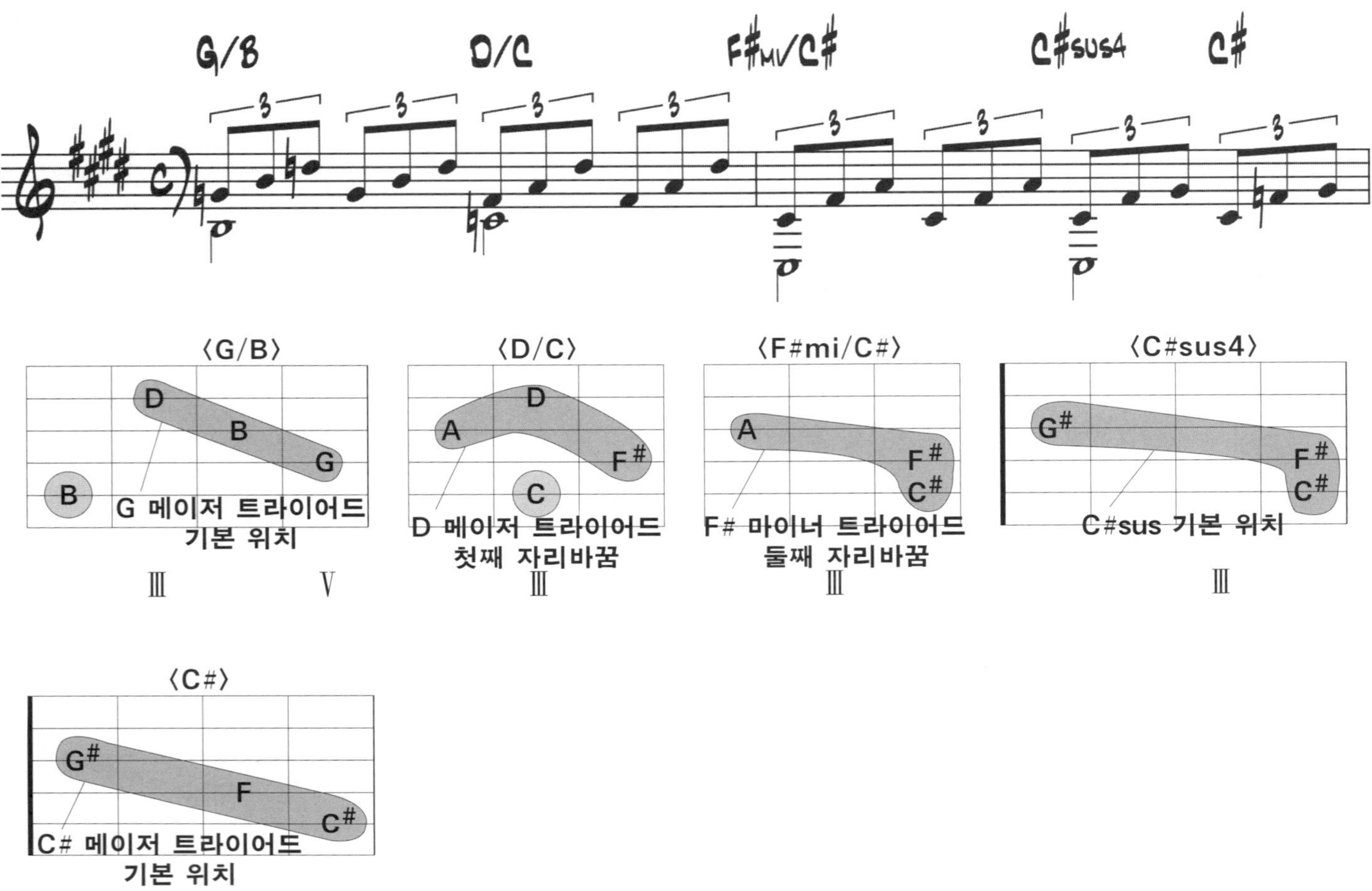

• Bar 21

: G/B는 G 메이저 코드의 기본 위치에 3도 음인 B를 베이스로 연주한 코드이다.

: D/C는 D 메이저 코드의 첫째 자리바꿈에 C를 베이스로 연주한 코드이며 D7의 Drop 2 Voicing과 같은 코
　드이다.

• Bar 22

: 이 세 코드는 C#을 베이스로 C#을 연주해야 하지만, 기타가 연주하는 가장 낮은 음이 E(6번 줄 개방현)이라 편
　의상 베이스를 생략한다.

: F#mi는 F#mi의 둘째 자리바꿈이다.

: C#sus4는 C# 메이저 코드 기본 위치의 3도 음인 F를 반음 올려 만든 코드이다.

: C#은 C# 메이저 코드의 기본 위치이다.

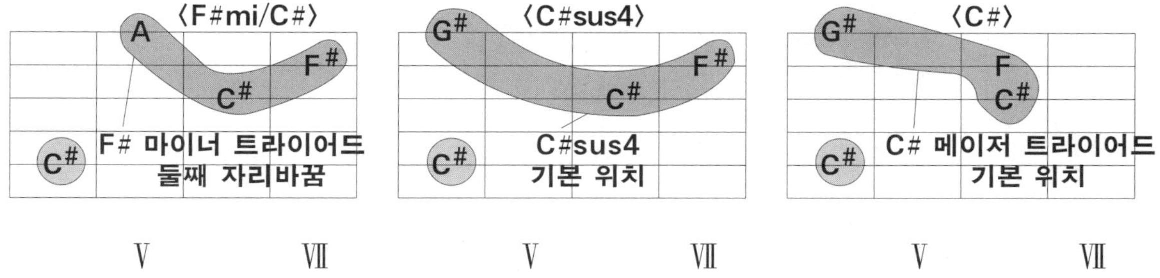

: 위와 같이 악보에 기보한 것보다 한 옥타브 올려 연주할 경우 C#을 연주할 수 있다.

〈Bar 23, 24〉

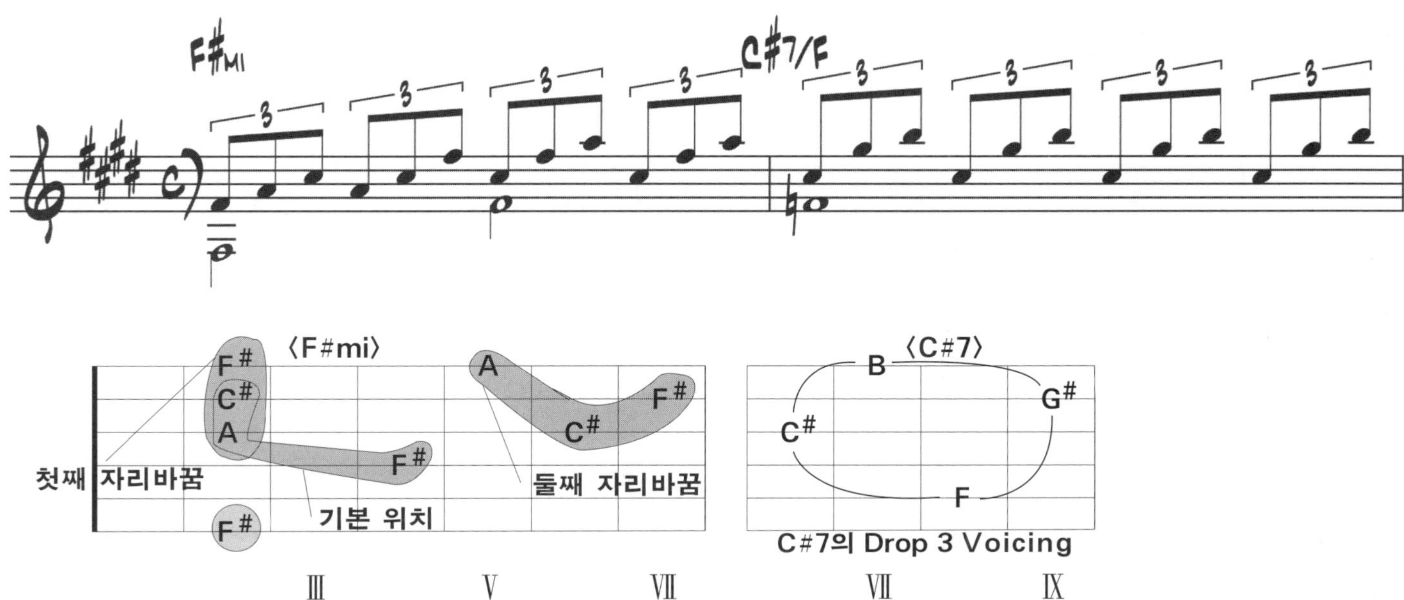

• Bar 23

: F#mi는 F#mi의 기본 위치, 첫째 자리바꿈, 둘째 자리바꿈을 차례로 연주한다. 둘째 자리바꿈에서 6번 줄의
  F#을 동시에 운지할 수 없으므로 편의상 한 옥타브 위의 F#(4번 줄 4프렛)을 운지할 수도 있다.

• Bar 24

: C#7은 C#7 Drop 3 Voicing의 첫째 자리바꿈이다.

(Bar 25부터는 기타로 운지하기 어려운 코드가 자주 등장하므로 Bar 24까지만 다룬다.)

MOONLIGHT SONATA

기타의 기술

저자_ 김형운

초판 1쇄 발행_ 2014년 01월 20일
초판 7쇄 발행_ 2020년 10월 23일

발행처_ 삶과지식
발행인_ 김미화
편집_ Park sanghee(박상희)
디자인_ 다인디자인(박웅순)

등록번호_ 제2010-000048호
등록일자_ 2010. 8. 23.

서울특별시 강서구 강서로45라길 55-22, 102호
전화_ 02)2667-7447
이메일_ dove0723@naver.com

값은 표지에 있습니다.
ISBN 979-11-85324-05-0 13670